U0866303

创生

1921—1925

从中国劳动组合书记部到中华全国总工会

钟恭缢　高志菲　闫永飞◎著

中国工人出版社

目 录

CONTENTS

前 言

1840年鸦片战争后，随着近代工业的发展，中国工人作为一个阶级诞生了，并不断成长壮大。到20世纪初期，中国工人阶级数量超过了200万人。在漫长的时间里，中国工人运动和早期的工会运动处于自发状态。

1919年五四运动爆发，受到马克思主义思想影响的中国工人阶级作为一支重要的政治力量以独立姿态登上中国历史舞台。1921年7月23日，中国工人阶级的先锋队组织——中国共产党——成立后，中国工人阶级有了全新的奋斗目标，中国工会运动从自发走向自觉。1921年8月11日，中国共产党成立中国劳动组合书记部，领导和指导全国工人运动，中国工人阶级不断走向联合。1925年5月1日，第二次全国劳动大会召开，中华全国总工会诞生，中国工人阶级有了统一的全国性组织，中国工人运动风起云涌。1948年，在新中国成立前夕，第六次全国劳动大会召开，中华全国总工会进行了恢复和重建，重新实现了全国工人阶级的大团结和全国工人运动在组织上的统一。本书即主要讲述了自1921年到1925年中华全国总工会孕育和诞生的历史过程，展现了在中国共产党领导下中国工人阶级不断走向联合和统一的奋斗史。

2020年，是中华全国总工会成立95周年。95年来，中国工人阶级和中国工会，一直不改初心，在中国共产党领导下不断开拓进取，奋勇前行。

以史为鉴，可以明得失。重温历史，可以让我们知道从哪里来，为什么出发，回顾中华全国总工会诞生的历程，可以提醒我们不忘来时的路，激励我们更好地走向未来。

讲好中国故事，讲好中国工会故事，是工会工作者的责任。

回忆往昔岁月，回味苦难辉煌的历程，有助于我们珍惜今日荣光，牢记肩头使命，努力使中国特色社会主义工会发展道路越走越宽广，为实现“两个一百年”奋斗目标，实现中华民族伟大复兴的中国梦而不懈奋斗。

第一章

前夜 1840

新阶级的诞生

长夜难明赤县天，百年魔怪舞翩跹

——题记

1840年第一次鸦片战争后，中国逐渐沦为半殖民地半封建社会。伴随着中国近代工业的产生和发展，工人阶级作为新兴的社会力量诞生了，这是中国工人运动产生和发展的基础。中国工人阶级的早期斗争，是随着工人阶级队伍的发展壮大和阶级觉悟的不断提高而发展的。

前页图注：

20 世纪初期，重压下的码头工人

列强的入侵

1840年6月，一支由48艘舰船、4000名士兵组成的英国舰队从印度启航到达中国，列阵于广州海面，炫耀着一个号称“日不落帝国”的工业强国的武力。

舰队司令乔治·懿律下令“汉华丽”号军舰向虎门开炮，第一次鸦片战争正式开始。

乔治·懿律是奉了英国女王的命令，前来帮他堂弟查理·义律“撑场子”的。这两兄弟是中国近代史上不能忽略的人物，他们都姓义律（Elliot），起初中国人分别叫他们为“乔懿律”和“查义律”，一个姓乔、一个姓查，很有中国味。后来为省事，渐称他们为“懿律”和“义律”。

担任英国驻华商务监督的查义律，如今正在为他的生意发愁。此前一年，1839年6月，林则徐销毁了英国商人走私的鸦片19187箱2119袋，总重量2376254斤。此前半年，1840年1月5日，林则徐奉道光皇帝旨意，宣布正式封港，断绝和英国贸易。

这一决定惹恼了不可一世的大英帝国，于是英国政府以“受到侮辱”“生命安全受威胁”和“财产受损”为名，任命懿律和义律为正副全权代表，对清廷开战。大约他们自己也觉得这一场“武装贩毒”性质的战争实在有些摆不上台面，于是在国内一直闪烁其词，称其为“第一次中英战争”或“通商战争”。

英国完成工业革命后，竭力向中国推销工业产品，企图用商品贸易打开中国的大门。无奈，长期以来，中国出产的茶叶、丝绸、瓷器在欧洲市场十分受欢迎，英国出口的羊毛、呢绒等工业制品在中国却不受青睐。直到19世纪二三十年代，中国对英国贸易每年仍保持出超二三百万两白银的顺差。为了改变这种不利局面，英国遂采取了卑劣的手段，向中国大量走私鸦片。鸦片贸易给英国鸦片贩子带来了惊人的暴利，迅速使中国由二百多年来的出超国变成入超国。

于中国而言，“鸦烟流毒，为中国三千年未有之祸”。鸦片大量输入，使中国每年白银外流达600万两，中国国内发生严重的银荒，造成财政枯竭，国库空虚。“中原几无可以御敌之兵，且无可以充饷之银”——这也是清政府下令强力禁烟的原因。

战端一开，林则徐便被革职查办，流放新疆。不过，那两位狼狈兄弟懿律和义律也没有什么好结果。乔懿律当年11月因病回国，查义律被伦敦政府以“未有坚持英国政府的全部诉求”的理由罢免。英政府认为在他手里签订的条款过于宽松，得益太小，香港岛更被批评为“鸟不生蛋之地，一间房屋也建不成”。维多利亚女王曾指责义律是“一位完全不遵指令而努力争取最短任期的人”。

这次战争的结果我们都知道了。两年之后，在“汉华丽”号上签订了中国近代史上第一个不平等条约——《南京条约》。中国割让了香港，直到1997年才收回。

马克思曾这样评价鸦片战争：“在这场决斗中，陈腐世界代表的是道义原则，而最现代的社会却是为了获得贱买贵卖的特权——这的确是一种悲剧，甚至诗人的幻想也永远不敢创造出这种离奇的悲剧题材。”

百余年后的今天，中美贸易也出现了类似的局面，美国人同样举起了贸易战的大棒。只是时移势易，中国早已不是当年的清朝，正如彭德怀元帅在抗美援朝战争胜利后所说：“西方殖民者在东方架起几门大炮，就想叫亚洲人民屈服的时代已经一去不复返了。”

类似的劳师远征，1982年英国人在马尔维纳斯群岛还干过一票，不过从那以后，这样的耀武扬威似乎越来越难了。可能这就是所谓国运，更是世界的潮流与大势使然。

鸦片战争一声炮响，打破了大清王朝“天朝上国”的闭关锁国梦，丧权辱国的《南京条约》给中国带来了一个此前闻所未闻的名词——半殖民地半封建社会。此后的六十年中，第二次鸦片战争、中法战争、中日甲午战争、八国联军入侵，欧美等西方列强更番来去，一系列不平等条约相继签订，中国自给自足的自然经济被瓦解，从明朝中后期开始孕育并缓慢发展的资本主义萌芽受到冲击，中华民族进入了一个苦难深重的时期。

我们现在看那时的中国，不管与谁对阵，一打就输、一输即降，一降就割地、赔款。这里有一份沉重的统计数据：自 1840 年第一次鸦片战争起至 1949 年新中国成立止，外国侵略者强加给中国人民的不平等条约共计 1182 个；自鸦片战争到清政府垮台的七十余年中，中国仅赔偿一项连本带利总数就达 16 亿两白银，平均每年负担对外赔款 2000 多万两白银。

马克思在考察了中国的国情后曾经这样说过：“一个人口几乎占人类三分之一的大帝国，不顾时势，安于现状，人为地隔绝于世，并因此竭力以天朝尽善尽美的幻想自欺。这样一个帝国注定最后要在一场殊死的战斗中被打垮……”

中国之所以没有完全变成殖民地，是因为这个国家实在太大了，《时局图》里那几只猛禽野兽再大的胃口也不可能把它一口吞下。也不排除列强通盘算计之后，觉得留下一个封建政权替他们压榨百姓，或许可以获得更高的利益。但是更重要的，是中国人民的不屈抗争，使得帝国主义终究无法彻底征服这个东方文明古国。

新阶级的诞生

清朝的“老大帝国”可以被打垮，但中国不会亡。在这个“老大帝国”的废墟上，在半殖民地半封建社会的历史进程中，催生了一个全新的阶级——工人阶级，这个阶级将和他的先锋队，创造一个“少年中国”，通过百年奋斗领导中国和中国人民站起来、富起来、强起来，屹立于世界民族之林。

工人阶级是近代资本主义机器大工业的产物，随着鸦片战争之后开始的外资企业、洋务运动中清政府官办企业和商办企业的产生发展，工人阶级也逐步发展壮大。据统计，从1840年到1894年中日甲午战争爆发前，中国有产业工人10万余人，到1913年第一次世界大战爆发前，产业工人已增加到100万人，到五四运动爆发前，全国产业工人约260万人。这意味着，中国工人阶级作为一个新生的阶级已经产生了。正如毛泽东所指出的：“帝国主义的侵略刺激了中国的社会经济，使它发生了变化，造成了帝国主义的对立物——造成了中国的民族工业，造成了中国的民族资产阶级，而特别是造成了在帝国主义直接经营的企业中、在官僚资本的企业中、在民族资产阶级的企业中做工的中国的无产阶级。”

新生的中国工人阶级，除具有世界各国工人阶级共同的特点——代表着先进的生产力、最大公无私、最富有革命彻底性和组织纪律性之外，还有自己独有的特点：其一，它早于中国民族资本工业而生，因而与资产阶级相比，资格更老；其二，由于深受帝国主义、封建主义和官僚资本主义三重压迫，因而革命最坚决彻底；其三，产业工人集中分布在大中城市与工业区，十分有利于工人阶级的团结和组织；其四，中国工人阶级大多数来源于农村，与农民有着天然的血肉联系，极易结成坚强的联盟。

伴随这个苦难深重的国家近代的境遇，中国的工人阶级可谓生逢乱世。

从近代工业的发展进程来看，中国最先出现的是外国资本工业，然后是清政府官僚资本工业，最后是民族资本工业。从近代工业的主导发展力量或推动力量来看，中国的近代工业发展，从同治初年算起，直到民国初年，基本上可以分为五个时期。

第一个时期是“军用工业时期”，从同治元年（1862 年）至光绪七年（1881 年），约 20 年。中国新工业滥觞于军工，同治四年（1865 年）曾国藩设江南造船厂，同治五年（1866 年）左宗棠设福州船政局，同治六年（1867 年）李鸿章设江南制造局，光绪三年（1877 年）丁宝桢设四川兵工厂。这个时期，主要是购买西方的机器，借助外国工程师，然后训练若干中国工头工人，将总办大权委派给一些官僚。

第二个时期是“官督商办时期”，从光绪八年（1882 年）至光绪二十年（1894 年），约 13 年。1882 年，李鸿章奏请在上海试办机器织布局，开官办工业先河。在这段时期，工业最初大都是官办，但因业绩不佳，逐渐改成官督商办，这大致是在光绪二十年（1894 年）之后了。

第三个时期是“外人兴业时期”，从光绪二十一年（1895 年）至光绪二十八年（1902 年），约 8 年。《马关条约》准许了外国商人在中国通商口岸设立工厂。这一时期也是华商觉悟时期，先后成立了南通大生纱厂和上海商务印书馆，在该时期的中后期，政府才开始出台奖励工业的政策。

第四个时期是“政府奖励及利权收回时期”，从光绪二十九年（1903 年）至宣统三年（1911 年），约 9 年。光绪二十九年政府设立商部，一时官吏提倡于上，绅商响应于下。此时较为重要的，有袁世凯在天津设立的工艺总局；光绪三十二年（1906 年）商部奏定奖给商勋章程，鼓励制造新器，学部考验游学生设工商科进士学位；光绪三十三年（1907 年）农工商部奏定华商办理实业爵赏章程，对办 1000 万元以上实业者赏男爵，2000 万元以上者赏子爵。这种以爵位奖励实业的做法，一扫数千年来的贱商陋习。

第五个时期是“自动发展时期”，民国元年（1912 年）至民国十年（1921 年），约 9 年。

在这60年中，通商口岸的工业借外国势力的庇荫，得到一定程度的自由发展，分沾了欧洲战争的一些利润，而欧洲战争结束后的一段时期，则是中国工业恐慌时期，铁厂积货如山，无人过问，甚至闭炉停机，纱厂结账大多无利。

鸦片战争后，中国近代工业的发展仍然非常缓慢，帝国主义一直没有停止对中国工业发展的压迫。他们侵略中国，本来就不是想让中国走向现代化，而只是企图让中国成为他们的殖民地。

苦难的工人们

最早的产业工人，多集中于纺织、矿业、铁路、制造等几个行业。由于外国资本的残酷压榨，民族资本的先天不足，中国工人受到的压迫也远较资本主义国家为甚。

举个例子，我们来看看湖南第一纺织厂。

湖南第一纺织厂创始于民国元年（1912年），有纱锭5万枚，员工3000多名，位于长沙湘江西岸银盆岭，面积200余亩，厂屋60余亩，全部资财计达300余万元。起初资本由省库拨给，是一家省办企业，在国人经营的纱厂中，虽不是规模宏大，但也不算一个小厂，除湖南之外，它的产品还销往黔东与川南。到民国九年（1920年）由华实公司承租，“改制”为民办企业。

之所以拿该企业举例，是因为其恶劣的工人生活环境受到了当时媒体的关注。

1921年11月15日，长沙《大公报》发表《华实纺纱厂调查记》如下：

记者极不满于该公司者为待遇工人一层，昨日适值工人放班午餐，即乘便往观，见其所食，饭则异常粗劣，菜亦不堪入口，工人劳顿至此，乃不能一饱，殊为可闵。入其屋，下无地板，地又潮湿甚重，室宽仅一丈，长亦丈许，乃重架十床，每室至少亦居十人，多有二人共一床者，以是一室常有十余人，以是龌龊拥挤之状，虽旧式牢狱亦不是过。该公司亦尝曰已为工人设浴池矣，乃细观其浴池，长广均仅丈许，一池浊水，深可及腰，以数千余人叨此厚赐，不亦等于未设耶？总之，该公司对于工人卫生教育娱乐等事，固毫未措意，惟日驱数千有限之血肉以博取金钱而已。

在此前后，该报还刊发了湖南劳工会反对华实公司乘机掠夺纱厂的公启一则。

湖南劳工会代表黄爱等，昨发布公启一纸，反对湖南纺纱厂归商人承租，谓应由湖南人公办。

公启云：湖南三千万人的脂膏兑来的第一纱厂，完全的利益都归到几个商人的荷包，誓死反对。试问第一纱厂，是湖南三千万人共有的产业，所有的管理工作、营业的利权，是不是应该归湖南三千万人取得？显然省政府不顾公益，租给掠夺分子的团体华实公司去了。请问湖南政府，为什么湖南所有的一个生产机关，轻轻的拱手送掉？请问承租第一纱厂的华实公司，为什么湖南所有的一个生产机关，硬要掠夺去？银盘岭下第一纱厂地点，夜晚上金光灿烂的电光灯儿，就是湖南三千万人点点血滴。

总之，我们绝对的反对湖南三千万人所有的产业的利益被少数资本家掠夺去，应该由湖南三千万人里面推出有工业技术的人管理，湖南三千万人共同监督，誓死反对纱厂商办。敬告我三千万父老昆仲姊妹们，大家起来协力的对抗呀！

湖南劳工会代表：庞人铨、黄爱、黄剑白、王光辉、张理全、王宏钧、李涛、马仲瀛、方新、周达。

在这里，我们看到了黄爱、庞人铨的名字，他们将成为中国工运史上闪亮的人物。

比起上海的缫丝业，湖南的纱厂尚算不差了。《新青年》第7卷第6号上刊载的《上海劳动状况》这样写道：

丝厂里面的工作，最苦的就是丝车间的女工。这丝车间车声是震荡的，煮茧盆里的水是沸腾的，车间里面的空气，比外边要加热四十度；而且丝车上最忌有风，一年到头，无论怎么热天，窗门总要关得紧紧的，不许放一点空气，冷天还好，热天真是受不了。这当中还有打盆的小女孩子，一天到晚，拿着一根短毛的刷子，在煮茧盆里面摇打；有时滚水喷到小手上面，就要泡的一塌糊涂！

有关史料对上海丝厂的报道称：

丝厂开工过早，天未破晓，即汽笛呜呜，催人上工。缫丝工人路远者，往往三更即起，披星戴月而奔。七时上工，晚六时始散，全日工作时间往往十二小时之多。日未出而作，日既末而息，终日劳动于巨厂之炉火机釜之间，不许其有片刻领略太阳之滋味，故丝厂女工面色苍白，精神萎靡者十而八九。

丝厂的劳动条件极为恶劣，上海缫丝业“女工和童工，非常熟练地不使她们的手浸入水中，然而她们的手仍然脱皮并烫伤，因为指头一定有必要不断地泡在水里。这时，中国的女监工也经常往返梭巡，对效率低或者假设是偷懒的童工，不时把她的小手放在沸腾的锅里加以惩罚。大部分童工都是这么小的女孩，有些简直还是女婴，小脸被长期的热雾熏得发白，细弱的躯体，甚至在冬天都经常为汗水浸湿”。

在这些工厂中，资本家不仅对工人施以“饥饿的纪律”，还施以

"棍棒的纪律"。青岛纺织业"十三四岁小孩，做夜工得站着做十三四点钟；稍一合眼，在冬季里，日本人就拿水龙管子，披头浇下，将衣服与皮肉冻成一块，还不许停工，不准哭泣；在夏季里，将小孩子以麻绳绑起，再打一顿，罚两天工钱""女工一天也是十三四点钟的工，我们中国妇女多缠足的，站上十几点钟，实支持不住，脚痛时稍微一坐，日人马上就拳打脚踢，重者将脚带脱下，赤足罚站一小时""放工的时候，每日照例搜查一次。所以一放工，好几千人分四人一排往外出来，得在外等一点多钟，不管下雨下雪，得等他挨次搜查；因此，工人的衣服，都淋透了"。

天津裕元纱厂工人，把自己牛马不如的悲惨生活编成了歌谣："天津卫，城东南，有个纱厂叫裕元。男女工人好几千，昼夜分成两个班。又加点来又加班，昼夜不停连轴转。白天不得吃，晚上不得眠。一天挣不了几角钱。"

没有最差，只有更差，与纺织工人相比，煤矿工人的生活，更是在地狱之中。

有人曾在报上写出在唐山的煤矿所见情景：

余每到唐山就看见那挖煤的苦汉，穿着木头底的履，跟那腻垢破烂的衣，开口露出雪白的牙，抬头现出锅底似的脸，结群成帮的，走在大街上。这般苦汉，到在煤洞子里，虽是隆冬，也热过盛夏；甚而至于空气不足，窒闷欲死。且常有土地塌陷，或煤石下坠，压成肉饼的。井下的煤，用人工挖，用马车运，要是塌的时候，外国工师一定问伤马了没有？至于人的死活，他们不很注意，因为死一马价值百八十元；死一工人，仅出抚恤四十元，工人的生命，比牛马还贱几倍！

大路阔十一尺高十尺，非常泥泞，路旁有水沟，水深过膝。路中设轨，用骡车运煤，小路阔只七尺，高只四尺半。走的须俯伏行走。顶和两旁用木柱上撑，身首偶触之，煤块纷纷从上下坠。工作的地方非常狭窄，且煤层向上作斜坡，矿工赤身涂炭，屈曲如蛸，借一点灯光，在内工作。这种情状，看见的都要想这是宗教里的地狱，而非人间。

挖煤的苦工冒偌大危险，挣到的工钱却很少。邓中夏在《中国职工运动简史》中记载，矿务局的煤，全是由工头包挖，包窑的人，照章以大作包出来，他再以小作雇工，所以包窑人发财的很多。他所雇的小工，每日下井八小时，不过铜板二十枚，此二十枚中，尚设法诱赌，放债取利，致使要走不能，愈做愈穷。矿工工作时间虽名为八小时，实则十六小时，因为工人必须加作两班，方能维持生活。因此有矿工悲愤地说："我们不过是披着人皮的牲口。"

云南个旧县，数百年来以产锡名世，许多资本家趁势开采，赚了大钱。但是金属矿工的惨状比煤矿工有过之而无不及。工头去乡下招工时，对老实的农民说，在矿上"吃的是三味饭，住的是千滴房，盖的是丝窝被，喝的是玻璃汤"。等工人到了矿上才发现，所谓"三味饭"，是谷子、稗子、沙子一起煮的饭，"千滴房"是到处漏雨的破茅草房，"丝窝被"就是烂稻草，"玻璃汤"就是池塘里的臭水。

这些锡矿洞的名字很好听，如财神洞、联发洞，但在工人口中却称作"吊井、蛇蜕皮、狗钻洞"。"吊井"是和井一样，搭着木头在洞壁上，要扶着踏着才能下去；"蛇蜕皮"洞口极矮小，和人的身子差不多一样大，要把身子"睡下"，像蛇蜕皮一样爬着钻过去；"狗钻洞"稍大，不过也要爬着才能进去。

这里的矿工被称为"砂丁"，个旧县立第一高小毕业生李国材写过一篇这样的"游记"：

二十一日，早餐后，天色晴朗，日光明耀，一齐就向联发洞进发，大约行了里多路，就望见些砂丁，穿着赤色的衣服，打着套头，上面插着一块刮汗片，手里提着灯，拿着斧子向洞内走去。我们就停住观看，见有五人，先后由洞里出来，肩上都荷着一个布包，里面装着赤色的矿，一出洞来，一个一个的扑倒在地，合着双眼，好象一些死人，歇了半晌，他们才坐起。我们问他们道："里面的路径怎样？"他们答道："很是难走，里面最高的地方，不过三尺零，要弯着腰、屈着背，才能行走，若是走着蛇蜕皮路，必要先行睡下，把脚撑过洞去，用手扶着地，慢慢的爬，大意一步，落下深坑里，命就不保了，所以我们平时在外面能走十步，里面仅得一步；又因为空气稀薄油烟熏蒸的缘故，任凭你怎样强健的人，由里面出来，无一个不晕倒。"

有些砂丁因为上面这些劳苦，不奈何自行逃跑。若逃后捉获必受种种的刑罚：如同吊啊！打大板啊！都要使他饱尝了，然后用镣系起足，鞭策去工作，有些因不便行走，一入洞里，不能再出，或死在里面。曾闻人言："白种人待黑奴是。"我看个旧资本家对待砂丁，量不能比这个再甚了。

锡矿山窿内素来通风不良，凿岩放炮所产生的大量矽尘，随伴着硝烟油烟，飘浮弥漫，经久不散。一个年轻力壮、七虎三彪的矿工，只要在洞子里干一二年，三四年，没有一个不患矽肺病的。锡矿山民谣："养女莫嫁石匠郎，口吐烟子无下场，卖了田地卖房屋，嫁了老婆做道场。"这正是对矽肺病人的真实写照。

在山西煤矿，窑神爷是小煤窑人们心目中崇拜的偶像。关于窑神爷有很多的传说。流传最广的说法是窑神爷名叫刘赞雄，是春秋战国时的一员武将，他长着蓝色的脸，红色的胡子，脾气暴躁，勇猛异常。有一次，刘赞雄跟伍子胥作战，被伍子胥一鞭打下马来，无路可走，只好一头钻进山里，当上了窑神爷。人们还说，窑神爷钻山的时候，是从前山钻到后山的，所以大同煤矿前山的煤层薄，后山的煤层厚。

在小煤窑，窑主利用窑神爷麻醉工人的思想，束缚工人的行为，好多窑规是借助窑神爷的名义规定的。小窑的作息时间是从鸡叫下窑，到掌灯收窑。窑主说，窑神爷只准自己人刨煤、背煤，你鸡叫就下去了、天黑才上来，窑神爷看你整天都在窑下，将你认作自己人，就准许你刨煤、背煤，如果你下晚了、上早了，窑神爷认为你是外人，就要害你，你就会出事故。

这里的小煤窑还有一些奇葩窑规，如阴历十一月二十四日，照规矩得吃大豆。窑主发给每个工人一把大豆，你吃了他的大豆，就得给他干到底，否则就犯了“窑规”。窑主对工人施以刑罚，同样借助窑神爷的权威。工人犯了“窑规”，轻则脖子上围草绳，到窑神庙磕头认罪，重则要到窑神庙“领牲”，即由工人买一头活羊去祭窑神爷，或是把工人捆到窑神庙前用皮条抽打。但是，窑神爷的窑规到底都有哪些，实际上并没有确定的说法，是随窑主任意说的。窑神爷实质上是窑主手中一条用来捆绑工人的看不见的绳索。

有些讽刺意味的是，工人早期自发的反抗，同样是借助窑神爷的名义。窑工们受不了窑主剥削和压迫，就从这个小窑跑到另一个小窑。这种偷跑，工人们说也是窑神爷留下的规矩，因为窑神爷是被伍子胥赶得走投无路才跑到山里去的，窑神爷可以跑，窑工同样可以跑。所以，工人偷跑窑主可以去寻，寻回来也不能打骂。但是天下乌鸦一般黑，他们又能跑到哪里去？

在煤炭的销售旺季，买煤的车马挤满了窑口，窑主加强了对工人的压榨，以产出更多的煤、赚更多的钱。工人们在这时候往往联合起来罢工，叫“罢窑”，窑主如果过分刻毒，工人们就联合起来把窑捣毁，这叫“喝炸药”。对此，工人们也将之称为窑神爷留下的规矩——在这里，已经有了早期工人团结罢工斗争的萌芽。

工人们的反抗，不出意料地会受到官府镇压。清末和北洋军阀统治时期，帝国主义与封建势力相互勾结，通过各种反动措施打击新兴的工人阶级。在光绪三十三年和光绪三十四年（1907 年和 1908 年），清廷制定的新《刑律》和《结社集会律》，都严禁工人“集会”“结社”

和“罢工”。《大清矿务章程》中更进一步规定，“借端罢工要挟者”，“交由地方官惩办”。朝廷甚至把官府才能行使的刑罚权交给工厂主，准许矿场设置枷、笞二刑，直接镇压工人的反抗。

辛亥革命胜利后，《中华民国临时约法》明确规定了“人民之身体非依法律不得逮捕拘禁审问处罚”，“人民有言论著作刊行及集会结社之自由”等权利，但实际上却是一纸空文。工人运动和工会组织不但得不到法律的保障，反而受到限制。1912 年 3 月公布的《暂行新刑律》规定：“从事同一业务之工人，同盟罢工者，首谋处四等以下有期徒刑、拘役或三百以下罚金。余人处拘役或三十元以下罚金。聚众为强暴胁迫或为首者，依第 164 至 167 条（骚乱罪）之例处断。”

与纺织、矿山相比，铁路、机械、军工等行业，工人生产条件或许略好一些，然而他们所受的压迫并不稍轻。为了管理工人，资本家还在厂里设立警察，甚至派驻军队弹压。

如果不进工厂做工，只是在街头出卖自己劳动力，又当如何？他们虽然免除了地狱般的工作环境，却逃不脱牛马般的命运。陈潭秋（化名刘云生）在《新青年》第 8 卷第 1 号描述的汉口苦力运输工人生活状况可见一斑。

汉口劳动界之最苦者，莫苦于驮货一类，人数既众，生活尤难，疾病死亡，无人过问，自生自灭，若异类之不如。彼等所受之苦痛，实人生之最难堪者。今就其在江岸一隅者之情状记之。

此类苦力皆非人家所雇请者，来去自由，散漫无常，且无头目照管，乃毫无统系。上自龙王庙，下迄洋火厂，有四千余人，游行靡定。内有一部分专守候各轮船码头，计招商局及周家巷有二百人，太古码头有二百一二十人，怡和码头有二百二三十人，日清宁绍两公司有六百人，鸿安公司亦有一百四五十人。此辈无论晴雨，皆株守一隅，决不他去，晴天忙时，自不拘此数，作工时间甚不一致，有力壮者终日背负，一日尚能得钱千元。余则数百文数十文不等。得钱即往围赌，资尽复去力驮，不留隔日粮。饥冻相乘，死亡甚速。衣无冬夏，仅破麻袋一片，遮其下体。夏则赤蓬头，冬以破袋一只覆其首，若富翁之戴风帽然。破草席一截围其身，奇形怪状，不一而足。

夫彼等何流落至此，盖有数因焉：（一）因嗜好甚深，或嫖赌烟倾家，此类多系富家后裔，因不务职业，为亲族所共弃，无以自活，乃流入此途。（二）因所谋未遂，汉口为中国名区，四方之民，多争集之。年来因南北争斗，商务萧条，市庭间人浮于事，不能容身，则转入此途。（三）来自远方，此辈原在川河挪船（俗名挪索索），因不胜其苦，习闻汉口繁华，钱尤易得，是以抛弃原有执业，单身来汉，讵知汉口谋生实在不易，既无朋友介绍，万难侧身正途，于是不得不向此道讨生活。以上所纪不过一部分者之状况。至此类苦力，汉口实有一万余人，火车站街头巷尾，皆有此辈足迹，生活亦大同小异，名称为“背包的”，或“披麻布袋的”，又名“荒乞”云。

哪里有压迫，哪里就有反抗

中国工人阶级从诞生那天起，就同时受着封建主义、帝国主义和资本主义三重压迫与剥削。同样，中国工人阶级的斗争伴随着工人阶级的成长一直存在。从鸦片战争到五四运动，工人阶级的反抗行动此起彼伏，始终没有停歇。

不同时期的工人斗争有不同的表现形式和主题。

从鸦片战争到甲午战争期间，是中国近代工业和工人阶级的产生时期，已经出现了早期工人自发的经济斗争。这时工人阶级的人数虽然不多，力量也有限，但是他们的斗争精神一直不屈不挠。

1868 年 10 月，上海英资耶松船厂广东籍工人为反对降低工资举行罢工，是这个阶段有文字记载的产业工人最早的一次经济斗争。此后工人反对中外资本家延长工时、克扣工资的斗争在中外企业里不断发生。1890 年，上海江南制造局新任总办要将工时从 8 小时延长至 9 小时。工人为反对延长工时举行罢工。1882 年 6 月，上海水木作坊数千名工人为了要求作头改善饭食而举行罢工。经过了大约一个星期的罢工斗争，最后工人取得胜利而复工。

香港工人最早开展了反对中外反动势力摊派捐税的斗争。1844 年 10 月 30 日，香港工人为反对英国殖民当局颁布的“人头税”法案举行罢工，有 3000 多名工人离港回到广州。斗争坚持了 3 个月之久，迫使港英当局对该法案“延缓执行”。

在反对资本剥削的同时，工人阶级还奋起反抗外籍雇员、技师和封建把头的奴役与欺凌。1891 年，开平煤矿 100 多名工人，为了反对外国技师的欺压，自动聚集起来，手持木棍、石头，痛打了英国技师伯恩。英国的监工、技师惊惧之下，集体撤退到天津。这些工人反对剥削和奴役的斗争，临时性比较强，斗争的方式也非常直接。这说明了早期工人斗争的稚嫩，但也显示出了中国工人阶级的勇气。

面对外国侵略者，工人阶级更是同仇敌忾。1841 年 5 月，广州工人参加三元里人民的武装抗英斗争，是中国近代历史上反抗侵略者的首战。参加这次抗英斗争的，除三元里一带的 103 个乡的广大贫苦农民、渔民外，还有广州附近的丝织工人、打石工人等。在第二次鸦片战争中，港澳工人为反对英法联军占领广州举行罢工。1857 年 12 月，英法联军占领广州城后，广州村民几万人自动组织起来进行抵抗。

在中法战争中，福州船政局工人冒着敌人的炮火奋力抢救船厂，支援前线。香港工人还发动了反法大罢工，时间长达 35 天。首先是英商香港黄埔船坞公司工人反对法舰进坞修理，接着搬运工人拒绝为法国船只搬运，法船的中国海员也罢工离职。香港英国殖民当局对罢工工人进行镇压，激起了更大的罢工运动。工人对“中外货皆不搬运，使香港整个港口陷于停顿”。英国殖民当局慑于工人的威力，不得不退还罚款，释放拘留的工人，听任中国工人不搬装法国货物。这次罢工运动声势浩大、行动坚决，英国殖民当局惊呼：“这是香港有史以来最严重的一次暴动。”

辛亥革命前后，中国工人的阶级意识逐渐提升。中国近代产业工人由10万人左右增加到近100万人，他们在争取自身利益的经济斗争方面，不断发展和进步，不仅经济罢工增多，开始出现同盟罢工，而且在罢工的内容和形式上也有新变化。

产业工人的同盟罢工，显示出联合斗争的力量，罢工胜利的次数大大增加。1905年，上海集成纱厂工人为反对工头压迫和克扣工资，先后组织了南北两厂工人的同盟罢工，共有4600多人参加了罢工。1911年8月，上海闸北四家丝厂女工举行同盟罢工，并在厂前张贴“同盟宣告”，指出：“……今我闸北同业不下三四千人，愿结同盟，要求每工给洋三角五分，否则另图别业，决不就范。”这次罢工还得到了梧州路勤昌丝厂和法租界久成丝厂女工的罢工响应。罢工过程中，女工不受欺骗，不畏恫吓，终于在资方同意每日给女工工资增加一分的条件下复工。

1903年秋天，东清铁路哈尔滨临时总工厂工人联合起来，提出“我们要享受人的待遇”“我们要房子住”等口号，展开斗争。在工人强烈要求下，厂方在该厂西北角搭起了36个人字形窝棚，作为工人的住宅区，即后来人们所说的“三十六棚”。

在孙中山领导的革命事业中，工人阶级一直都是忠实的追随者与坚定的支持者。在最早建立的“兴中会”中，有据可考的会员有286名，其中工人（包括海外华工和国内工人）有54人，占19%。1905年8月20日，同盟会在日本东京成立，7%的会员是工人。大量的苦力搬运工人、手工业工人和工矿交通部门的产业工人，以各种形式的实际行动积极参加并支援了孙中山领导的革命，或为革命事业筹款，或秘密运送武器弹药，或偷运革命党人，或传递消息，并多次直接参加武装起义。

1895 年 10 月，孙中山在广州组织发动了第一次武装起义，大约有 600 名香港的苦力工人参加了战斗。1906 年 12 月 4 日，同盟会组织发动了萍浏醴起义。参加这次起义的会党群众约 3 万多人，其中安源煤矿工人张秋生等组织矿工 6000 人参战。起义坚持一个多月，与清军打了 20 多仗，后被清军镇压。

1911 年 3 月 29 日，广州黄花岗起义的枪声响起。在这次起义的准备过程中，广州、香港、澳门等地的机器工人和海员、码头装卸工人等，负责秘密运输枪支弹药。后来成为著名工会领导人之一的苏兆征就参加了协助运送枪支弹药的工作。起义过程中，工人踊跃参加，黄花岗 72 烈士纪念碑上，共有 17 名是工人，位于各阶层的人数之首。

1911 年 10 月 10 日，辛亥革命爆发。各地工人以多种方式支持革命党人。早在起义之初，楚望台军械库工人一方面为革命党廉价收买子弹和炸药，另一方面在为清军修理枪支时，有意将其零件加以破坏。革命军攻打武昌城时，徐家棚铁路工人、武昌纱厂工人和人力车工人积极帮助起义军运送军火。

武昌起义后，各地工人纷纷响应。10 月中旬，宜昌地区的铁路工人和筑路工人 3 万多人，由向路局讨还工资的斗争发展成“暴动”。武昌起义的消息传入汕头，绍兴号轮船上的水手，首先把辫子剪掉，与码头工人一起，拿着手榴弹，喊着打倒清朝皇帝的口号，举行了示威游行。香港归国的海员 70 人也响应同盟会号召，争相辞去在外轮上的工作，自购短枪，组队前往上海，会合海员马伯麟等 20 余人，合编成敢死队，即赴汉阳参加起义军。他们在黄兴的指挥下，英勇作战，后来多数人壮烈牺牲。

在工人的反帝爱国斗争中，天津法租界工人罢工反对法国侵占“老西开”是辛亥革命以来最大的一次有工人阶级参加的反帝斗争运动。老西开（今海光寺）是天津法租界与华界接壤的地方。早在 1902 年，法国驻天津领事照会清政府，要求将老西开划入法租界，没有达到目的。但法租界当局并没有死心，开始变换方法，在老西开不断购买土地、建立教堂、经营商店、开办学校等，妄图等待时机成熟，迫使中国当局承认既成事实。1916 年 10 月 20 日，法国驻天津领事派巡捕绑走了中国警察，公然强占老西开。北洋政府暗中表示应允，但天津各界人士坚决反对，爆发了反对法国侵略者强占老西开的斗争。

10 月21 日，天津民众数千人为抗议法国租界当局武力侵占老西开地界，齐集商务总会，决议派代表进京，请政府严重交涉。25 日，8000 余人成立公民大会，号召各界人民开展抗议活动。在这个过程中，天津法租界的工人罢工，成为这次反帝斗争的主要力量，并且把斗争推向了高潮。11 月，天津法租界工人一千六七百人，自 12 日起开始罢工。罢工涉及各行各业的工人及工厂。法商电灯公司、仪品砖窑、仪品铁场、华利铁厂等，一律停工。法资开办的旅馆和饭店的中国工人和法国人家中的女佣，全体罢工。法租界的中国警察实行罢岗。最后法租界的清道夫、清粪工也加入到了罢工的行列中。法租界工人的总同盟罢工使法租界陷于瘫痪之中，电灯全部熄灭，垃圾和粪便无人清扫，法国人家中无人做饭等，给法国侵略者以沉重的打击。

在罢工中，天津租界工人表现出了很强的战斗力，他们纪律严明，团结一致，拒绝重金的诱惑，瓦解了法租界当局破坏罢工的阴谋。法国人家里的女佣辞工时，有的法国人表示，愿意以每月 40 元的薪金挽留，但佣妇回答："只为法国领事拘了我们的警察，占了我们的领土，把我们中国看得分文不值，因此我们中国女人齐心不与你们做工。漫说你们每月给我四十块钱，就是给我四百块，我也不能留在这里。"说毕，扬长而去。

罢工一直持续到第二年 2 月。在此期间，天津法租界工人罢工还得到北京、云南、山东等地工人罢工的声援。在工人罢工的影响下，法租界华警罢职，商人罢市，商店和居民纷纷迁出“租界”。在各地各界工人群众的努力与坚决反抗下，终于迫使中法两国政府经谈判决定，将老西开改为“中法共管”。

在这次总同盟罢工中，工人形成坚强的团体，行动一致，态度坚决，体现了工人阶级在斗争中团结互助的高贵品质，也说明中国工人阶级开始意识到“共同反抗”的意义与力量。这次大罢工是中国近代史上的伟大事件，某种程度上，可以看作是五四运动以后中国工人阶级领导革命成功的预演。

中国工人阶级诞生后，经过早期的自发斗争与痛苦摸索，在斗争中不断积累经验、增长觉悟，逐渐产生了对真正工人团体——工会组织的呼唤与渴求。正如列宁所言，工会是工人由散漫无力走向阶级联合的开端和过渡，“工会不仅是在历史上必要的，而且是在历史上不可避免的工业无产阶级组织”。在斗争中，工人逐渐有了阶级意识和团结的愿望，最终告别散漫、走向联合。

第二章

先声 1919

登上历史舞台

一唱雄鸡天下白
——题记

五四运动是中国新民主主义革命的开端，也是工人阶级以独立姿态登上中国历史舞台的标志。五四运动促使马克思主义开始与中国工人运动相结合并产生了中国工人阶级的先锋队组织——中国共产党。1921年7月23日，中国共产党诞生。

前页图注：

1919 年 6 月 5 日，上海六七万工人大罢工，显示了工人阶级的巨大力量

愤怒的学生

1919 年，在中国历史上具有划时代的意义。这一年爆发的震惊中外的五四运动成为旧民主主义革命和新民主主义革命的分水岭，是中国新民主主义革命的开端。

这场运动的影响是如此的深远，由此形成的“爱国、进步、民主、科学”的五四精神，薪火相传，直至一百年后的今天。

1918 年，第一次世界大战硝烟散去，包括中国在内的战胜国纷纷欢呼庆贺“公理战胜强权”。1919 年 1 月 18 日，战胜国在巴黎召开“和平会议”。本来一直是“打酱油”的北洋政府因缘际会，在战争的最后一年对德国宣战，此时作为战胜国一方，兴冲冲地参加和会，提出取消列强在华特权，取消日本帝国主义与袁世凯订立的“二十一条”等不平等条约，归还大战期间日本从德国手中夺去的山东各项权利等要求。对于多少年来一直在割地赔款的中国，这本是正当得没法再正当的要求，没有要求战争赔偿，只是想要回属于自己的东西。没想到就这样一个弱弱的请求，却当头挨了一记闷棍，巴黎和会在列强操纵下，不但拒绝中国的要求，而且再一次割中国的肉喂日本——在对德合约上，把德国在山东的特权全部转让给日本。为了照顾战胜国的面子，列强还是象征性地还给中国一样东西——八国联军侵华时德国人抢走的一台天文仪。

什么是落后就要挨打？什么是弱国无外交？这就是了。尽管中国代表团外交官顾维钧慷慨陈词，据理力争，表现出了职业外交家的杰出素质与才华，他甚至一度打动了许多外交官，然而到底无济于事。军人在战场上用枪拿不到的东西，也不要指望外交官在谈判桌上能用嘴争来。抗争无效，窝囊的北洋政府竟准备在和约上签字。这份屈辱，简直与15年前的1904年日本和俄国在中国的辽东半岛打仗，清廷竟然宣布“中立”的行为不遑多让。

1919年5月1日，消息传回国内，激起了民众的强烈反对。自鸦片战争以来八十年的悲愤，似乎在顷刻之间引爆。首先是北京学生群情激愤，当天北京大学部分学生代表就在北大西斋饭厅召开紧急会议，商讨对策。

此时的北京大学，正弥漫着前所未有的进步气息。校长蔡元培提出了“兼容并包”的办学方针，聘请了一大批名流教授到北大任教，他们中有留着辫子的遗老辜鸿铭，也有新派人物胡适、鲁迅，一时人杰荟萃，各种思潮相互激荡。后来成为中国共产党的两位创始人，被称为“南陈北李”的李大钊、陈独秀分别担任北大图书馆长和文科学长。在这样的氛围中，北大的学子们都有一种天降大任、舍我其谁的干云豪气。

5月3日晚，北京大学学生举行大会，北京高等师范学校、北京法政专门学校、工业专门学校等也派出代表参加。学生代表争相发言，情绪激昂，其中言辞激烈、风头最盛的一位是北京大学的张特立——也就是张国焘，在五四运动中成为北京学联讲演部长。

会议作出决定：

（一）联合各界一致力争；

（二）通电巴黎专使，坚持不在合约上签字；

（三）通电各省于1919年5月7日国耻纪念举行游行示威运动；

（四）5月4日在天安门前举行集会和游行示威。

1919年5月4日下午，北京高校的3000多名学生冲破军警阻挠，云集天安门，高呼“还我青岛”“拒绝在巴黎和约上签字”“废除二十一条”“抵制日货”“宁肯玉碎，勿为瓦全”“外争主权，内除国贼”等口号，并且要求惩办交通总长曹汝霖、币制局总裁陆宗舆、驻日公使章宗祥。

游行队伍到达东交民巷使馆区时，受到军警的阻拦，这时候队伍里有人高喊“大家往曹汝霖家里去”！于是愤怒的人群潮水般地冲向赵家楼胡同，学生们冲进曹汝霖宅，痛打了正在这里的章宗祥，火烧了曹宅——史称“火烧赵家楼”事件。随后，军警逮捕了学生代表 32 人。学生游行活动受到广泛关注，各界人士纷纷给予支持，抗议逮捕学生。北洋军阀政府颁布严禁抗议公告，大总统徐世昌下令镇压，但是，反抗的怒火已经无法压制，五四的火种迅速在各地蔓延。

5 月 7 日，长沙各学校学生举行“五七”国耻纪念游行，是日为 1915 年袁世凯和日本签订“二十一条”的日子，被视为国耻日。青年毛泽东曾写道：“五月七日，民国奇耻。何以报仇？在我学子!”游行队伍被湖南督军张敬尧派军警强行解散。

5 月 11 日，上海成立学生联合会。

5 月 14 日，天津学生联合会成立。

5 月中旬，北京学生联合会派邓中夏到湖南联络，向毛泽东、何叔衡等介绍北京学生运动情况。

5 月 19 日，北京各校学生同时宣告罢课，天津、上海、南京、杭州、重庆、南昌、武汉、长沙、厦门、济南、开封、太原等地学生也先后宣告罢课，支持北京学生的斗争。

6 月 3 日，北京数以千计的学生涌向街道，开展大规模的宣传活动，被军警逮捕 170 多人。

军警的逮捕行动引发了更大规模的抗议。

工人的力量

1919 年 6 月 5 日，学生的同盟军、中国近代史上最伟大的力量——工人阶级登场了。这一天，拿锤的手和握笔的手挽在一起，掀开了中国历史新的一页。

6月5日，上海工人开始大规模罢工，以响应学生，上海日商的内外棉第三、第四、第五纱厂，日华纱厂，上海纱厂和商务印书馆的工人全体罢工，人数在两万以上。

此后三天，6月6日、7日、9日，上海的电车工人、船坞工人、清洁工人、轮船水手也相继罢工，总数前后有六七万人。

上海工人罢工波及各地，京汉铁路长辛店工人、京奉铁路工人及九江工人都陆续举行罢工和示威游行。从此，运动的主战场由北京转向了上海，主力军由学生转为工人。

6月11日，“五四运动总司令”陈独秀到北京前门外闹市区散发《北京市民宣言》，声明如政府不接受市民要求，“我等学生商人劳工军人等，惟有直接行动以图根本之改造”（基本上相当于公开宣称造反）。政府逮捕了陈独秀，激起各界更大的义愤。各地学生团体和社会知名人士纷纷通电，抗议政府暴行。事情闹大了，政府不得不释放陈独秀和被捕学生。

迫于社会各界强大的舆论压力，中国代表最终没有在和约上签字。曹、陆、章相继被免职。

五四运动中，中国工人阶级第一次展示了力量，同时也标志着中国工人阶级以独立的姿态正式登上了历史舞台。

五四运动改变了以往只有觉悟的革命者而缺少觉醒的人民大众的斗争状况，实现了中国人民和中华民族自鸦片战争以来第一次全面觉醒。在五四运动中，涌现出一批为追求民族独立和国家富强而积极探求救国救民真理的先进分子。数十万学生英勇地走在运动的前头，成为运动的先锋；工人阶级登上政治舞台，显示了强大的力量。

在五四运动中，一批风云学子闪亮登场，他们中的许多人，后来成为党史和工运史上的著名人物。

他们包括：

在北京，有北京大学学生张国焘、邓中夏、罗章龙、高君宇，还有清华大学学生闻一多、俄文专修馆学生瞿秋白、北京高等师范学校附中学生赵世炎等；

在天津，有北洋大学（现天津大学）学生张太雷、南开大学学生周恩来、直隶高等工业学校学生黄爱等；

在南京，有南京河海工程专门学校的张闻天；

在武汉，有武汉高等师范学校学生陈潭秋、中华大学附中学生林育南、湖北甲种工业学校学生许白昊等。

5月6日，北京的消息传到武汉，林育南连夜找老师恽代英商量，发动武汉学生起来斗争。翌日是“五七国耻”四周年纪念日，中华大学正在举行运动会，正当运动会高潮之时，林育南突然将传单抛向空中。传单上写道：

有血性的黄帝的子孙，你不应该忘记四年前五月七日之事！现在又是五月七日了。那在四十八小时内，强迫我承认二十一条密约的日本人，现在又在欧洲和会里，强夺我们的青岛，强夺我们的山东，要我们四万万人的中华民国做他的奴隶牛马。你若是个人，你还要把金钱供献他们，把盗贼认做你的父母兄弟吗？

…………

传单像一团烈火在师生的心中燃烧，一时间，“还我青岛！还我山东！”的口号声响彻运动场上空，运动会变成了声讨会。恰好这天，恽代英、林育南又收到了正在北京大学读书的朋友黄晓峰的来信，信中详细叙述了北京学生在天安门广场集会游行和火烧赵家楼、痛打章宗祥的情况。林育南把这封信贴到中华大学门口的揭示栏上。很快，揭示栏被围得水泄不通，爱国师生都为信中所叙的事而激奋，有的痛哭流涕、有的捶胸顿足，还有的把自己所用的“仇货”拿出来当众焚烧……

在学生的感召之下，在上海工友的影响之下，武汉工人也站了出来。6 月 11 日，武汉各轮船水手、伙夫首先罢工，使汉口、上海间交通全然断绝；12 日，武汉各公司大小商轮工人也开始罢工，“一律停止装运客货”；14 日，武汉数百家成衣店几千名工人举行同盟罢工；31 日，汉口各铁匠店数千名工人全体罢工。随后，汉口的笔工、染工、漆工、木工等手工业工人也纷纷加入同盟罢工行列。一时间，工潮怒卷了武汉三镇。

在唐山，京奉铁路唐山制造厂工人邓培，领导工人建立了爱国组织同人联合会，组织救国“十人团”，号召抵制日货。他组织工厂 3000 名工人与唐山大学生组成宣传队到街上演讲，散发传单，发动工人罢工、学生罢课、商人罢市，要求北洋军阀政府拒签“和约”，掀起了唐山地区反帝爱国运动热潮。

永远的五四

五四运动是在俄国十月革命的影响下发生的，正如毛泽东所言：“十月革命一声炮响，给我们送来了马克思列宁主义。”十月革命后，李大钊、陈独秀、毛泽东、邓中夏等共产主义知识分子，逐步受到新思想的指导，开始了知识分子与工人群众相结合的尝试，一方面促进了马克思主义的传播，另一方面促进了工人阶级的觉醒。

在五四运动中，中国工人阶级以独立的姿态登上政治舞台，为在中国建立无产阶级政党——中国共产党提供了阶级基础。

五四运动还掀开了中国工运史新的一页，中国工人运动从此也从自发走向自觉。我们看到，一个个闪亮的名字陆续登场，照耀中国工人运动史册，彪炳千秋：

李大钊、陈独秀、毛泽东、刘少奇、周恩来、陈云、李立三、苏兆征、林伟民、邓中夏、陈潭秋、赵世炎、罗亦农、项英、李汉俊、邓恩铭、王尽美、李启汉、邓培、罗登贤、杨殷、林祥谦、施洋、黄爱、庞人铨、王荷波、许白昊、汪寿华、陈延年、陈乔年、林育英、林育南、朱少连、郭隆真、赵一曼、陈少敏……

以及名动一时，但后来变节迷途，在历史上留下败笔的张国焘、向忠发、顾顺章、卢福坦、余茂怀、王复元、李涤生、王克全、徐锡根、黄平、陆沉……

第三章

启明 1921

中国劳动组合书记部成立

问苍茫大地，谁主沉浮

——题记

中国共产党是中国工人阶级的先锋队，她的诞生是马克思主义理论与中国工人运动相结合的产物。中国共产党建立后，中国工人阶级从此有了自己的政党，标志着工人阶级在阶级认同的基础上，实现了由自在阶级向自为阶级的转变，标志着中国工人运动从此进入了一个新的伟大的历史时期。

前页图注：

中共一大会址（今上海兴业路76号）

中共一大

1921年7月23日晚，13位行色匆匆的客人走进上海法租界望志路106号（今兴业路76号）一幢石库门房子。在这个夜晚，中国历史上开天辟地的一件大事发生了：

中国共产党第一次全国代表大会开幕。

参加大会的代表有：李达、李汉俊、张国焘、刘仁静、董必武、陈潭秋、毛泽东、何叔衡、王尽美、邓恩铭、陈公博、周佛海，还有陈独秀指派的代表包惠僧，他们分别代表上海、北京、武汉、长沙、济南、广州与日本的共产党组织。到会的还有共产国际代表马林和赤色职工国际代表尼克尔斯基。

他们在这里开会到7月30日，会议最后一天，被租界的巡捕打断，代表们转移到嘉兴南湖的一艘游船上，完成了全部议程。

这次会议的情况已经举世皆知。党的一大会址成为重要革命纪念地，毛泽东称这里是中国共产党的“产床”。南湖那艘游船也被称作“红船”。习近平总书记说，这里是我们中国共产党人的精神家园。

在“红船”上讨论通过了《中国共产党第一个纲领》和《中国共产党第一个决议》。《纲领》共15条约1000字，确定了党的名称、奋斗目标、基本政策，提出了发展党员、建立地方和中央机构等组织制度，兼有党纲和党章的内容。《决议》对建党后的工作进行了部署，明确规定中国共产党成立后的中心工作是领导、组织和推进工人运动，基本任务是“成立产业工会”，强调“党在工会中要灌输阶级斗争的精神”。

《决议》共有六项内容，其中三项是关于工人阶级和工会工作的，分别是第一项（工人组织）、第三项（工人学校）、第四项（工会组织的研究机构），节录如下：

一、工人组织

本党的基本任务是成立产业工会。凡有一个以上产业部门的地方，均应组织工会；在没有大工业而只有一两个工厂的地方，可成立比较适于当地条件的工厂工会。

党应在工会里灌输阶级斗争的精神。党应警惕，使工会避免成为其他党派之傀儡。为此，党应特别机警地注意，勿使工会执行其他的政治路线。对于手工业工会，应迅速派出党员，尽快进行改组工作。

拥有会员二百人以上方能成立工会，而且至少要派我党党员二人到该工会去工作。

二、工人学校

因工人学校是组织产业工会过程中的一个阶段，所以在一切产业部门均应成立这种学校，例如，应成立“运输工人预备学校”和“纺织工人预备学校”等等。

学校管理处和校务委员会应完全由工人组成。党聘请的教员可以出席校务委员会的会议。

工人学校应逐渐变成工人政党的中心机构，否则，这种学校就无需存在，可予以解散或改组。

学校的基本方针是提高工人的觉悟，使他们认识到成立工会的必要。

三、工会组织的研究机构

这种机构应由各个产业部门的领导人、有觉悟的工人和党员组成，应研究产业工会组织的工作方法等问题。

成立这种机构的主要目的应为教育工人使其在实践中能够实现共产党的思想。应特别注意组织工人工会，援助其他部门的工人运动，研究工人工会以及其他无产阶级组织的情况。

为了更适当地进行工作，这种机构的研究工作应分为以下几类：工人运动史，组织工厂工人的方法，卡尔·马克思的经济学说，各国工人运动的现状。研究的成果应定期发表。应特别注意中国工人运动问题。

由于斗争环境复杂，共产党成立后不久，中央机关就遭到巡捕房破坏，一大的重要档案，包括《纲领》和《决议》长期遗失，以致党内很长时间对一大的情况模糊不清，开会的时间、通过的文件都难有定论。直到新中国成立后的1956年，党中央才从共产国际的档案中找到了这两个文件的俄文版。1960年，美国学者韦慕廷从哥伦比亚大学图书馆发现了一大代表陈公博的硕士论文《共产主义运动在中国》，论文附录中附有《中国共产党第一个纲领》《中国共产党第一个决议》的英文版。

陈公博在一大之后不久即脱党出国留学，后来追随汪精卫成为大汉奸。不过他的这篇论文，倒是无意中保留了党中央的重要历史文献，算是给党史作出了一点意外的贡献。

中共一大的13位代表，最终走向了不同的人生归宿。坚持革命并领导革命走向胜利的有2人：毛泽东、董必武；革命斗争中牺牲的有4人：陈潭秋、何叔衡、邓恩铭被敌人杀害，王尽美病故；曾经脱党但坚持革命的有2人：李达、李汉俊；脱离革命，后来迷途知返的有2人：刘仁静、包惠僧；叛党的有3人：陈公博、周佛海、张国焘。

中国共产党的成立，使中国工人阶级有了自己的先锋队，也标志着中国工人阶级由“自在阶级”开始向“自为阶级”转变。从此，中国革命的面貌为之一新，中国工人、工会运动也进入了一个新阶段，越来越多的工人在中国共产党的领导下团结起来，越来越多的工会组织在马克思主义的旗帜下凝聚起来。

中国劳动组合书记部

在党的一大召开之后不久，即成立了第一个公开领导工人运动的机构——中国劳动组合书记部。这个名字，是共产国际代表马林起的，“劳动组合”（Trade unions）即工会之意，“书记部”即是秘书处的意思。书记部办公地点设在上海公共租界新闻路北成都路口19号。主任先后由张特立（张国焘）与邓中夏担任，秘书为李启汉。

中国劳动组合书记部成立的宣言称：

中国劳动组合书记部是由上海——中国产业的中心——的一些劳动团体所发起的，是一个要把各个劳动组合都联合起来的总机关。它的事业是要发达劳动组合，向劳动者宣传组合之必要，要联合或改组已成的劳动团体，使劳动者有阶级的自觉，并要建立中国工人们与外国工人们的密切关系。但是这些事业是必须大家都来做的，所以我们请求那些已成立的劳动团体加入我们这个书记部与我们共同进行。

宣言呼吁工人铲除帮口，按产业组织工会：

劳动者把他们自己分成什么宁波帮、广东帮、江北帮等等是不行的。这是把自己分裂的办法，怎样能拿着这种团体来和资本家奋斗呢？我们只能把一个产业底下的劳动者，不分地域，不分男女老少，都组织起来，做成一个产业组合。因为这样一个团体才能算是一个有力的团体，要这样的组织法，劳动者才能用他们的组织力，做奋斗事业，谋改良他们的地位。

宣言最后号召：

劳动界的伙伴们呀！我们拿外国经历过的事实做比例，知道我们的事业在起手的时候，一定要遇着非常之多的困难。特别是我们这个阶级的知识缺乏，是最大的困难。但是资本制度在中国日见发达，我们极相信劳动者的团体也会日见发达，日见有力；并且我们相信将来的世界一定是工人们的世界。中国的工人们呀！我们赶紧联合成劳动组合呀！

宣言的签名为张特立等二十六人。这二十六人的姓名并未留下确切记录，据当事人回忆，其中包括部分共产党员和共青团员如张特立、李启汉、李中、李震瀛等人，以及青年学生李新旦、杨意贞、董锄平等人。

劳动组合书记部建立之初，就出版了机关报《劳动周刊》。张特立为编辑主任，包惠僧、李震瀛、李启汉、董锄平等人先后担任编辑。周刊的出版日期亦不可考，直到今天都未见到其创刊号，目前看到的最早一期是1921年10月12日出版的第10期。在当年的《共产党》月刊上，我们找到了它简短的发刊词：

这个劳动周刊是中国劳动组合书记部的机关报，换言之，就是中国全体劳动者言论机关。我们这个周刊是不比得有产阶级的报纸，有产阶级的报纸，是只记得金钱，那里记得什么公道正义呢？我们的周刊不是营业的性质，是专门本着中国劳动组合书记部的宗旨，为劳动者说话，并鼓吹劳动组合主义。我们希望中国的工人们都拿材料来供给这个唯一的言论机关，都来维护这个唯一的言论机关，扩大解放全人类的声浪，促进解放全人类的事业实现。中国的工人们，快快把我们的头抬起来呀！

《劳动周刊》在醒目的位置刊登宣传口号：“工友们，我们大家联合的机会到了！”“世界工人们联合起来啊！”《劳动周刊》刚出版就一纸风行，受到工人们的热烈欢迎，被工人称为“指路明灯”。《共产党》月刊也称赞它：“办得异常完善，大可以增进劳动者的知识，真是教育训练工人们的一个最好的机关报。”

中国劳动组合书记部逐渐成为全国工人运动的总机关和领导者，在1925年中华全国总工会成立之前，担任了组织和领导工人斗争的重要角色，写下了中国工运史的光辉一页。

中国劳动组合书记部成立之后，相继在北京、长沙、武汉、广州、济南、上海等地设立了分部机构，将工人运动的火种播向全国各地，主要有：

北方分部。1921年8月在北京成立，主任罗章龙，副主任王尽美。领导建立的主要工会组织有：长辛店工人俱乐部、津浦铁路工人俱乐部、京奉铁路唐山制造厂职工同人联合会、京绥铁路车务工人同人会、道清铁路工人俱乐部、京汉铁路总工会、正太铁路总工会等。

湖南分部。1921年8月成立于长沙，主任毛泽东，李立三、刘少奇、郭亮先后负责宣传、组织工作。领导下的主要工会组织有：湖南劳工会、安源路矿工人俱乐部、粤汉铁路新河俱乐部、长沙泥木工会、粤汉铁路总工会、株萍铁路总工会、水口山矿工人俱乐部、长沙第一纱厂工人俱乐部等。

武汉分部。1921年9月成立于武昌，主任包惠僧，后由林育南、项德隆（项英）继任。领导下的主要工会组织有：汉口人力车夫工会、京汉铁路江岸工人俱乐部、汉阳钢铁厂工会、武汉第一纱厂工会等。

广东分部。1921年9月在广州成立，主任谭平山，后冯菊坡继任。领导下的主要工会组织有：广州理发工会、广东土木建筑工会、油业工会等。

山东分部。1922年6月成立，后并入北方分部，主任王尽美，后由邓恩铭、王翔千接任。领导下的主要工会组织有：津浦铁路济南大槐树机车厂工人俱乐部等。

上海分部。1922 年 6 月，劳动组合书记部总部被上海公共租界巡捕房封闭，出版了 41 期的《劳动周刊》被勒令停刊，总部不得不由上海迁往北京，并于 1922 年 8 月在上海设立分部，主任为袁达时，总部与上海分部陆续建立了上海机器工会、上海印刷工会、上海烟草工人会、上海浦东纺织工会和上海海员工会、上海金银业工人俱乐部等工会组织。

劳动组合书记部及其五处分部在中国共产党领导下，迅速把工人运动的火种散播全国各地。

改造湖南劳工会

中国劳动组合书记部成立之后，湖南分部主任毛泽东回到家乡领导工人运动，遇到的第一个问题，就是如何对待黄爱、庞人铨领导的、带有无政府主义色彩的湖南劳工会。

早在 1920 年 11 月 20 日，长沙就出现了一个“湖南劳工会”。创办人黄爱和庞人铨，都是湖南甲种工业学校的毕业生，曾经在工厂工作过，接触过工人群众，了解他们的痛苦，同时受了十月革命和无政府工团主义的影响，想把工人组织起来，为改善经济情况和文化生活而斗争。他们联络了一些工业学校的学生、工厂中的技术人员和工人，组织了这个劳工会。

黄爱，字正品，号建中，湖南常德人，1897 年生。1913 年考入湖南甲种工业学校机械科，1917 年毕业后，在湖南电灯公司工作。1919 年考入天津直隶高等工业学校。五四运动中在天津学联执行部，与周恩来一同战斗。1919 年 9 月，被周恩来邀请为觉悟社第一批社员。

黄爱骨子里有种湖南人“霸蛮”的血性，是个不怕死的主。五四期间，他曾代表天津学联去北京新华门请愿。请愿失败后，他曾打算组织“牺牲十人团”，带着“最激烈否认北京政府”的传单到北京总统府门口散发，准备让政府抓起来枪毙，借此“掀起最激昂的群众运动，来解决中国的一切问题”，后来被劝阻，没有实行。1919 年 10 月，因为山东军阀马良镇压济南学生，他又代表天津学联去北京参加第三次请愿，因而被捕一月余。回到长沙，又因抗议第一纱厂压迫工人而被捕入狱。出狱时，他对欢迎他的数千学生讲演说：“现在的青年，宜多过监狱的生活，监狱多过一次，其革命的心就加紧一次。”

1920 年 1 月，黄爱经李大钊介绍去上海《新青年》杂志社工作，得以阅读大量革命文章，并得到陈独秀的赞许。1920 年 6 月回到家乡，他决心从事工人运动，与老战友庞人铨等发起组织湖南劳工会，并先后在长沙建立基层劳工会 20 多个，会员达 7000 多人。当年，劳工会在湖南首次纪念五一国际劳动节，发动了上万工人，打出了“劳工神圣”“不做工者不得食”的口号，产生了很大的社会反响。

湖南劳工会成立后，他曾致信给陈独秀：

仲甫先生：

前些日子，曾经寄给先生一封信，收到了么？听说先生现在不来长沙，不禁使我失望。我们组织的一个劳工团体——湖南劳工会——现在已经实现了。寄来两篇新闻，请先生一阅。我们的“会”系合议制，铲除领袖的。简章还在印刷中（共分十二条），现在写上几条：

宗旨——改造物质的生活，增进劳工的智识。

会员——凡在工厂工作者（机器工业或手工业），或有工业学识者，无论男女，经会员二人介绍，得为本会会员，但须经评议部通过，以昭慎重。

会费——本会经费，由会员自由捐助，并不收入会金。

组织——本会暂分评议、交际、教育、调查、出版、介绍、俱乐、会计八部。

祝先生健康！

庞人铨和黄爱同年毕业于湖南甲种工业学校，曾在湖南地方军队中当过副官，参加过驱张运动，1920年驱张成功后退出军队，与黄爱共同组织劳工会。

劳工会成立之初，成分相当复杂，除工人之外，还有学校的学生、封建把头、监工之类人物。他们对待资本家和反对政府的态度固然是毫不妥协的，但由于受了无政府主义的影响，部分会员对马克思主义有一定成见，他们说马克思主义者是“长尾巴的”——就是说，马克思主义者是主张要政府的，既然要政府，就和军阀差不多。

鉴于劳工会在群众中有一定的基础，因此，毛泽东决定努力争取、改造他们。毛泽东分析了劳工会的情况后，一方面和工人群众接近，耐心说服他们，使他们认识到马克思主义的正确性，另一方面对黄爱、庞人铨进行教育，鼓励他们从事工人运动，同时也批评他们的错误方针——没有严密组织，没有政治目标，只作经济斗争。1921年秋，毛泽东还邀请黄、庞到安源煤矿住了一星期，一起了解工人的真实情况，用行动影响他们。在劳工会成立一周年时，毛泽东在《劳工周刊》上发表了一篇《所希望于劳工会的》文章：

劳工会现在已周年了，我同情于劳工会也一周年了。为什么独同情于劳工会？劳工神圣，一切东西都是劳工做出来的，劳工会是劳工的团结体，谁也应该同情的。劳工会这一年来的艰难缔造，在湖南劳动运动史上已写完了头一页，现在要开始写第二页了。我愿这第二页上写的要大不同于第一页：材料更丰富，意义更新鲜，章法组织更完备。因此我要本我思路所及，贡献几个希望条件：

（一）劳动组合的目的，不仅在团结劳动者以罢工的手段取得优异的工资和缩短工作时间，尤在养成阶级的自觉，以全阶级的大同团结，谋全阶级的根本利益。这是宗旨所在，希望劳工会诸君特别注意的。

（二）组织上宜依西洋工会组织，由代表会议产生相当名额之委员付与全权组织委员会执行会务。旧的行会式的组织固然要不得，职员太多、分部太繁、权力太分也要不得。

（三）工会是工人组织的，所以工人应该自己养活工会。更进则准备罢工基金和选举基金。现在不能遽言及此，我以为无论如何第一步办到凡入会的工人每人必出至低限度的月捐，少至一个铜元都可以；第二步办到自己养活工会。这一点很要紧，望劳工会诸君注意。

我所希望的就只这三项。最后我要向工友们简单的说几句话，当一杯酒，热一热诸君的肚子：

“不劳动的不得食！”

“劳动者获得罢工权利！”

“劳工神圣！”

“各尽所能，各取所值！”

“全世界都是劳动者的！”

“全世界劳动者团结起来！！”

毛泽东的远见卓识和人格魅力打动了黄、庞二人。黄爱对毛泽东十分钦佩，他说：“润之大智若愚，我则锋芒太露。润之是将才，我不过是个过河卒子而已。”根据毛泽东建议，劳工会进行了改组，成立书记、组织、宣传（教育）三部，并请毛泽东助理会务。对于毛泽东的“小组织大联合”的主张，黄爱、庞人铨完全赞成并接受。劳工会在后来成立了土木、机械、印刷等十几个工会（工团），会员也开始交会费了。

在毛泽东的帮助与教育下，黄爱和庞人铨的政治觉悟明显提高，开始走出狭隘的经济斗争的小圈子，积极从事反帝国主义的政治斗争。

1921 年底，黄爱、庞人铨加入了中国社会主义青年团。

类似这样的争取、教育、改造的杰作，毛泽东在六年后又有过一回。1927 年秋收起义之后，毛泽东在井冈山收编改造了袁文才、王佐的农民武装，成为创建革命根据地的神来之笔。

1922 年 1 月，阴历年关到了。湖南第一纱厂工人找到厂方，要求按照惯例给工人发“夹薪”——类似于现在的第 13 个月工资。他们提出：“本厂开工以来，所获盈余已达数十万元，这都是我们工人的血汗换得来的。本厂一切办法，既是仿照沪、汉各厂，则年终夹薪，亦应援例。”

公司根本不把这帮穷小子放在眼里，直接回绝了他们的要求。黄爱、庞人铨代表工人去和经营纱厂的华实公司谈判时，公司先是作出伪善面孔，对他们施以利诱，该公司董事陈友梧向黄、庞提出申请，要加入劳工会成为会员。黄爱说：“阁下不是工人，恕难接收。”陈又说：“你们不是经费很困难吗？我们愿捐助 500 块钱，作一个名誉会员，不好吗？”黄爱说：“500 元巨金不敢受，劳工会也不敢借重大名；况且我们是无名誉会员的规定的。你真要借工会装幌子，请加入其他冒牌的工会罢！”华实公司碰了钉子，又欲出以月薪 300 元，礼聘他俩为高等顾问，遭到严词拒绝。

双方没有谈拢，工人开始罢工，并向厂方提出十余项条件：

1. 12 月工资，须照原数加倍，并分红利；
2. 从放工日起至开工日止，不得扣除工资；
3. 工资须发光洋，不得以铜元折扣；
4. 开工后，各工人因事未到，在一月内不得开除；
5. 此次风潮，无论何人，不得开除，并一律发给工资；
6. 受伤工人，须给予医药费；
7. 工作时间须改为 8 小时；
8. 童工只做日工 8 小时；

9. 女工每月例假外，得自由请假4日，不扣工资；

10. 星期日夜，须一律停止工作；

11. 即日撤销政府监察处之军队。

在工人看来，这都是正当的要求，但在资本家眼里，简直是逆天大罪，这次答应了他们条件，下次岂不要反了天？偌大一笔钱发给工人，不如去送给官府，让其对付工人，一举两得，一劳永逸。他们收买黄、庞不成，遂决计以5万元巨款贿赂军阀赵恒惕，要他镇压罢工，收拾黄、庞这两个闹事刺头。

赵恒惕本来对工人运动就十分提防，“他们一声喊就是万把人，这样闹下去，岂不要造反就造反了么?”再看眼前的黄白之物，不由得见钱眼开，即允照办。

定下毒计之后，华实公司总经理黄藻奇，董事彭祖植、戴云阶假意与工人谈判，达成协议：一、以红利百分之五充作劳工会的教育经费；二、工人的红利照发；三、明春开工，保证不开除工人；四、协议一经签字，劳工会马上复工。黄藻奇让黄爱回劳工会做好准备，华实公司即派代表前去签字。

胜利来得如此容易，黄爱失去了警惕，回到劳工会向庞人铨报告了谈判经过，即坐等华实公司代表上门。谁知当晚等来的，是一队如狼似虎的武装士兵，不容分说把黄、庞二人抓走。

赵恒惕的军法处长随即提审二人。

“谁是黄爱?”

黄爱回答：“是我。”

“谁是庞人铨?”

庞人铨答：“我是。”

军法处长喝道：“绑起来!”

庞人铨大声质问：“我们犯了什么罪?!”

处长回答：“什么罪不罪，总司令要杀你们两人!”

庞人铨说："要杀，也应该把罪状给我们看！"

军法处长说："杀了以后，你们就知道的。"

1922 年 1 月 16 日深夜，阴风怒吼，雨雪交加，万物凄凉，士兵将二人绑起，押赴浏阳门外。临刑前，黄爱高呼："大牺牲，大成功！"庞人铨被一刀断头，黄爱被连砍三刀，两小时后，双目尚能转动。

黄、庞被杀后一星期，长沙戒备稍解，深夜白昼，常有男女工人学生跪在二人棺前号泣痛哭，也有秘密偷祭者，哭声遍野，泪滴黄泉，苦雨悲风，惨不忍闻。

黄爱、庞人铨是中国工人运动中最早牺牲的工人领袖，他们被杀害的消息传出后，全国各地唁电飞驰，群情激愤。中国劳动组合书记部致电孙中山，要求严惩凶手。湖南劳工会致函华实公司："你们要知道，你们如果不能用钱买人杀尽劳工会会员，同世界上其他劳动团体的分子，那么，你们包办第一纱厂，就终不稳当。杀掉一个黄爱、一个庞人铨，就有千百万个黄爱、庞人铨继起反抗你们！你们莫要在那里做梦，你们当知道劳动界的势力，是不可侵犯的！"

北京、天津、上海、广东纷纷举行悼念活动和集会游行，各地的军阀都感到慌张。赵恒惕更是惶惶不可终日，他哀叹道："想不到黄爱在全国竟有如此声望！"他要手下切不可"火上浇油"，同时也要华实公司向工人让步，勿再起事端。

毛泽东在长沙船山学社为他们举办追悼会，长沙工人送来一副挽联：

抛却头颅一二，染红雪地冰天，一滴血一个化身，生命实无处不在。

誓将愤慨万千，摆满字里行间，万条心万把匕首，冤仇终有日还清。

李大钊在为《黄庞流血记》作序中写道：

黄、庞两位先生的死，不是想作英雄而死，亦不是想作烈士而死，乃是为救助他的劳动界的同胞脱离资本阶级的压制而死，为他所信仰的主义而死。因此我乃对他们的殉死表无限敬意。

以前的历史，几乎全是阶级的争斗史。最后的阶级争战，在世界在中国均已开始了。黄、庞两先生，便是我们劳动阶级的先驱。先驱遇险，我们后队里的朋友们，仍然要奋勇上前，继续牺牲者愿做而未成的事业。

我们的目的，在废除人类间的阶级，在灭绝人类间的僭擅。但能达到这个目的，流血的事，非所必要，然亦非所敢辞。要知道牺牲永是成功的代价。

中国社会运动史的首页，已由黄、庞两先生用他们的血为我们大书特书了一个新纪元！

以下的空白怎样写法，要看我们的努力了！

当时在欧洲留学的周恩来听到噩耗，极为悲愤，写下了题为《生离死别》的长诗，悼念他的战友：

壮烈的死，苟且的生。
贪生怕死，何如重死轻生！
生离死别，最是难堪事。
别了，牵肠挂肚，
死了，毫无轻重，
何如作个感人的永别！
没有耕耘，哪来收获？
没播革命的种子，却盼共产花开；
梦想赤色的旗儿飘扬，
却不用血来染他。天下哪有这类便宜事？

黄爱、庞人铨取义成仁，成为工人运动的先驱先烈。在他们的身后，数百万的工人阶级正在聚集起来，工人运动的赤潮，将在中华大地汹涌奔腾。

1922 年 5 月 1 日，第一次全国劳动大会作出决议，把每年 1 月 17 日定为黄爱、庞人铨殉难纪念日。

长辛店办学

长辛店位于北京市丰台区永定河西岸，是一条具有近千年历史的老街，距天安门不到 20 公里，是西南进京的必经要道。长辛店原名长新店，其来历有两种说法：一说当年这里商贾旅客云集，店铺酒肆林立，三教九流，五行八作，人来人往，热闹非凡，遂取俗话“客有常来，店要常新”之意，称之为“常新店”。二说这里本是距离相近的长店、新店二村，合称“长新店”，后来慢慢演化成了长辛店。

时至今日，老镇风貌犹存，以长辛店大街为主轴，一条条胡同呈鱼骨状分布，大街两侧老树参天，树冠半空相接形成拱状。街边众人漫坐，或下棋闲谈，或摇扇饮茶，或含饴弄孙，一派祥和景象。

百年前激荡的风雷，似乎已远离了这寻常巷陌。然而，红色的记忆永远不会褪色，时有后人到这里探寻工运遗痕，接受传统教育。抚今追昔，不由让人想起一首老歌：

暗淡了刀光剑影，远去了鼓角铮鸣，
眼前飞扬着一个个鲜活的面容，
湮没了黄尘古道，荒芜了烽火边城，
岁月带不走那一串串熟悉的姓名，
历史的天空闪烁几颗星，
人间一股英雄气在驰骋纵横。

长辛店大街北端有一清真寺，坐东朝西，寺旁刘记铁铺，即为京汉铁路长辛店工人俱乐部旧址。1922 年 4 月 9 日，在这里召开了京汉铁路总工会第一次筹备会，领导和指挥了 1922 年的八月罢工和 1923 年的京汉铁路大罢工。

长辛店大街祠堂口 1 号，是一座砖木结构的小三合院，这里是工人劳动补习学校旧址。1920 年 10 月，李大钊派邓中夏、罗章龙、张国焘来长辛店开展工人运动，筹办劳动补习学校，在这里成立了长辛店铁路工人会。

长辛店铁路中学内，有一座法式二层红砖小楼，曾是留法勤工俭学预备班的教室。当年这里有学员一百多人，何长工等人都曾在这里学习。毛泽东在 1918 年冬和 1919 年春先后两次来到这里看望学员，宣传革命真理。

长辛店大街中间路东有一座火神庙，始建年代无考，门额刻有“敕建延祚善庆宫”石匾。当年香火盛极一时，每到腊月，信众到庙内烧香祈祷，希望火德真君保佑免遭火灾，一生平安，万事如意。京汉大罢工时，这里是警察局驻地。罢工工人怀着万丈怒火，在这里与反动军警对峙。

时间回到一百年前。

1920 年 10 月，北京共产主义组织在李大钊领导下正式成立。最初的成员有李大钊、张申府、张国焘，以及邓中夏、罗章龙、高君宇、何孟雄等人。为了开展工人运动，李大钊派邓中夏来到长辛店，组织发动工人。

邓中夏，1894 年出生于湖南宜章，1917 年入北京大学国文门学习。在李大钊的引导和十月革命的鼓舞下，开始研究马列主义，成为学校中的积极分子，并成为最早一批共产党员。

毛泽东也是这样的情况，他填表写的入党日期是 1920 年，早于 1921 年党的一大。初看一头雾水，其实细想不难明白：没有早期党员，何来党的代表大会？党的一大召开，共产党的萌芽露出地面之时，它的根系已深扎入土，并将在今后越扎越深，越长越高。

要发动工人，该从何处下手？显然，这班大学生与工人结合的最好手段与途径，就是办教育。这也就是后来一大党纲所提出的，开办工人学校。

长辛店是京汉铁路的起点，当初修建时，朝廷生怕铁路坏了“龙脉”，不许铁路修进城里，规定必须在离城四十里开外，而长辛店恰好距京城四十里。这里建有一座机车修理厂，叫长辛店铁路工厂——也就是今天的二七机车厂，有铁路工人两千多名。该厂厂长、总管、工程师等均由法国人、比利时人充任，工人们在洋人、封建把头的双重压迫下，过着悲惨的生活。

邓中夏在《长辛店旅行一日记》中记述了他的感受：

在长辛店下车的时候，我见了许多灾民——男女老幼的麇聚在站边的地方。那种憔悴枯黄的面色，千孔百结的衣服触在我的眼内，我的心就感着不快，表出一种痛苦的同情，好比我也在饥饿困苦中。我想起他们灾民在这严冬，风寒雪冷，衣没有得穿，饭没有得食，屋没有得住，而那一班官吏政客资本家们却高楼大厦，衣锦食肉，还拥着他们的第几姨太太正围着炉子取乐，比那班灾民露天席地的受冻饿而死，其苦乐真有天渊的分别。唉，那真是社会上最不公道的事。

长辛店的工人见我们到了，十分欢迎。对于我们很亲热，我们也觉得他们很友爱，好比兄弟一般，而他们工人也互相亲爱。一种融和团结的气象，令我见了很喜欢。我常痛恨现在社会上的人群太无感情，互相诈虞倾轧，所以对于长辛店工人那样团结融洽，就生出无限希望。

到长辛店以后，邓中夏结识了长辛店铁路工厂工人史文彬。

史文彬，字志卿，1887 生于山东省青城县一个贫苦农民家庭。

1907 年在济南铁厂做工，因组织工友与厂主作斗争，厂主欲勾结警察将其逮捕入狱，他闻讯后逃遁隐蔽。1912 年他经人推荐进入长辛店铁路工厂铆工场当了白铁匠。史文彬较早就受到了进步思想的熏陶。1918 年夏天，湖南留法勤工俭学学生在出国前，来到长辛店铁路工厂半工半读，史文彬从他们订阅的《新青年》等报刊上看到了《劳工神圣》《民众大联合》等文章，很受启发。同年 11 月，毛泽东到长辛店看望湖南学生，了解工人的生产生活情况，曾和史文彬等工友们促膝谈心，宣传革命道理。史文彬得到毛泽东的“真传”，进一步提高了阶级觉悟。

1919 年 6 月 5 日起，为声援五四运动，上海、天津、唐山、武汉、长沙等地的广大工人举行罢工和游行示威，长辛店的工人也走上大街声援爱国运动。随后长辛店成立了各界救国联合会及“救国十人团”，史文彬被选为联合会委员。

因了五四运动的前缘，邓中夏和史文彬在这里一见如故、一拍即合。

邓中夏提出在这里开办工人补习学校的时候，史文彬有些不解地问：“长辛店不是已有劳动高等小学、工界国民学校、女子国民学校了么，何必添此一个？”

邓中夏说：“高小、国民、女子等学校，仅限于儿童教育，可是长辛店为铁路工厂所在地，劳动者不少，文化不高，让他们从哪里受教育呢？我们开办这个学校，就是为了让工人兄弟能有受教育的机会。”

史文彬又有些担心地说：“工人们白天做工，哪里有时间到学校去？”

邓中夏说：“所以我们考虑，把学校分成日夜两班。夜班为劳动者而设，日班为劳动者的子弟而设，每班暂定八十人，分组上课。夜班注重国文、法文，科学常识、社会常识、工场和铁路知识，日班与普通国民高小课程相同。”

史文彬说："要是这样，就太好了。我们工人全力支持！"

在史文彬和工友们的支持下，工人补习学校开办起来了。邓中夏、罗章龙、张国焘等人轮流到这里为工人讲课——作为一所工厂自办学校，当年这里的"师资力量"可谓盛极一时。

这些老师们不仅给工人传授知识，更注重给他们"讲道理"。邓中夏用身边贫富悬殊的生活启发他们："富人生活是开着电风扇打麻将，坐着汽车四处兜风。住着高楼大屋还嚷天气热，吃荷兰水冰激凌还嫌不凉，吃西瓜还嫌不甜；肥鱼大肉嫌腻口，海参鱼翅又嫌腥。穷人生活是昼夜在烈日里面火炉旁边做工，拉车运货，走一步出一阵汗，十几个人挤在一间又小又矮的屋里，睡在矮檐底下，或小客栈里，终日供蚊虫大开宴会。当了一件破棉袄，买来二升米，一家老小才吃得个半饱。为什么会出现这种巨大贫富的悬殊呢？"

工人葛树贵说："因为苦呗，人家命好，我们命八字不好，命里没钱，天生受穷。"

邓中夏道："每天同一时辰，出生那许多人，哪里有天生的好命！王侯将相，宁有种乎？我们受穷，富人享福，是因为我们的劳动力，都被那些资本家强盗占了去！那好的衣、好的食，都是我们用劳力去换来的，却被资本家拿去了；高大的房子、美丽的器具，都是我们用劳动力去造成的，却被资本家霸占了。"

工人杨松林若有所思，试探着问道："这么说，我们的劳动，还是值一点钱的？"

邓中夏说："不仅值钱，而且值大钱。表面看起来，钱是最宝贵的，因为有了钱，就有了房子住、衣服穿、饭吃，但房子、衣服、饭是哪来的呢？社会上的一切东西，都是劳动做出来的。劳动是什么？就是做工；劳动者是什么？就是做工的人；劳动力是什么？就是人工。世界上若是没有人工，全靠天然生出来的粮食，我们早已饿死了。无论什么东西，都是因为附加了人的劳动力才有价值，有了工人和农夫的劳力，才尊贵的，工人多加一点劳力，就要多贵一点。所以钱本身不是什么尊贵的东西，它不过代表劳力的价值。它的尊贵处，完全是劳力生出来的。”

史文彬也加入讨论：“那么，邓先生，既然劳动是值钱的，可是为什么我们劳动了，却挣不到钱呢？”

邓中夏说：“其中的秘密，就在于‘剩余价值’——这是西方一位哲人马克思发现的。这马克思虽是洋人，却最是为咱们工人说话。”

葛树贵说：“那位马先生，他是怎么说的？”

邓中夏指了指身边同来的罗章龙道：“让这位罗先生告诉你，他是学德文的。马克思先生是德国人。他的书，罗先生懂得最多。”

罗章龙，1896 年出生于湖南浏阳，1915 年入长沙长郡中学，与同在长沙就读的毛泽东结为好友。毛泽东以“二十八画生”名义发出征友启事，他和李立三是最早的响应者，被称誉为“管鲍之交，后无来者”。1918 年 4 月，他与毛泽东等人发起成立新民学会。此时他正在北京大学哲学系德语预科学习，也是北京共产主义组织成员。

罗章龙用工人熟悉的劳动场景解释道：“比如，一个工人每天穿的吃的住的，只消 5 角钱，只要做 6 点钟的工作，便可以造出和 5 角钱相当的货色。可是，资本家都硬要强迫着工人做 12 点钟的工，依旧只给工人 5 角钱的工钱，于是还有 6 点钟内所做出的东西，资本家就作为利钱卷进腰包去了。这些被资本家卷进腰包去的利钱，就是工人创造的剩余价值，这就是资本家剥削工人的秘密。”

工人们听了，个个点头。

邓中夏接着启发：“所以说，我们有权要求增加工钱。”

工人们说：“对！”

邓中夏说：“但是，我们单个人的力量，对付资本家是不够的，必须联合起来。五人团结一只虎，十人团结一条龙，百人团结成泰山，谁也搬不动。”

工人们说："对，联合起来！"

时间过得很快。1921年的五一节到了。

这一天，补习学校教室里，工人们唱起了邓中夏创作的《五一纪念歌》：

美哉自由，世界明星，拼吾热血，为他牺牲，要把强权制度一切扫除净，记取五月一日之良辰。红旗飞舞，走光明路，各尽所能，各取所需，不分贫富贵贱，责任唯互助，愿大家努力齐进取。

这天，在北京共产主义组织的精心组织下，约两千名工人在娘娘宫举行了纪念五一国际劳动节大会，宣布成立长辛店铁路工人会，史文彬被选为委员长。邓中夏专程赶到长辛店祝贺，并散发了《五月一日北京劳工宣言》。工人们第一次手举写满各种标语的小旗，高呼着"增加工资""缩短工时"等口号，雄赳赳、气昂昂地从大街上走过。消息见诸报刊，立刻引起社会各界的关注。上海《共产党》月刊热烈地欢呼它"不愧乎北方劳动界的一颗明星"。

毛泽东后来评价："中国工人运动还是从长辛店铁路工厂开始的。"

此时，距党的一大召开还有两个月。

一大召开之后，成立了中国劳动组合书记部，罗章龙担任北方分部主任，把主要精力放在长辛店。1921年10月，他们将工会办公地点迁往不远处的刘铁铺，改称为长辛店工人俱乐部——在当时环境下，俱乐部这个称呼更易于公开活动，便于开展工作。

一年多来，史文彬的思想觉悟不断提高，政治上逐渐成熟。邓中夏认为："无论按阶级成分，按觉悟程度，按为人的诚恳实在，史文彬都是最可信赖的一个人。"1921年秋，邓中夏、罗章龙介绍史文彬加入了中国共产党。史文彬成为长辛店铁路工厂的第一个中共党员，也是最早的工人出身的党员之一。

长辛店工人俱乐部成立后，相继组织开展了“反工头”“斗监工”“撵厂长”等一系列斗争，争取提高工资、改善工人生活待遇。

就在长辛店工人运动如火如荼之际，这里又出现了一个“工会”的影子。

原来，这是“交通系”从中作祟。

交通系，是北洋时期长期盘踞在铁路系统的一个官僚政客集团。清末之际，梁士诒任邮传部铁路局长，把持铁路交通事业，辛亥革命后又在袁世凯政府担任总统府秘书长和交通、财政总长，把持了京汉、沪宁、正太、汴洛、道清五条铁路及交通银行，被讽为“五路财神”，他及其党羽被称为“交通系”，对“劝进”袁世凯称帝出力颇多。袁世凯死后，梁士诒下台，曹汝霖出任交通总长，被称为“新交通系”。不论新老交通系，都把铁路系统当作自家领地，加强控制，而且有一套控制办法，例如在职员中设有同人会，在车务工人中设有交通传习所、精业研究所等，职工教育方面也设立了扶轮学校、技术训练所等，凡工人就业、升级、生活福利，均由交通系一手垄断。

邓中夏在长辛店组织开展工人运动，被交通系视为染指了他们的领域，动了他们的蛋糕。于是交通系在后面操纵，让翻砂厂工头邓长荣出面，也组织一个“工会”，企图挤垮工会，把共产党赶出长辛店。

邓长荣背后有交通系撑腰，自然不把邓中夏这班“秀才”放在眼里。他对工人讲：“工人才能讲劳工神圣，那伙大学生又不是工人，懂什么劳工神圣！他们念书的人心眼多，你们可不要上当。加入他们的工会，是要被开除的。”邓长荣还扬言，要暗杀邓中夏等人，给他们一点颜色瞧瞧。

邓中夏得知情况后，找到史文彬、王俊等工人商量对策。王俊说：“在长辛店，谁想找邓先生的麻烦，我们工人不答应！我看干脆把邓长荣那厮狠揍一顿，让他认识认识咱们的拳头。”邓中夏认为，这是劳动组合书记部和交通系的斗争，光靠拳头解决不了问题。他提出，先在报纸上揭露邓长荣，让工人都知道他的面目，然后对他提出警告。史文彬说：“还是你们念书人办法多!”

这时也该邓长荣倒霉，他偷厂里的铜瓦被警察抓住，交通系从中疏通把他给放了。邓中夏抓住机会，在《劳动周刊》上揭了他的老底：

据最近的调查，工头中最坏的是邓长荣。他对于厂里的工人，简直不放在眼里，好像只有一个他！他时常拿厂里的东西卖给别人，所瞒的只是总管一人。因为旁的工人都在他势力范围之内，只是敢怒而不敢言。就是总管知道，也被他的拍马手段润色过去了。现在，他越加放肆纵欲，居然受总管的指使，来骗惑工人，那个总管又被几个官僚小爪牙利用，要想组织一个“政治运动的工会”。

…………

邓长荣看到这篇报道，气得火冒三丈，怒道：“一定是陶麻子干的！我决计不会放过他!”

这事儿还真不是陶麻子干的，他没那么大的本事。陶麻子名叫陶善琮，是劳动补习学校的发起人之一，识得几个字，有几分文化，所以邓长荣才认为报纸上的事是他写的。自从工人俱乐部成立以后，他看到劳动组合书记部与交通系的斗争越来越尖锐，有点游移不定。史文彬动员他参加工会，他不肯参与；邓长荣找他参加自己这一派，陶善琮也不置可否。他说：“这派那派我都不参加，我不想搞政治。”

哪里知道，你不搞政治，政治就来搞你。他本想两边不沾、左右逢源，但却落了个里外不是人、左右不讨好——邓长荣打上门来了。

看到报纸后，邓长荣跑到陶善琮家门口破口大骂，陶善琮不明不白地出来，还没有问清楚怎么回事，邓长荣就扑上来，挥拳便打。陶善琮个子小，只有招架之功，没有还手之力，被打了个鼻青眼肿。路过的工人看不下去，出手把陶善琮救了出来。

这件事很快传遍了长辛店。邓中夏见时机成熟，对史文彬说："既然邓长荣不听警告，还动手打人，我们也不必客气了。教训完邓长荣，大家还要拉上陶善琮，上法院去告他。"

工人们早已对邓长荣憋了一肚子气，听得邓中夏放话，个个摩拳擦掌。铁匠马朝隆是个山东大汉，膀大腰粗，撸起袖子报名打头阵。

第二天下工时分，邓长荣大摇大摆走出厂门，被王俊、马朝隆等人拦住去路。王俊质问他："你为什么打陶善琮?"

邓长荣一看这阵势，知道来者不善，扭头想跑，但为时已晚。工人们把他团团围住，拳脚雨点般落在他身上，很快邓长荣就被打得趴到地上。工人们还不解气，七手八脚把他扔进旁边的臭水沟里。

邓长荣的后台老板见到马仔被打，岂肯善罢甘休，一开始准备抓人，奈何工人们在邓中夏嘱咐下，把邓长荣打得实在"艺术"——揍得不轻，却没有见血也没有留下伤痕。他们找不到碴儿，就在天津《益世报》发表文章，声称邓长荣被打是"暴徒作乱"，要求当局"惩办暴徒"。这边劳动组合书记部早有准备，以北京《晨报》为阵地进行反击。北方分部成员何孟雄以记者身份，发表《长辛店工潮之内幕》，披露事件真相。文章说，这次工潮的出现，有其内幕。邓长荣早已被交通系收买，专门破坏工会。听说交通系除给他工钱之外，每月还给他八十元干薪，让他充当爪牙走狗。

邓长荣打不赢舆论战，就来个恶人先告状，去宛平县法院告工人打他。俱乐部针锋相对，用全体工人的名义和邓长荣打官司，说明是邓长荣打陶善琮在先，工人们才不得不还手的。陶善琮再也无法中立，跟着工人们上法庭做证。

法院明知这场官司是邓长荣理亏，但碍于交通系的势力，又不能判他输，就把这案子搁了下来。

邓中夏接着发动全厂工人给铁路局打报告，要求撤邓长荣的差。这时何孟雄也火上浇油，在《晨报》发表《长辛店工潮愈难解决》一文，文中说，邓长荣假造伤痕，花钱运动法院。长辛店工人自老至少，无不痛恨邓长荣，他们正在搜集邓长荣的劣迹，预备公布。现在因为有一千多人请假到法院同邓长荣打官司，工厂无法生产。

邓长荣做贼心虚，看到工人如此齐心团结，自知官司无法胜诉，只好从法院撤回对工人的控告，并向工人求和。史文彬对邓长荣说，要讲和，必须滚出长辛店。如果在长辛店再见到你，工人们必用拳头说话。邓长荣自知不敌，只好发表《悔过书》，声明自愿离开长辛店，"誓不再在长辛店工作，为工界罪人"。

邓长荣一走，他的"工会"自然就吹了。劳动组合书记部和交通系的斗争，取得了第一回合的胜利。共产党在长辛店站稳了脚跟。

陇海铁路罢工

长辛店工人运动如火如荼之际，陇海铁路那边也"起火"了。

当年的陇海铁路东起连云港，西到观音堂，经江苏、安徽、河南、陕西几省，是我国唯一一条横贯东西的铁路干线。这条铁路是清政府向法国和比利时借款修建的，全路行政大权被法国和比利时操纵。在资本家剥削压榨下，工人每天的劳动时间一般都在 10 至 12 个小时，最长的达 16 至 17 个小时，但工资却极其微薄，被帝国主义分子称为"廉价劳工最好的猎取市场"。铁路上雇佣的外籍人员，收入比中国员工的薪金要高数十倍或上百倍。即使如此，工人为了进厂工作，还必须先向工头缴纳一笔贿赂金，进厂后为了保持工作，还须给工头一笔酬劳金，逢年过节还要送礼物。工头经常克扣工人工资，拖欠薪资更是常事。

1921 年 3 月，法国资本家若里来到陇海铁路，任洛阳机务厂总管。这厮"节约成本"到了极致，例如：不给机车发足够的油，车头大灯无法使用，司机怕出事故，只好自己拿钱买油；机车用煤也不发足，还强迫司机多装吨数，甚至擦车的棉丝也减发一半，机车擦不干净要受罚，工人只好用自己的破衣服擦车。至于工人，更是被他视为活着的成本，处处克扣、时时处罚。

工人和若里的矛盾，终于在 1921 年 11 月 17 日爆发了。原来厂里上工，一向是响三遍汽笛，头遍起身、二遍预备、三遍开工。那天早晨，法国副厂长狄蒙秉承若里的旨意，强迫工人在第一道汽笛响起时便提前上工，这样大约可以多压榨出半个小时。面对这种西洋式的“半夜鸡叫”，工人们忍无可忍，在中国工程师游天洋的领导下，向路局陈情，要求撤换若里。

在陇海铁路当局眼里，洋大人自然是重要的，工人则无足轻重，所以对他们的要求漠然置之。11 月 20 日，游天洋遂以“老君会”的名义，领导洛阳机务厂工人首先宣布罢工。一时间，陇海铁路线上的洛阳、郑州、开封、徐州等地火车头汽笛齐鸣，怒气冲霄，全路各厂站纷纷响应，所有客货车全部停驶。

他们发布了罢工宣言，历数资本家若里殴打工人、克扣工资、减发物料等十大罪状，向路局提出撤换若里、增加工资等 15 条要求。同时，向各路工人兄弟求援。长辛店工会收到罢工宣言，向李大钊作了汇报。李大钊召开党的北方地区委员会扩大会议，决定派罗章龙到郑州，对罢工给予全力支援。罗章龙接受任务后立刻动身，通过陇海铁路公事车司机王符圣，见到了罢工领导人游天洋。

游天洋，原名游泳，福建闽侯人，1919 年从唐山交通大学铁路专业毕业，曾在粤汉铁路武昌城外鲇鱼套车站当过副站长。1919 年 11 月的一天，他在车站运单上看到湖南军阀张敬尧从沈阳运来鸦片烟种子发往湖南，当即扣住此车不放，并暗中向新闻界“报料”揭露此事。消息传出，舆论哗然，负责押运的官兵只好撤离，愤怒的武汉学生随即在车站把鸦片烟种全部焚毁。

这件事让张敬尧恨之入骨，他串通湖北督军王占元捉拿游天洋。游天洋在湖北不能存身，就到陇海铁路洛阳机务厂当了工程师。在洛阳，他为了便于开展斗争，借用了带有迷信色彩的“老君会”名义，把铁路工人组织起来。在当地，各铁匠炉均奉太上老君为祖师，工人亦认为太上老君为铁工祖师——在他们心中，大约铁路也算铁工之一种，火车头也属火性，想必和太上老君炼丹有同工之缘。

罗章龙和游天洋接触之后，很快就达成了共识。他们一致认为，只要工人内部团结，一致对外，就一定会取得胜利。他俩谈到深夜，拟订出一个坚持罢工的方案。

第二天，游天洋召开罢工委员会会议，介绍罗章龙和大家见面。他说：“中国劳动组合书记部是全国工人运动的参谋部。罗章龙主任来洛阳指导罢工，我们热烈欢迎。”

罗章龙代表中国劳动组合书记部北方分部，勉励工人坚持罢工，奋勇向前。他说：“陇海铁路罢工不胜利，我决不离开洛阳。”

会议讨论了罢工中存在的问题，首先是经济问题。罢工已经三天了，一些工人经济发生困难，想早些结束罢工。游天洋提出设立互济机构，募集款项，储备粮、煤、日用必需品，保障工人家属的最低生活，使工人无后顾之忧。其次是组织问题。老君会是一个松散的组织，顶多算作是“非典型工会”，难以适应罢工斗争的需要。罗章龙提出，改造老君会为工会，他的意见得到了大家的赞同，同时建立了纠察队维持罢工秩序。

为了争取组织比较薄弱的开封老君会，罗章龙和王符圣专程赶到开封，找到了会长魏荣珊。魏荣珊在陇海铁路东段的工人中颇有威信。开封的罢工，就是由他领导的。由于路局的拉拢，如今正处在摇摆之中。如果罢工早日胜利，他自然会站在工人一边，如果旷日持久，他难免被路局拉拢了去。

见到魏荣珊之后，魏荣珊未谈正事先打哈哈，先是用粤语和罗章龙打招呼，后又“循例”请他去洗澡，弄得罗章龙心里直犯嘀咕，实在不知道他葫芦里卖的什么药。直到吃饭时候，魏荣珊才变得痛快起来，说：“先前不知先生来历，不敢倾心畅谈，请您万勿介意。现在确知先生来自北京，关心我们工人利益，您有什么指示就尽管说。”原来有人谣传，说罗章龙不是书记部的人，而是南方政府派来的探子，所以魏荣珊才百般打探千般提防，刚才就在请罗章龙去洗澡时趁机搜查了他的衣物，发现他衣袋里的北京大学借书证，这才放下心来。

罗章龙知道内情后不以为意，对魏荣珊说道：“这次罢工成功与失败，关系到全路几千人的命运，事情办好了，就是为大家争得生存权利，挣得面子；如果办坏了，误了大事，个人也不光彩。今天正是胜败关头，只有大家坚持下去，千万不要中了敌人的反间计，造成工人内部失和。”

经过罗章龙说服，魏荣珊下定了决心。他对罗章龙说：“早就听说，劳动组合书记部维护工人的利益，我们一定按您说的办。”

罗章龙说：“工人阶级创造万物，顶天立地，但一笔难写两个工字，工人阶级应无条件统一团结起来。工人阶级的事业是正义的，只要我们团结一致，力量就比官府大得多。”

王符圣立即把洛阳改组老君会为工会的决定告诉魏荣珊。魏荣珊说：“既然洛阳老君会已经改组为工会，我们开封老君会也改组为工会，加入北方分部。希望洛阳、开封、徐州的老君会，统一改组为陇海铁路工会。”

次日，魏荣珊召集工人大会。罗章龙在会上提出，希望工人组成统一的陇海铁路工会，做好长期斗争的准备，没有工会的命令，决不复工。全场工人热烈赞同。随后，大会选出开封工会执行委员会，宣布开封工会成立，加入中国劳动组合书记部北方分部，停止使用老君会的名称。

铁路罢工一开始，路局和北洋政府就函电交驰，密谋镇压。原来见各处老君会组织分散，互不统属，便定下分化瓦解、各个击破之计。

不料几天之内，冒出一个比太上老君还厉害的劳动组合书记部，一时声名鹊起，工人空前团结，老君会也纷纷改作了工会，有了统一指挥。北洋政府自忖无处下蛆，又害怕陇海铁路罢工蔓延各路，不好收拾，只好派交通部陇海铁路督办施肇曾去洛阳调停。工人提出15条要求：第1条，撤换洛阳机务厂总管若里，第2条至第15条，都是关于工资、福利、休假等问题。施肇曾看见工人势大，只得先答应下第2条至第15条，唯独对撤换若里这一条，因为涉及外交，要求工人宽限两个月。

工人也通情达理，把谈判结果写成协议，两方签字。陇海铁路全体工人于1921年11月27日复工。全路工人欢欣鼓舞，举行庆祝胜利大会。会上游天洋宣布，陇海铁路总工会正式成立，加入中国劳动组合书记部北方分部。

1922年1月15日，在陇海铁路总工会坚持下，北洋政府不得不让交通部撤换若里。罢工取得彻底胜利。

经过这次罢工的锻炼，游天洋、王符圣、魏荣珊、姚佐唐都加入了中国共产党，成为陇海铁路最早的共产党员。

罢工胜利后，工人中流行着一首白话词：“书记部，真不赖！立工会，多自在！领头罢工有担戴，长工钱，歇礼拜，年节包饺子，姑娘把花戴！今后谁禁咱罢工，咱就打破他们的脑袋！”

广东机器匠

1920年，在李大钊、陈独秀酝酿建立中国共产党时，就确定了在北方“先组织北京小组，再向天津、唐山等城市发展”的方针。李大钊在派邓中夏到长辛店发动工人的同时，也派出罗章龙到唐山开展工人运动。

唐山地处京津之间，与天津同属直隶省，相距不过120公里，唐山的工运也就受到北京、天津两个方面的影响。在这种共同影响之下，唐山成为工运思想传播较早的城市。

罗章龙到唐山后，决定首先在唐山工人中找几个思想先进、技术高、在工人中有威信的人建立联系。有人告诉他唐山有个广东会馆，一部分广东籍工人技术较高，也有文化。有位工人介绍说："京奉铁路唐山制造厂有我的一个朋友，叫邓培，是广东机器匠，和我一起做过工，我可以给你们介绍一下。"于是这位工人便给邓培去信，很快介绍他和罗章龙接上了头。

罗章龙来到唐山时，为了不引人注意没有穿学生装，而是穿一件黑布大褂，给邓培留下了深刻印象，以后邓培就称他为"北京来的穿大褂的先生"。罗章龙就这样结识了邓培，从此结下了一生的友谊。

邓培，字少山，1883 年出生于广东三水的一个贫苦工人家庭。14 岁到天津天德泰机器厂学徒，17 岁到京奉铁路唐山制造厂（俗称南厂）当了旋床工匠。邓培早年曾参加同盟会活动。辛亥革命以后，邓培于 1912 年 4 月参与组织了唐山工党，提出以"开通工人知识；促进工业发达；扶植工人生计；改良工人习惯；提倡工人尚武；主持工界参政，尤宜以爱护同群、融合畛域、联络工人感情为宗旨"，并发表《唐山工党宣言书》，表达了"实业兴国"的思想，提出"国之强也，强以兵；兵之养也，养以商；商之战也，战以工"。唐山工党成立后，各厂矿有 700 多人参加。

邓培很早就受进步思想影响，对共产主义有一定的了解。他同天津社会主义青年团张太雷等人建立了联系。青年团编辑出版了一份《劳报》，后遭军警当局查禁，改名为《来报》。"来报"与英语"劳动"一词谐音，又有"面向未来"之意。《劳报》和《来报》经常报道苏俄十月革命，宣传马克思主义理论，登载反映长辛店、南口、唐山等地工人生活和斗争的文章。报纸寄给邓培后，再由邓培分发到唐山工人中去。这种通俗的革命报刊，促进了唐山工人的觉醒。

五四运动中，交通部唐山工业专门学校的学生首先起来响应，举行集会，成立救国团，四处奔走呼号。邓培也在京奉铁路唐山制造厂发起建立了同人联合会，组织了“救国十人团”。进入六月，巴黎和会签字日期迫近，全国掀起了轰轰烈烈的拒签和约运动。唐山工业专门学校的学生发起于6月12日召开公民大会。邓培积极发动京奉铁路唐山制造厂的工人参加，同时派人联络开滦煤矿和启新洋灰公司工人。当天上午，开滦煤矿1000多名工人冲破英国矿师的阻挠，罢工参加大会。启新洋灰公司电灯厂的工人也罢工参加了大会。这是唐山工人的第一次政治罢工。

1919年6月24日，唐山各界召开第二次公民大会，邓培组织京奉铁路唐山制造厂3000名工人举行罢工，前往参会。厂方副总管孙鸿哲闻讯赶到工厂门口进行阻挠。英国监工罗威、富兰克林等人也指责工人。邓培挺身抗议说：“我们反对凡尔赛和约，这是我们中国人的事，你们外国人不要管！”孙鸿哲说：“签约是国家大事，要由官家去办，你们工人管不了。”邓培理直气壮地回答说：“国家兴亡，匹夫有责。我们工人是国民的一分子，岂能袖手旁观！”孙鸿哲又恐吓说：“你们去开会，我不给你们工钱！”邓培严正地回答说：“工钱我们可以不要，但亡国灭种的大祸不能不管！”

邓培和工人们头戴写着“勿忘国耻”四个大字的“酱篷斗”，手持写着反帝口号的旗子参加了公民大会。邓培作为工界代表登台讲演，控诉帝国主义的侵略罪行，言辞激昂慷慨，听者动容。会场上不时响起“勿忘国耻，力争国权！”“打倒日本帝国主义！”“打倒卖国贼！”“誓死争回青岛！”等口号，声势雄壮，气冲霄汉。

邓培领导的这次罢工，与以往的经济罢工不同，完全是为了拯救濒临危亡的国家和民族，完全是出于工人的自愿，由工人独立发动起来的。这次罢工规模之大、参加人数之多、行动和目标之一致，均是前所未有。

在斗争中，邓培的阶级觉悟也在不断提高。正因为这里已经有了一定的工人运动基础，所以在唐山，罗章龙没有像在长辛店那样从补习学校办起，而是有了一个更高的起点——建立职业工会。

在罗章龙的启发帮助下，邓培对同人联合会进行整顿和改组，他决定清除原来同人联合会中的工头，在工人中重新发展会员，把增强工人团结，领导工人进行反压迫反剥削的斗争，作为新的工会组织的宗旨。1920 年底，一个崭新的近代职业工会——京奉铁路唐山制造厂工会在邓培的组织领导下诞生了。这是唐山地区工人阶级建立的第一个职业工会，也是中国北方工人阶级最早建立的职业工会。

1921 年 5 月，北京共产主义组织派青年团员李树彝去唐山，协助邓培建立了唐山社会主义青年团，邓培任书记。1921 年 7 月，中国共产党第一次全国代表大会在上海召开。消息传到唐山，邓培十分兴奋。他向北京党组织提出了加入中国共产党的要求，北京党组织对他作了进一步考察，批准他转为共产党员。9 月，中国劳动组合书记部北京分部建立，邓培成为分部成员。

中国劳动组合书记部北方分部工作范围包括直隶、山东、山西、陕西、甘肃及东北三省。邓培和京汉铁路的史文彬、正太铁路的孙云鹏、津浦铁路的王荷波、京绥铁路的张汉清、胶济铁路的傅书棠、陇海铁路的王符圣等，都先后被吸收为北方分部的领导成员。

北方分部要求全体工作人员严守下列公约：

（一）献身革命工人运动，百折不回，誓为实现真诚无欺的民主自由而奋斗，实现马克思主义与中国工人运动相结合。

（二）不争夺地位荣誉，万众一心为革命，时时站在最前线战斗。

（三）胜则相让，败则相救，牺牲个人利益。

（四）廉洁奉公，生活朴素，重视劳动，尊敬妇女，限制谈恋爱，禁绝一切败坏道德的行为。

在这样的原则下，北方分部成员人人努力，个个争先，工作开展得红红火火，成效十分显著。

这一年10月，共产国际为了组织国际统一战线，决定召开远东各国共产党及民族革命团体第一次代表大会（又称远东各民族代表大会或远东劳动者大会），邓培作为中国产业工人的代表参加了中国代表团。行前，邓培专程来到北京拜访了李大钊先生。北京大学西斋学生宿舍又称“亢慕义斋”，是马克思学说研究会的活动场所，“亢慕义”是德文“共产主义”的音译，意为“共产主义小屋”。在这里，李大钊亲切地询问邓培的思想和工作情况，分析当前的形势，论述斗争策略，使邓培得到许多教益。

本次赴会中国代表团共44人，代表性相当广泛。中国共产党的代表是张国焘，国民党的代表是张秋白，还有工人团体、文化团体、妇女团体的代表，高君宇、张太雷、王尽美、邓恩铭、瞿秋白、林育南、任弼时等人，亦以各方代表的资格赴会，一时堪称风云际会。会议期间，邓培受到列宁的亲切接见。列宁说：“铁路工人运动是很重要的，在俄国革命中铁路工人起过重大的作用，在未来的中国革命中，他们也一定会起同样或者更大的作用。”

回国之后，邓培把更大的精力投入到工人运动之中。

京奉铁路唐山制造厂是我国最早建立的铁路工厂，工厂中的主要管理职务均由英国人充任，中国人只能担任副职。工厂门口有印度雇佣兵站岗，公文、图纸都用英文书写。工厂中保留了各种剥削制度，如包工头克扣工人工资、少记工、罚工，以及种种超经济的剥削。广大工人处境非常悲惨，工资很低，特别是担负繁重体力劳动的小工，每日工资只有2角，徒工每日工资1角4分。加之连年战争，物价高涨，工人生计日益艰难，因此，他们急切地要求改善待遇。

目睹工人的状况，听到工人的呼声，邓培召集工厂各场房工人代表开会。代表们说：“我们要吃饭，要自由，就要立即起来斗争！”纷纷提出了各种改善待遇的要求。

1922 年 9 月 13 日，邓培代表全厂工人向厂方和京奉铁路局提出了改善生活待遇的 5 条要求，同时在报纸上发表了宣言，主要内容如下：

我们在黑暗地狱的唐山制造厂工作，迄今十有余年。悠悠岁月，来了又去，去了又来。终日精疲力竭，执奴隶牛马之役，为的是资产阶级繁华富丽。到而今，个人的生活，竟至辗转沦落，每况愈下。呻吟憔悴，限于求生不能、求死不甘的状况。我们辛酸泪落，怀着无限悲愤，到此万不能隐忍了！所以于今日提出最低限度条件五则，向路局交涉，限期答复。我们认为这些条件，是起码的要求，只有全部允许，决无磋商余地。现已全体公决，誓非达到目的不止。

9 月 14 日，邓培、王麟书等 4 人作为工人代表去见副总管孙鸿哲。孙鸿哲开口便恶狠狠地说："你们工人不好好干活，不开除你们就不错了。现在你们还要求增加工钱，这是完全不可能的。"

工人代表非常愤怒，邓培、王麟书决定当天下午 6 时，在工厂门前空地召开大会，全厂 3000 余名工人皆到会，秩序井然，"旁观拥挤甚众，颇极一时之盛"。邓培向工人群众报告了与厂方交涉的情况，并征求大家意见。工人群众异口同声回答："以最后手段——罢工对待！"

军警当局本来准备下手镇压，见工人势大，一时不敢轻举妄动。孙鸿哲见状，也见风使舵说软话，答应"至于条件自有商议的余地"。京奉铁路局迫于当时全国工运形势，于 9 月底贴出布告，答应了工人提出的一部分要求。鉴于工人要求未能得到全部答复，邓培决定举行罢工，以求全胜。

10 月 10 日，京奉铁路唐山制造厂职工会在工厂门口搭了大席棚，扎着彩旗，召开了群众大会，以庆祝"双十节"的名义，动员工人起来斗争。到了 10 月 12 日，厂方仍然拒不答应工人的要求。邓培根据中国劳动组合书记部北方分部的意见，决定于次日举行罢工。

10月13日，京奉铁路唐山制造厂的3000余名工人，在邓培的领导下宣布罢工。凌晨5时，工人纠察队就在工厂门口布岗。上午7时40分，全厂工人按时进厂。邓培派人向工人群众宣布罢工委员会的决定。各场房工人立即将场房门锁好，窗户上贴上封条，然后走出工厂。

京奉铁路机务处处长兼唐山制造厂厂长（总管）詹姆森和厂务经理撒克敦，吓得手忙脚乱。撒克敦赶快追到门口，对着工人队伍吼叫阻拦。然而，山洪已经暴发，暴风雨已经来临，一切的阻挠都无济于事，愤怒的人群像潮水一样涌向厂外。

工人出厂以后，到附近的马家坟集合。邓培大声宣布说："我们全厂工人今天开始实行罢工。我们要团结一致，坚持到底，不达目的，决不复工！"以后工人每天都按时到马家坟集合，罢工委员会每天点名两次，工人严格遵守罢工纪律。

罢工开始以后，罢工委员会向北京政府吴佩孚和京奉铁路局长发出5封快邮代电，申述工人的正义要求。同时向京奉、京汉、京绥、津浦等地铁路工会发出20封快邮代电，报告罢工情况，以求支援。

京奉铁路局在接到报告以后，当天就贴出布告，污蔑工人是"破坏工厂"和"扰乱治安"的"暴民"，如不赶快复工，就要"拘拿惩办"。接着，直隶警察厅从天津派出300名保安队队员分驻开平、唐山待命，驻防滦县的陆军第十五师师长彭寿莘从芦台调出一营军队，当天晚上到达。他们荷枪实弹，气势汹汹地叫嚷着要开进工厂，遭到工人纠察队的阻挡。几百名士兵在工厂门口和工人纠察队对峙，局势非常紧张。

邓培带着罢工委员会委员，对带兵前来的旅长董政国陈述了工人罢工的原因，严词驳斥了京奉铁路局对工人的污蔑。他说："吴大帅（吴佩孚）'保护劳工'，通电全国，国人皆知。工人兄弟生活痛苦，要求改善待遇，三次向厂方提出条件，但厂方拒不答复，工人忍无可忍，才决定罢工，这完全是正义的举动。工人纪律严明，秋毫不犯。电力房停了电，各场房锁了门，工厂大门口有工人纠察队日夜站岗保护。厂里的机器设备没坏一件，材料不少一个螺丝。为什么要说我们是‘破坏工厂’和‘扰乱治安’的‘暴民’?!”

邓培这一番话，董政国无言以对，转而说：“先复工吧，别的条件好商量。”邓培斩钉截铁地说：“工人要求先答应条件，后复工。”董政国大怒，站起来吼道：“你们这样做是造反，如果你不宣布复工，我的枪炮就要说话!”邓培毫不畏惧，慷慨陈词：“时至今日，工人兄弟为了争取起码的生存条件，宁死不屈!”

当时北京政府迫于全国罢工高潮的形势，不敢下令镇压，吴佩孚暂时还没有彻底撕掉那块“保护劳工”的遮羞布，所以第二天，董政国就接到命令，把军队撤走了。

厂方被迫坐下来与工人进行谈判。邓培、王麟书等 7 名代表在参加谈判时不惧恫吓，据理力争，扛住了厂方的造谣、分化、收买、威胁等多种伎俩。第八天头上，京奉铁路局恐旷日持久，损失更大，终于被迫让步，最后与罢工委员会达成复工协议 9 条，答应了工人们提出的大部分条件。

10 月 21 日，工厂正式复工。工人齐集车站，鸣汽笛 20 分钟，在工厂门口奏乐欢庆罢工的胜利，在喧天的锣鼓声和鞭炮声中，工人扬眉吐气，笑逐颜开。

在斗争过程中，工会的影响扩大了，工人争着参加自己的工会，会员很快增加到 2000 多人。

王胡子大哥

在津浦铁路，劳动组合书记部北方分部成员、著名工运领袖王荷波，也把工人运动开展得热火朝天。

王荷波，1882 年出生于福建省福州市。少年家贫，只身出外谋生。他在华东地区当过水手，在东北旅顺、大连做过苦工。1916 年夏，王荷波到了扬子江畔的浦口，在浦镇机车车辆厂当钳工。

1919 年五四运动爆发后，王荷波开始接触新思想。他经常与进步学生交流，大量阅读并宣传《新青年》《劳动界》等进步刊物。1919 年，北京爆发的五四爱国运动，激发了浦镇工人的革命热情。当南京人民举行罢工罢市，声援北京学生爱国运动时，王荷波立即组织浦镇机车厂的工人在浦镇游行示威，支援南京人民的斗争。

长江北岸的浦口，是津浦路与沪宁路的中转站，是南北交通的枢纽。浦镇机车厂是 1908 年由中英合资建起的一家机车车辆修理厂，实际大权为英帝国主义独揽，厂长和总监工都是英国人，英籍厂长奥斯顿和总监工布拉克等在厂内为所欲为，压榨职工。他们在厂里罗织爪牙，横行霸道，耀武扬威，欺压工人。王荷波看在眼里，恨在心头。为维护工人权益，王荷波经常出头替工人说话。王荷波严以律己，办事公正，深得群众信赖。工人们把满脸胡须的王荷波，亲切地称呼为“王胡子大哥”。

浦镇机车厂的洋人和工头狼狈为奸，挖空心思压榨工人。他们惩办、开除工人的条款多如牛毛，极端苛刻，也十分荒唐，引起工人极大不满。1920 年 5 月，英籍总监工布拉克竟下令拆除厂内厕所，不许工人上班时间大小便，更激起工人的强烈反抗。王荷波说：“英国鬼把我们当牛马，我们是人，是中国人，绝不能任他们摆布。”他代表工人们向厂方提出：取消所有罚款制度、重建厕所、加薪一成和责令布拉克赔礼道歉等四项条件；在厂方未答复前，全厂实行罢工。布拉克慌了，急电铁路局机务处。三天后，机务处派人与工会代表谈判。在罢工的压力下，厂方被迫答应了工人的要求。这次的罢工斗争取得了胜利。

1920 年年关将近，厂里工头张裕把工人们的“花红”（即年终双薪）悄悄扣下了，妄图把工人们的这笔血汗钱全部私吞。王荷波找他理论：“俺们工人一年到头辛辛苦苦，年关时节发一点花红，完全是大家的劳动所得；而你们衣食富足，不干活、不流汗，还想刮工人的油水，这是什么道理？”张裕抵赖不过，表面上满口答应，但一再拖延。王荷波识破了他的诡计，在工人们中间进行了串联，鼓动工人团结起来与工头作斗争，他带领着七八十个青壮工人冲进张裕的院内，再次提出要求。张裕见势不妙，不得不把钱退还给工人。

这次斗争胜利之后，1921 年 3 月 14 日，浦镇机车厂工会在工人的欢呼声中诞生了，王荷波当选为工会会长。工会成立后，王荷波时时关心工人的生活、处处维护工人利益，受到工人欢迎与拥护。

1921 年冬，由于货币贬值，物价暴涨，工人生活水平急剧下降。王荷波代表厂工会向铁路局提出增加工资、发给御寒棉衣等 11 条要求，遭到铁路局的拒绝。王荷波为工人弟兄谋利益，不顾个人生命安危，采取断然措施，带领 60 多名工人，趁津浦路特别快车进站之时，高举“饥寒交迫，无人问津”“工人死活，有谁关照？”的大字标语，卧轨请愿，顿时成为社会和国际舆论关注的焦点。

列车停车，整条津浦路当即瘫痪。铁路局官员火急火燎地赶来处理。谈判了一天，铁路局官员耍花招说：“你们提出的条件涉及的范围太广，不是铁路局可以解决的。”

王荷波说：“既然铁路局有难处，我们就到北京，找交通部叶恭绰总长请愿去！”铁路局不相信一个工人真敢到北京去找交通部，也就没把他的话放在心上。谁知王荷波说到做到，毅然只身前往北京，找北洋政府交通部讲理。在北京，面对交通总长及其他官僚们，王荷波据理力争，迫使北洋政府答应了工人的合理要求。

当王荷波从北京乘车返回浦镇，《民国日报》和京津浦各报已经报道了王荷波只身进京打赢胜仗的消息。工人们穿上王荷波从交通部拨来的崭新棉衣工装，敲锣打鼓，高举写着“热烈欢迎王荷波会长凯旋荣归”的大幅标语，迎接王荷波胜利返厂，把火车站挤得水泄不通。

斗争胜利了，工会在群众中的威信大增。王荷波抓住这个大好时机，发动工会督促资本家为工人修建浴室，为工人开办夜校、子弟学校和合作社等福利事业，使工会成了团结工人反抗压迫的坚强堡垒。

王荷波在浦镇机车厂领导工人运动的事迹，引起各方的关注。劳动组合书记部北方分部罗章龙得知消息，前往浦镇机车厂开展工作，哪知刚到浦镇就被当地警察抓住。王荷波闻讯后，挺身而出，率众工友将罗章龙营救出来。从此，王荷波和中共北京党组织取得了联系。1922 年春，浦镇机车厂工会加入了中国劳动组合书记部北方分部，他也到北方分部工作。在此期间，他阅读了《共产党宣言》等马列主义书籍，阶级觉悟显著提高。同年 6 月，王荷波在北京加入中国共产党，成为津浦铁路的第一个工人党员。

当年秋天，南京地区第一个共产党小组——浦口党小组成立，公推王荷波为组长。在王荷波等人的组织领导下，很快地成立了浦口铁路工会，连车站的搬运工人也要求加入铁路工会。王荷波为了团结更多的工人一起斗争，举行了盛大的欢迎仪式，接受他们集体加入。王荷波常说：“一个人有什么本事？大伙团结力量大。我们铁路工人、全国工人都团结起来，就能推倒压在我们头上的大山。”

浦口党小组诞生后，积极在工人中开展宣传教育活动，通过工人夜校等多种形式，向工人传播马克思主义，宣传劳工神圣，启发工人群众的觉悟，先后在浦口站、港务处建立起工会的基层组织，发展优秀工人入党。党的组织逐步壮大，很快，浦镇机车厂党支部发展了 9 个党小组，54 名党员；社会主义青年团发展了团员 50 多名，成立了团支部。从此，浦镇的工人革命斗争进入了新阶段。

小沙渡工人半日学校

北有长辛店，南有小沙渡。

蔡和森在《中国共产党史的发展》一书中，记载了小沙渡工人半日学校在中国工人运动史上的重要地位："在小沙渡设立一个工人补习学校，宣传形式与长辛店大概相同，这就是吾党职工运动的开始——组织俱乐部。"

上海的工人运动，是在中国劳动组合书记部直接领导下开展的。张国焘当了劳动组合书记部主任后，起初"在办公桌上搞工运"，搞了一段时间，效果不大。1921 年 10 月，他就离开上海，去参加远东各国共产党及民族革命团体第一次代表大会，就是在这次大会上，张国焘与邓培一起见到了列宁。之后，劳动组合书记部的工作担子，就交到了李启汉手里。

李启汉，1898 年生，湖南江华人。早年求学于湖南省立第三师范，这是一所三湘名校，先后走出了夏明翰、夏明震兄弟，蒋先云，黄静源，张秋人，陈为人，李启汉，黄克诚，江华，张经武，张际春，曾希圣，谢维俊等一大批早期共产党员、青年团员和工农运动骨干。1917 年，他在长沙岳云中学读书的时候，参加了毛泽东组织的新民学会。1919 年 10 月，毛泽东领导开展"驱张"运动，李启汉跟随毛泽东到北京开展活动，与反动军阀张敬尧进行斗争。在此期间，李启汉与邓中夏、毛泽东建立了深厚的友谊。

这张敬尧在湖南恶名昭著，五四运动期间，就大肆镇压学生运动。他伙同他的三个兄弟张敬舜、张敬禹、张敬汤，在湖南恣意施行暴政，为非作歹。湖南人民极为痛恨，时谚称："堂堂乎张，尧舜禹汤，一二三四，虎豹豺狼，张毒不除，湖南无望。"1921 年底，毛泽东以新民学会会员为骨干，公开揭露张敬尧祸湘虐民的罪行，联络社会各阶层打出“驱张”的旗帜，发动全省学生罢课、教师罢教、工人罢工、商人罢市，并派代表分赴北京、衡阳、常德、郴州、广州、上海等地，争取全国舆论支持和同情。在各界努力之下，加之利用军阀之间的矛盾，最终把张敬尧赶出了湖南。

1919 年 12 月 18 日，湖南人民“驱张”请愿代表团到达北京。邓中夏与北京大学湘籍学生十余人到北京火车站迎接，还陪同李大钊到毛泽东住处看望请愿代表团，并与毛泽东、杨开慧等人座谈。临走时，邓中夏把随身带来的介绍列宁和十月革命的中文书刊，全都送给毛泽东，并作《即席留别》一首：

腊鼓声声急，衔怀别绪长。
早梅开白雪，孤雁渡寒塘。
送我深潭水，思君落月梁。
一鞭回首望，云树隐苍茫。

不久，李启汉来到上海，进入上海外国语学社学习，在这里结识了陈独秀、李达等人。在他们的影响下，李启汉加入社会主义青年团，随即又加入共产党上海发起组。

上海外国语学社是中国共产党上海小组开办的学校，主要是讲授俄语和马克思主义，目的是输送革命青年到苏俄学习，为中国革命培养干部。学校的负责人是共产国际代表维经斯基的翻译杨明斋。在这里学习的有李启汉、刘少奇、罗亦农、汪寿华、许之桢等 60 多人。经过一段时间学习，刘少奇等一批青年被派到莫斯科去学习，李启汉则留在上海从事工人运动。

在上海，共产党领导下成立的第一个工会，是 1920 年 11 月 21 日成立的上海机器工会，由陈独秀亲自发展的共产党员李中发起成立，拥有 370 多名会员。上海机器工会明确宣布：“第一，不要变为资本家利用的工会；第二，不要变为同乡观念的工会；第三，不要变为政客和流氓把弄的工会；第四，不要变为不纯粹的工会；第五，不要变为只挂招牌的工会。”《共产党》月刊称赞它是“办理得有精神、有色彩的工会”。工会成立之时，正在上海的孙中山、胡汉民、廖仲恺和戴季陶也前来参加大会。工会成立后，陈独秀、杨明斋、李汉俊、李启汉等人成为名誉会员。

李启汉在上海组织工会，经过了一段曲折的历程。

1920 年，中国共产党发起组在上海建立后，为了在工人中传播马克思列宁主义思想，壮大党的力量，李启汉奉命到纱厂集中的沪西小沙渡创办工人学校，并着手筹组纺织工会。李启汉租下普陀区安远路 62 弄锦绣里 178—180 号的 3 间门面房子，楼下 3 间连成一大间作为教室，内放 28 套课桌和凳子，可坐 56 名学生，楼上两间，一间为李启汉的宿舍兼办公室，另一间为备用教室。两间简陋的教室、一盏煤油灯、一台留声机、一张写着“工人半日学校”黑字的白纸条，上海工人半日学校就此开学了。小沙渡半日学校是中国共产党早期组织创办的第一所工人学校，这所学校根据工人三班倒的作息时间，分早晚两班上课，因此称为“半日学校”。

万事开头难。知识分子要想得到广大工人群众的理解和拥护，需要一个相互认识、熟悉和接受的过程。起初，由于青帮、红帮和各种封建行帮的干扰，办学工作收效不大。李启汉为了便于组织联系工人，一度还舍身饲虎，参加了青帮组织。但他很快察觉到这与共产党的政治信仰格格不入，便退了出来。

后来，李启汉改变了活动方式，他和俞秀松等知识青年，主动脱下学生装，到工人中做工、调查、访问，和工人一起生活，逐渐取得了工人兄弟的信任，到学校的工人们逐渐多了起来。

李启汉放下知识分子身段，与工人们坐在一起，谈家常，耐心地解答工人提出的问题。为更好地与工人交流，李启汉下功夫改掉湖南方言口音，努力学习上海话，以拉近与工人群众的距离。从与工人的谈话中得知，工人普遍觉得平时做工劳累，生活又苦，连吃饭都成问题，对读书识字和学习马克思主义的兴趣自然不大，李启汉就积极改进办学方法，开办上海工人游艺会，办起工人俱乐部，增设留声机等设备，通过文娱活动吸引更多工人。他同工人一起聊天，一起玩球，一起喝茶。即便工人来看热闹的，他也欢迎。来的工人多了，再借机会向大家宣传学习知识文化的种种好处。

李启汉将学校办得有声有色，贫苦的工人们开始陆续走进这里，在学到文化知识的同时，受到革命思想的启蒙教育。李启汉一方面教工人学习文化，另一方面深入浅出地宣传马克思主义，用“工人为啥苦?”“帝国主义怎样压迫我们?”“资本家怎样剥削我们?”等问题启发工人觉悟，让他们认识到社会制度的不公，明白要解决贫穷的问题，必须要打破旧的社会制度。

慢慢地，工人半日学校成为“在上海的共产党人开展工人运动的起点”。李启汉的工作得到广大工人群众的认可。至1921年8月，到工人半日学校学习的工人增至200多人。

在课堂上，李启汉常用通俗的语言启发工人，他借用陈独秀的话说，世界上什么人最有用、最贵重呢？有人说皇帝最有用、最贵重，或是说做官的、读书的最有用、最贵重。他们错了，只有做工的人最有用、最贵重。我们吃的粮食，是那种田的人做的；我们穿的衣服，是裁缝做的；我们住的房屋是木匠、瓦匠、小工做的；我们坐的各种车船，都是木匠、铁匠、漆匠做的；还有许多机器匠、驾船工人、掌车工人、水手、搬运工人等，才能把我们送到远方。这些都不是皇帝、总统、做官的、读书的做的。这世界上若是没有种田的、裁缝、木匠、瓦匠、小工、铁匠、漆匠、机器工、驾船工、掌车工、水手、搬运工人等，我们便没有饭吃，没有衣穿，没有房屋住，没有车坐、没有船坐。可见社会上各项人，只有做工的是台柱子，因为有他们的力量才把社会撑住；若是没有做工的人，我们便不能生存；如此人类社会，岂不是要倒塌吗？中国古人说："劳心者治人，劳力者治于人。"现在我们要将这句话倒转过来说："劳力者治人，劳心者治于人。"现在有一班糊涂人说"工人不出头，出头便入土"，简直是毫无道理，在我看来，工人两字合起来，是一个天字——所以工人就是天。

李启汉的讲授深入浅出，工人们纷纷点头称是。上海工人半日学校在工人中影响越来越大，参加补习活动的工人逐渐增多。中国劳动组合书记部成立不久又在上海工人补习学校基础上，创办了"上海第一工人补习学校"，报名上学的工人有200多人。

除了办学，办报也是一个重要宣传方式。

1920年8月15日，上海街面上出现了一份32开的杂志，上面醒目地写着"劳动界"三个大字。

这本由李汉俊与陈独秀主编的周刊，实际上是刚成立的上海共产党早期组织创办的第一份刊物，也是中共创办的第一份面向劳动大众的周刊。

《劳动界》周刊的发刊词来自李汉俊的手笔，发刊词用通俗易懂的语言宣示周刊的宗旨——为什么要印这个报：

为什么要印这个报？因为工人在世界上是最苦的，无论是热天，无论是冷天，天还没有亮就爬起来，天黑了方才能够休息。天天顶少也要做上十五六点钟的工，睡觉顶多也不过五六个钟头。他们就是这样苦，这样做得多。他们还是住的没有得好的住，吃的没有得好的吃，穿的没有得好的穿。设若一旦害了病，一天不做工，第二天就要饿起来了。弄得不好，房东还要来赶他们出去，衣服被褥也要当干净。没有小孩子的人，自己还可以做叫花子去，免得饿死冻死。如果有小孩子，喊的喊饿，叫的叫冷，哭的哭，号的号，那就只好看着他们饿死冻死了。

我们再看那做东家、有钱的人，一天到黑一点事情也不做，天天睡到多时候了才起来。起来了之后，不是叉麻将，就是谈天。不是跑马车，就是坐汽车。不是逛窑子，就是抱小老婆。不是逛大世界，就是逛戏园子。他们虽然这样一天到黑一点事不做，他们反有大房子住，好东西吃，好衣服穿，有马车坐，有汽车坐，有小老婆抱，有大世界逛，有戏看。

工人同他们这些不做事的东家、有钱的人比起来，已经是苦得不好说了。又还要无热无冷的一天做到黑，那自然是更要苦了。所以工人在世界上是最苦的。工人在世界上已经是最苦的，而我们中国的工人比外国的工人还要苦。这是什么道理呢？就因为外国工人略微晓得他们应该晓得的事情，我们中国工人不晓得他们应该晓得的事情。我们印这个报，就是要教我们中国工人晓得他们应该晓得的事情。我们中国工人晓得他们应该晓得的事情了，或者将来要苦的比现在好一点。

《劳动界》出版后在上海工人中大受欢迎。在其影响下，《劳动者》《劳动音》等刊物如雨后春笋，相继问世。

要把学校里、报纸上讲的道理变成工人看得见的利益，还需要行动。李启汉除了在课堂上做宣传，还到工厂里组织工人成立工会，指导工人开展斗争。

战争的学校

1921 年 7 月下旬，上海英美烟厂的工人为反对洋监工亨白尔克扣工钱，自发举行了罢工。这时中国共产党正在上海举行第一次代表大会，其间得知罢工的消息，上海党组织就派李启汉前去组织指导。

英美烟厂位于黄浦江东岸的陆家嘴，分为新厂和老厂，工人有七八千人。外国老板为了赚钱，不顾中国工人的死活，强迫工人每天劳动

12 小时，给的日工钱不过 1 角 2 分，再加上连扣带罚，一个月不到 3 块钱。工人们生活十分穷困。1921 年 7 月，老厂工人当月工资无缘无故被洋监工亨白尔克扣了。工人派代表与资方交涉，要求撤换亨白尔，资方拒不答应，工人代表还遭到毒打、扣押。愤怒的老厂工人决定效法三年前的做法：罢工。

1918 年 8 月，英美烟厂的工人为要求加班费，就组织过一次罢工，不过这次罢工组织得十分“原始”。工人们来到吴家厅刘公庙，在菩萨面前求签，求得吉签，菩萨“批准”之后，才举行了罢工。

这也难怪，当年工人们遇事不决，不是求助于行帮、同乡，就是乞灵于菩萨、神明。各行业都供奉着本行的祖师爷，比较出名的有纸业供奉蔡伦、笔业供奉蒙恬（相传他以枯木为管、鹿毛为柱，始作笔）、土木业供奉鲁班、靴鞋业供奉孙膑、缝纫业供奉轩辕氏、米面业和药业供奉神农氏、茶业供奉陆羽、酒业供奉杜康等。甚至后来的铁路这样的现代产业，还奉太上老君为祖师，工人的组织还叫作老君会。

第二天，开工时间到了，工人们没有一个人上工，洋监工四处寻人，工人们回答：“我们已在菩萨面前起誓，不答应我们的要求，谁也不上工。”洋监工看工人们比较心齐，只得先给菩萨一个面子，假意答应要求，等到工人复工之后，就把原先的承诺全部赖掉了。

这次，英美烟厂的工人决定再举行一次罢工，就在他们准备再一次到庙里求签时，李启汉来了。他来到庙里，向罢工工人问长问短，了解要求。许多工人不认识他，问他来做什么？他笑着回答：“我是特地赶来帮你们讨债的。”

工人们听了，叹气说：“我们穷得连肚子都填不饱，时常要借债过日子，只有欠人家的，哪有钱放债？能把自己工钱要回来就不错了。”

李启汉说：“大家想想，我们没日没夜地干活，却越干越穷，那些资本家整天不干活，反而越来越富，这是什么道理？就是我们的血汗，全被他们吸光了，这就是他们欠我们的债！”

李启汉扳着手指给工人们算账：例如1斤烟叶1块钱，我们干一天活，把它卷成香烟，到市场上卖了3块钱，也就是我们一天创造了2块钱的价值。但是，厂里只发给我们1角工钱，剩下的全被资本家装进了自己的腰包。大家想想，是不是这么个理?

李启汉的话使工人们思想开了窍，大家围住他问："怎么把这笔债讨回来呢？我们上次求过菩萨都没有解决，莫非李先生你比菩萨还灵?"

李启汉说："求人不如求己，你们就是自己的菩萨。最好的办法，就是像俄国那样，把资本家的工厂收回工人手里。但是现在条件还不允许。我们当前能做的，就是组织起来，一条心和资本家斗争，咱们团结的人越多，就越有力量。"

在李启汉的启发下，工人们提高了认识，他们便不再像过去那样低声下气地乞求神明，而是理直气壮地在刘公庙举行罢工宣誓大会，打出"还我血汗"的旗号——这在全国是第一次，标志着工人阶级的觉醒。

李启汉随即帮助工人推选出热心为大家办事的刘凤臣等代表，组成代表会议，起草了《罢工宣言》，提出和资本家谈判的八项条件：

（一）普遍增加工资。

（二）以后仍旧要按期加薪。

（三）撤换虐待工人的监工。

（四）罢工期间工资照发。

（五）不准虐待工人。

（六）星期六半天及星期日休息工资照发。

（七）凡年节休假日，工资照发。

（八）不准开除工人。

厂方对工人的要求置之不理，认为这伙穷鬼饿几天肚皮就知道利害了，还得乖乖回来上工。

资本家所料确是实情，工人们本来就生活困难，一罢工就没有了经济收入，一个星期下来，很多人都没米下锅了。有人开始担心，和财大气粗的资本家对抗，坚持不了很久。

李启汉鼓励他们把罢工坚持下去，他说："我们罢工一天，少收入几角工资，资本家要损失好几万元，他们拼不过我们的，坚持下去，就是胜利！"

同时，李启汉还组织募捐，为工人们送来了钱物，无异于雪中送炭。他又组织部分工人到南洋烟厂打临时工，换得部分收入维持生活。又以工人代表的名义通电各报馆、各团体，请求各界主持公道。

资本家的饥饿政策失效了，又企图使用棍棒政策。7 月 29 日，他们从浦西雇用工人数十名，企图进厂开工，但受到罢工工人的阻挡。他们又拿出 500 大洋，买通了工头王凤山，叫他纠集几十个工人，于 8 月 3 日声称要"自动上工"，同样遭到了罢工工人的拦阻。双方话不投机，随即打在一起。争斗中，工人汪有才等人被打伤。事情闹到警察厅，警察厅把汪有才等人抓起来问罪，却把工头王凤山放了。

李启汉决定组织示威游行，向军阀政府提出强烈抗议，要求释放汪有才等工人。8 月 5 日，罢工工人高举"争取工人人格"等标语，到淞沪警察厅请愿。警察厅不但不放人，反而把请愿的工人代表刘凤臣也抓了起来。罢工工人更加气愤，一怒之下包围了警察厅。淞沪警察厅见势不妙，不得不释放刘凤臣，并答应两天后释放汪有才等代表。

李启汉认为，王凤山这个工头，本来也是工人，无非是一时糊涂，拿人的手软罢了。对于这样的人，还是要争取。李启汉于是对王凤山展开攻心战，经过工人的教育，王凤山也意识到自己的错误，加入了罢工的行列。李启汉在《劳动周刊》专门发表《欢迎王凤山君的反悔》一文，肯定了王凤山的行为，希望王凤山今后和工人们一起走，大家紧紧地结合，也希望别的工头赶快觉悟起来，以王凤山为榜样，与工人携手共谋幸福。

在罢工中，李启汉成了工人的亲密朋友。他冒着炎夏的骄阳，几乎每天都到浦东去，跟工人们在一起印发传单，商讨对策，鼓舞了工人们罢工的斗志。工人们亲切地称他为“小李先生”。

招数用尽，资本家再无计可施，这边的机器停关着，那边外埠催货的电报一封接一封，每停工一天都仿佛看到白花花的银子在流走。在强大的压力下，资方不得不答应和工人谈判。

谈判中，烟厂大班马立斯说：“你们提出的八项条件，公司可以接受七项，唯有罢工期间工资照发这一条，不能答应。”

刘凤臣质问：“为什么不行？我们罢工损失的钱，为什么公司不赔？”

马立斯道：“你们罢工损失的钱要公司赔，那么公司停工造成的损失找谁去赔？”

刘凤臣说：“我们的罢工是你们逼出来的，如果一开始就答应我们提出的条件，公司岂能有如此损失？”

双方唇枪舌剑，你来我往，最后资方自知理亏，基本上接受了工人提出的条件。双方在复工协议上签字。工人们欢呼雀跃，在鞭炮声中胜利结束了大罢工。

李启汉领导的英美烟厂工人罢工，历时20天最终取得胜利。工人们看到自己的力量，开始相信李启汉这尊“菩萨”了。

罢工取得胜利后，李启汉继续深入开展工作。经过多方努力，8月下旬成立了上海烟草工会，推举刘凤臣、张子根为正副会长，办公地点就设在英租界北成都路19号，和劳动组合书记部在一间房里办公。

工会成立不久，厂里就出了一桩无故开除工人的事。卷烟部总管张文元，有意找修车工人老王的岔子，把他开除出厂。工会得知消息后，副会长张子根找到洋大班梅洛交涉，梅洛不仅不听，反而把张子根也开除了。

李启汉决定，再次发动全厂工人罢工。第二天，上工的汽笛响了很久，却没有一个工人进工厂。工会提出必须撤换总管张文元，并且今后不准无故开除工人和工会办事人员。

梅洛见事情闹大了，也紧张起来，他对上次罢工还心有余悸，不得不派出代表和工会谈判，答应调走张文元，恢复老王和张子根的工作。

正如列宁所说：“罢工使工人养成联合的习惯，罢工告诉他们，工人只有联合起来才能进行反对资本家的斗争。罢工教会工人考虑整个工人阶级反对整个工厂主阶级和反对专制警察的斗争。正因为这样，社会主义者才把罢工叫作‘战争的学校’，在这个学校里，工人学习对敌人进行战争，把全体人民和全体劳动者从官吏和资本的压迫下解放出来。”

工人们再一次取得胜利，更加相信工会的力量了。

李启汉的行动，引起了上海资本家的恐慌，更被上海公共租界当局和军阀视为“危险人物”。1922 年 6 月 1 日，公共租界工部局以“煽动罢工，扰乱秩序”的罪名逮捕了他。

中国劳动组合书记部负责人之一的董锄平回忆李启汉被捕时的情况说：“那天，有一个人和我们联系要买 50 份《劳动周刊》，还表示要谈工作。我们从窗口望出去，看到这个人穿着长衫子，完全不像工人，是一副流氓相。李启汉下去后，见来人可疑，故意讲话的声音很大，对我表示情况不好。我和张国焘就翻墙从隔壁跑了，李启汉被抓去了。”

李启汉被租界当局判了 3 个月徒刑，期满后租界当局不甘罢休，又玩弄“借刀杀人”之计，以“驱逐出租界”为名，将李启汉押解给上海淞沪护军使署。护军使何丰林下令将李启汉关进监狱。

在龙华军事监狱，李启汉始终斗争不屈，坐了 2 年零 4 个月的牢狱，经受了严酷的考验。1924 年 9 月，李启汉才得以释放。对此，邓中夏深有感触地说：李启汉是我党坐牢最早最苦的第一位同志。

这一时期，在印刷工人中发动工运的，是党的早期党员徐梅坤。

徐梅坤在工运史上名头不算很大，却颇有几分传奇色彩。他于

1893年出生于萧山一户贫苦农民家庭，与毛泽东同岁。10岁起做学徒，后在杭州当印刷工人。五四运动时期，受新思潮影响，发起成立浙江印刷公司工作互助会，领导开展工人罢工斗争，创办了浙江第一份工人报纸《曲江工潮》。1921年回到上海，进入民国日报社工作。

中共建党之初，共产党员大部分是高级知识分子，陈独秀看到，作为无产阶级的政党却没有一个工人党员，感到很是遗憾。一次偶然的机会，陈独秀通过《民国日报》编辑部的邵力子结识了徐梅坤，相谈之下甚为投缘，遂于1922年初介绍他加入中国共产党，成为江浙地区第一名工人党员。

徐梅坤入党之后，向陈独秀建议首先应该在印刷工人中筹建工会，因为印刷工人大多有知识、有文化，比较容易组织起来，开展工作。陈独秀同意了他的建议，介绍他到商务印书馆编辑所工作，在那里徐梅坤认识了沈雁冰（茅盾），随后又发起成立了以印刷工人为主体的工人群众团体“旅沪工人同乡会”，有400多人参加。他还前后发展了多名基层工人入党，其中一名是蔡林生，他是蔡和森的哥哥，另一位女工名叫王根英，后来与陈赓结婚，是我党早期少数的女工党员之一。徐梅坤的工作很快见到成效，1922年底，徐梅坤发起成立有2000多名印刷工人参加的上海印刷工人联合会，被推选为工会主任。

从1922年起，徐梅坤先后担任中共上海地方执行委员会兼江浙执行委员会书记、上海印刷总工会委员长、上海总工会组织部长和全国印刷总工会委员长等职。此后受党的委派，赴杭州建党，赴绍兴、宁波发展党的组织，还参与领导了商务印书馆的罢工斗争。1923年6月，徐梅坤出席党的第三次代表大会，并当选为中央执委会候补委员。

在上海期间，徐梅坤奉命组织了中共第一个秘密特工小组，专门惩治工贼及叛徒。他们从外滩的洋水兵那里买来了4支手枪，加上几柄斧头作为武器。此后这个特工小组改建成“红队”，也就是大名鼎鼎的中央特科行动科。

1926年，上海区委组织领导上海工人举行武装起义，指挥部成员有罗亦农、赵世炎、汪寿华、李泊之、徐梅坤、奚佐尧6人。上海工人第三次武装起义中，徐梅坤担任南市区总指挥，指挥工人英勇战斗，起义取得了胜利。

1927年“四一二”反革命政变后，徐梅坤护送周恩来到长江码头，登上英商“怡和”号轮船离沪。徐梅坤在返回上海路过萧山时被叛徒沈玄庐的太太王华芬发现告密，遭到国民党反动派逮捕，起初判为死刑，后由蔡元培出面营救，才改判无期徒刑，再通过邵力子说情，最后被判处10年徒刑。1935年9月徐梅坤因病重被保释出狱，后改名徐行之，与组织失去了联系。

1981年，徐梅坤在耄耋之年再度重新入党，成为党史上一段传奇。

第四章

奠基 1922

工人阶级走向联合

四海翻腾云水怒，五洲震荡风雷激

——题记

1922年是中国工人运动首次蓬勃开展的一年，同时也是中国工会组织广泛发展的一年，因而这一年被称为“中华劳动运动纪元年”。在这一年中，地方和产业工会的兴起，为全国总工会的成立奠定了良好基础。

前页图注：

1922 年 5 月 1 日，安源路矿工人俱乐部成立时筹备委员会成员合影

海员工会的反帝斗争

中国工人运动第一次高潮从1922年1月开始，到1923年2月结束，历时1年零1个月。其间全国各地共发生罢工100多次，参加罢工工人30多万人。

就地域而言，这些罢工集中在上海、湖南、武汉、广东等地，就产业而言，集中在海员、煤矿、铁路等行业。这是因为上述地区和行业，都是产业工人集中的地方。

这些罢工中以海员工人运动最为著名。海员和华侨一样，前身大都是破了产的农民或失业工人，他们不得已背井离乡，远涉重洋，到外国谋生，或当海员，或当苦工，也有不少人是“卖猪仔”而去南洋或美国的。早期中国海员工人约15万人，主要聚居于香港，分布在海内外各条航线。

一般来说，当年的海员工人分为三行，即仓底行（烧火、打磨、斟油），柜面行（水手、舵手、木匠、油漆），船尾行服务员（英文称“Boy”）。表面上看海员走南闯北，游历各国，很是风光，然而他们头上顶着三重压力：一是低工资。普通海员工资每月大概在20元以下，而物价又逐年飞涨，根本不够维持生活。二是包工制（粤语称为“洗马沙”）。当时海员工人在陆地上一般都有设馆口，相当于今天的职业中介机构，称作“社”或“阁”，如苏兆征所在的“义兴阁”、林伟民所在的“群谊社”等。船东雇用船员并不是直接招工，而是通过这些馆口。这类馆口亦分为三种：第一种是由包工头设立的“洗马沙馆”，与船东勾结，包揽介绍海员工作，凡找工作者必须贿赂工头数十元不等，上船后，还要从工资中抽成分给包工头。第二种是由个人设立的“君主馆”，亦与船东勾结，凡加入者须交纳入馆费数十元，方有候工资格。在馆食宿还要收取饭钱和其他种种费用。第三种是海员合股组织的“兄弟馆”，虽然相对比较公平，但海员多不识字，往往请一些知识分子做管理先生，时间长了，这些人亦不免把持馆务、剥削工人。三是不平等。中国海员虽然与白人海员做同样工作，收入却只有白人海员十分之一二。其他待遇更是悬殊，譬如住房，白人海员一二人一间房，中国海员则须五六人一间，甚至住在货堆上、通路旁、煤堆里。

即使这样，海员还会面临失业恐慌。由于大量的破产失业农民和工人涌入劳动力市场，仅香港一处，海员失业经常有一两万人。海员失业后，就只有饿肚皮，睡马路。

另外，海员群体又是先进思想最早的接受者，革命觉悟较高。海员长年漂泊于海上，行走于各国，对世界的形势了解较多。十月革命胜利后，世界各地革命运动蓬勃发展，到处都组织工会，发动罢工斗争。海员工人跑遍世界各地，自然也受影响。孙中山先生在宣传革命期间，经常乘船往来海外各地，与海员有了密切关系。一部分海员受到影响，参加了同盟会，林伟民、苏兆征都是同盟会会员。孙中山在旅途中经常被密探跟踪暗算，幸得海员的全力保护方得脱险。孙中山发动起义，需要从海外购买军火，全靠海员的积极参与，才得以秘密运往起义地点。

在革命思想影响下，海员早期组织了自己的团体“联义社”，“联义社”成分比较复杂，会员中有工人、也有工头，甚至还有一些地方上的土豪恶霸。刺杀廖仲恺的凶手陈顺曾是“联义社”的成员。“联义社”成立后不久，孙中山向海员说：“自由是可以争取的，商人有商会，你们为什么不成立工会呢？”他的一番话，启发了海员的阶级觉悟和团结意识。1921 年 3 月 6 日，“中华海员工业联合总会”在香港正式成立。这个会名是孙中山起的，招牌也是他亲题的。会上选陈炳生为会长，领导人物还有林伟民、苏兆征、翟汉奇等人。

林伟民和苏兆征都是孙中山的香山同乡。

林伟民，原名林兴，1887 年出生于贫苦农民家庭，自幼随父垦荒种地，下海捕鱼，稍长到香港谋生，在外国轮船上当苦力。结识孙中山后，受其思想影响，积极参加革命活动，为革命党人传递信息，筹集经费，运送军火，支援武装起义。

苏兆征，原名苏吉，幼时因为家境困窘，辍学务农。1903 年到香港，在外国远洋轮船上当海员工人。1908 年加入同盟会，积极参加推翻清政府的革命活动。

会长陈炳生是海员“联义社”会长，后来堕落投靠陈炯明，曾到中山舰当面请孙中山下野，被海员工会开除。翟汉奇后来也腐化堕落，不仅抽鸦片烟，还开了一家棺材铺。海员工会规定，工人入会满三年，死后可由工会买棺材埋葬，翟汉奇就趁机做起这门生意——典型的“以权谋私”。海员工人非常憎恨他，说：“翟汉奇希望我们早死。”

当时的香港，航运业日渐发达，成为东方重要航运中心。第一次世界大战之后，物价飞涨，香港比中国其他商埠更甚，由于香港的日用必需物品多由外埠输入，如鸡鸭来自梧州，猪肉牛肉来自广州，水果及鱼来自汕头，纺织及服装用品材料来自上海，所以物价更为昂贵，工人生计艰难。为了应付物价的上涨，资方对外国海员照顾有加，1921 年给外国海员工资增加 15%，相反，对中国海员却视而不见，工资分文未增。中国海员心中早有不平。中华海员工业联合总会成立后，多次向资方提出加薪要求：

1921 年 9 月提出一次，资方不予答复；

1921 年 11 月又提出，资方置若罔闻；

1922 年 1 月 12 日第三次提出，资方依然置之不理。

当天下午 5 时，海员工会忍无可忍，遂决定发动罢工。工会一声号令，由苏兆征所在的“海康”号开始发难，香港开往广东内地的轮船以及到港的英、荷、法、日、美各国的海洋轮船，一致停驶。

港英当局闻讯大吃一惊，他们原以为工会不过像往常那样，说说而已，没有想到这回是来真的，一时有些慌了手脚，当晚便派华民政务司（专门管理中国居民的官员）夏理德到海员工会，用威胁的口吻“劝告”，叫海员回船，说：“本港政府是不允许罢工的，你们先上工，工资将来慢慢商量。你们罢了工，不怕饿肚子吗？”

苏兆征对夏理德说：“我们的要求已经提过三次了，一直未见答复，这一次若不答应我们的要求，决不上工。”

海员工会在报纸上发表罢工宣言：

回忆我们海员，离乡别井，搏于惊风骇浪之生命，胼手胝足，受重重痛苦之黑幕。近兹时代，百货腾贵，工值有限，仰事俯蓄，经济不敷。经同人大会提出要求加薪问题，而本会从众表决，积极执行，曾函请各行船东第一二次要求矣。因无表示答复，特于一月九日提出第三次要求，限期二十四点钟内完满答复。若其仍然见拒，此视我海员之人格何如耶？此视我海员势力何如耶？此其时也。本会谨守文明秩序，固当文明解决。凡我海员遵守停工规则，万众一心，风虎云龙，获收效果，庶乎有期。

按照海员工会的安排，罢工海员陆续返回广州。形势很快影响到新加坡、汕头、上海等口岸。有些船靠岸便停驶，有些船在半路便罢工，还有些船根本不敢开来香港。一星期之内，罢工海员已达 6500 人。

为保证罢工顺利，海员工会公布了《停工规则》：罢工海员返回广州，食宿由广州总办事处负责解决。罢工期内，每人每日可向工会领到一些补助费。有趣的是，这笔钱中的相当一部分，来自广东军阀陈炯明。此时，陈炯明表面革命，但与孙中山面和心不和，正打主意想要把孙中山赶出广东。他知道孙中山在海员中很有影响，也想利用这个机会控制海员工会，暗中反对孙中山。

苏兆征对此早已看得清楚，他用了陈炯明的钱——不用白不用，但却没有上陈炯明的当，始终站在孙中山这一边。相反，倒是共产党的早期党员陈公博，却违背党组织决定，与陈炯明打得火热。还有劳动组合书记部广州分部主任谭平山，也一度被陈炯明所惑，站到了他那一边。

罢工的威力很快显示出来。由于罢工海员对香港实行经济封锁，香港的粮食和副食品供应越来越困难，港英当局不得不放下架子，与陈炯明商量派船来广州购买粮食和副食品。陈炯明本来首鼠两端，对此要求痛快答应。港府还不放心，为防止罢工海员阻拦，又派出华民政务司官员与苏兆征谈判。苏兆征表示，为体恤香港同胞的生活困难，我们不出面阻止，但如其他行业工人出于义愤采取行动，本会也不负责。

果然，香港当局派出“金山”号和“香山”号两艘轮船，由英国水兵开到广州，他们上岸采购时，由于商人抵制，竟一无所获，空驶而返。

港府觉得失了面子，恼羞成怒。1922 年 2 月 1 日，香港总督以“危及治安”为名，宣布海员工会为非法团体，下令解散，并查封了海员工会的办公地点，抢走了文件、账簿，收走了海员工会的牌子。这下更加引发群情激愤，全港发生大规模同情罢工，厨师、家仆、面包匠、饼干店工人、办公室工役、运送夫役、电车工人、人力车夫、渡轮工人、银行职员、报馆雇员、印刷工人纷纷加入罢工行列。这一来，“饿肚子”的不是海员工人，反而成了港府的洋大人们。这样的情形，在 20 年之前的 1902 年，法国人企图侵占“老西开”时，就曾经发生过一次，在 3 年后的省港大罢工中，还将再度发生。有报道称：

香港工业完全停滞，餐馆经理躬自烹调，英籍官员自任打扫官舍之劳，内河轮船完全停驶，香港与内地交易完全断绝，食品既因罢工暂停进口，香港物价骤涨。港埠中外商店，大都不能全开，银行虽仍营业，而门廊之内皆以武装义勇队守卫，其他店肆亦照常开业，惟华人店员一部缺勤，且几全无交易。

港英当局原以为工人饥寒交迫，坚持不了多久。现在看到罢工的规模越来越大，开始沉不住气了，不得不设法出面调停。香港当局先是找到华工总会，到广州向海员工会调停。海员工会说："这次罢工，香港政府采用高压手段，封闭我工会，逮捕我工人，野蛮之极！我们只有坚持到底！"这一场调停无果而终。

随后，香港当局政府又让东华医院用"全港街坊"名义出面调停。东华医院名为医院，实际上是留居香港的中国绅商集团，在香港颇有政治势力。东华医院遂写信请海员工会派代表到香港商谈。海员工会苏兆征等人派了五位代表前去，他们首先提出恢复工会为先决条件，绅士们说：恢复工会可以，但要改变招牌，添多或减少几个字。因为香港政府皇皇文告宣布封禁，你们是知道的，这是政府的威信所在。苏兆征心想，这工会名称是孙中山先生给起的，牌子由孙中山亲自题写，也是我们海员工会的威信所在，岂能容得他们随意改变，坚持说："工会招牌——'中华海员工业联合总会'一字也不能增，一字也不能减，而且要给还原有招牌。"

绅士们见话不投机，变换了个话题说："你们罢工我们不反对，但香港居住的大部分是华人，你们不能不顾念。现在香港粮尽食绝，这样下去，岂不把几十万留居香港的中国同胞活活地饿死？"

海员代表说："是的，香港居民将绝食，这是实情。我们早已预计到的，而且早已挂念着的。但是，我们挂念香港居民，而你们却一点也不挂念海员，我们海员老早就有几十万要饿死了。我们此次罢工，更苦得要命，天寒肚饿，你们为什么不曾说一句救济的话呢？"

最后，他们又搬出了香港著名的大绅士罗旭初，约海员代表到他的写字楼去，他说："今天的事你几人帮助我一下就可解决。"海员代表说："什么叫帮助？你不来帮助我们，反叫我们帮助你！"他说："一切都在你们身上，你们说什么就可解决。"海员代表料定罗旭初有行贿的意思，一致表示："我们说什么都取决于罢工工人，哪能说在我们几人身上。"说罢，起身而去。

调停失败后，双方都在蓄力。海员返回的越来越多，开支越来越大。在这期间还发生了一件案子，会长陈炳生因为怀疑老婆出轨，用手枪打死了自家老婆，被警察局抓了起来。之后，苏兆征被选为会长，肩上担子更重了。为保障罢工海员生活，他四处募捐，并把自己的积蓄拿了出来。但毕竟杯水车薪，难免捉襟见肘。就在这个时候，中国共产党站出来了。

2 月 9 日，中共广东支部发出《敬告罢工海员》的传单：

最亲爱的海员同志们！我们为争生存而举行这次大罢工，凡是有良心、好和平的人们，除资本家及帮助他们的走狗——官僚军阀——外，没有不同情于我们的。我们的光荣，因为我们有人格的自觉，不愿将劳力仅仅当作货物卖出，而想把各人都取得一个有意义有兴趣的生活！就是不被少数人利用，为之做牛马奴隶的生活。所以才与资本家宣战，实行阶级斗争。那么，我们此次轰轰烈烈的伟大举动，当酝酿与发动的时候，就算是我们得到光荣的时候了。我们的胜利，是可预期的。资本家在现代生产制度之下，筑起独占的堡垒，豢养许多的守卫，他用巧妙心思，奸狡计划，兼并了榨取了多数人的精血。但是他好像吮人血的蚊虫，他太饱了，他渐渐飞不动了，他故意在社会中筑成一道分别阶级的厚墙，墙外的人们越多，他自己就成为孤立了，他不知不觉在他自己狡狯的打算中，就掘下他自己的坟墓了。全世界的劳动同志们，将群起而收回自己的权利，不至再受将死的资本家的糟蹋了。我们海员在这样世界工潮中，为此正当的要求主张，那自然是不会失败的。

…………

我们最亲爱的海员同志们！我们应该抖擞精神，完成我们的这一次伟大举动。本党以海员同志们为开始阶级斗争的急先锋，定当竭其能力，为之后援。海员同志们！快快共同一致的望着我们的目标奋斗，以期得到我们的最大光荣最大胜利啊。

中国劳动组合书记部也行动起来，发起香港海员后援会，领导各地工人支援香港海员。李启汉积极联络上海各水手公所声援香港罢工。上海南市均安水手公所、上海焱盈南社、焱盈总社、黄胜和水手馆、林广同庆、陈秉记等社团，都积极要求加入后援会。上海印刷工会、机器工会、纺织工人会等工会组织也给予支持。天津、上海两处海员工会积极募捐，赴法回国劳工会及上海劳动总同盟，也都汇款接济，并拍电报慰问。当时报刊称："自罢工风潮发生以来，全国劳动界空气为之一变：有以罢工援助者，有以捐款援助者，有以舆论援助者。如上海、宁波、汕头、江汉等处皆是。"

1922年2月12日，京汉铁路的列车上，出现了一面白旗，高悬于机车的顶棚之上，迎风招展，浩荡而来，上面写着六个大字"援助香港海员"，署名为"香港海员罢工北方后援会"。这是长辛店工人发起组织的，他们联络京汉、京奉、陇海、京绥各路铁路工人，发表宣言并捐款援助，陇海铁路及长辛店工人每人捐助一日工资，汇往广州支援海员罢工，表现了工人的阶级感情。

同时，《北方香港海员罢工后援会宣言》也在广为传播。

工友们！你们听见最近香港劳动界发生绝大的风云吗？你们知道香港海员全体举行总罢工的事实吗？香港海员因当不住船主方面的刻薄待遇，才向他们要求增加工薪。不料狠心的船主和英国香港的官厅互相勾结，坚不承认，并且还要借外国（英国）资本家的势力来强迫工人作工，解散海员工会。似这般的强暴，不仅是我们工人忍受不住，便是生为中国国民的，也应该抱不平呵！

现在他们三万余人全体罢工了，广州、上海、宁波、汕头、江汉等处工团纷纷援助：有罢工援助的，有捐款援助的，有舆论援助的。我们虽远处北方，服务铁路，然既属工友，所以也不敢告劳，特联络北方各铁路工人发起这个“北方香港海员罢工后援会”。不消说得，我们也要按时机的顺序，如同各地同志一样的援助他们了。

我们现在郑重宣言：充分地与香港罢工海员表示同情，竭诚尽力地援助他们达到目的——在此项目未达到以前，我们愿随同他们向外国的资本家宣战。

各地工人的援助，增强了海员工会必胜的信心。回到广州的海员虽然生活艰苦，每日饭食两顿，每顿一毛。时值隆冬，只发棉衣一件，后来棉衣买不起，就发给麻包。工人都在地上打铺，又无被盖，冷不过了，只好烧柴火取暖。但大家毫无怨言，互相鼓励着说：“顶硬上，兄弟！米俾人睇小！”（粤语，即“坚持到底，兄弟们，不要给人看轻！”）

香港当局不肯善罢甘休，使出一招“釜底抽薪”之计，找到一些包工头，让他们到上海、宁波等地招募工人来港工作。海员工会也针锋相对，成立了“防护破坏罢工队”来对付那些分裂工人的包工头办馆。港方让宝泰办馆给包工头桂阿毛发出急电，叫他在上海招募工人，来香港顶替罢工海员的工作。林伟民、苏兆征闻讯后，即给中国劳动组合书记部发出火急电报，请书记部设法阻止上海工人来港。中国劳动组合书记部接电后，李启汉与均安水手公所朱宝庭、钱孝裕，一方面到桂阿毛家里当面警告，另一方面到码头劝阻工人。

此刻，码头上有1000名工人，正准备乘船去香港。朱宝庭大声对他们说道：“弟兄们，你们知道去哪里、做什么吗？香港工人罢工，也是为了我们，加了工钱，大家有份。天下工人是一家，上海工人罢工，香港工人不会来，现在香港海员罢工，我们也不应该去！工人不能坏工人的事！”

这些水手本是失业工人，为了生计所迫才被桂阿毛招募，现在听朱宝庭这么一说，当即有一半改变了主意。

剩下的一半走到汕头，越想越觉得朱宝庭的话有理，于是又走了一半。最后到香港的不足300人。这些人到香港后，倒是开走了几只船，但技术不好，在海上发生了危险。香港政府这一新策略又告失败。

长期以来，海员工人分帮分派，主要有广州帮、上海帮、宁波帮等，平时免不了多有摩擦，这一次却体现了空前的团结，广州工人拒做的工作，宁波、上海工人也同样拒接，表现出了工人的阶级联合。

随着罢工的旷日持久，海员得到越来越多的帮助和同情，只要那船上有中国海员，不要工会的命令，他们便自动地离船上岸。搞得各地轮船都把香港看得好像疫区一样，不敢开来，或者只在港外稍停便走。到后来，不仅农民工人，甚至小商人和土匪也起来帮助了，在工人纠察队封锁之下，一棵菜、一粒米都不能到香港，香港粮食更加恐慌。

香港当局一计不成又施一计，指使机器工会（香港政府御用工会），向工人宣传说：“海员罢工势成骑虎下不得背，我们应该援助他们下背。我们可组织‘全港工人调停海员罢工会’来援助他们，这才是实际。”

海员工会得此消息后召集大会，发表宣言：“我们工人若同情就加入罢工，不能说什么调停。调停就是妥协。”大会一致决议不接受调停，要香港工人切勿组织调停机关。此消息传到香港后，香港工人很快取消调停会，并将调停会的招牌和印信打得粉碎。

香港当局见这一招不灵，立刻撕下面具，露出了狰狞面目，宣布戒严令，把中国各口岸所有的英国军舰调集香港，禁止火车通行，加岗巡查街道，香港一时变成战时状态。当十余万罢工工人步行回广州时，行到沙田地方，英国军警禁止工人通过，并开枪向工人射击，造成工人 4 人死亡，数百人受伤，酿成著名的“沙田惨案”。

香港政府满以为如此铁血手段可以奏效，谁知反而激起海员工人更大的义愤，香港居民也更加同情工人，香港工人更积极扩大同盟罢工以抗议，各业罢工者日众，工商停顿，使香港差点成了“死港”“臭港”。

香港当局山穷水尽，无计可施，只好向罢工海员让步。在广州政府调协下，林伟民等代表到香港与船东谈判增加工资，同时与香港当局谈判恢复工会。最后在 1922 年 3 月 5 日达成协议，船东增加工资 15% 至 30%（因不同航线而定），而香港政府则在 3 月 6 日发表特别公报，宣布取消海员工会的封禁令，并且在 3 月 7 日派出原来摘下工会招牌的警员，把“中华海员工业联合总会”招牌恭恭敬敬地给还海员。当重新挂上工会招牌时，全体海员及香港全市工人都来庆贺，十余万人把街道挤得水泄不通。在“海员工会万岁”的欢呼声中，招牌徐徐地挂上去，爆竹连天，声震全港。

至此，56 天的罢工胜利结束。

这次罢工虽不是中国共产党所直接发动领导的，但受到了中国劳动组合书记部、中共南方党组织、以孙中山为领袖的国民党人以及广大的内地工人群众大力支持，沉重地打击了英帝国主义与港英当局的反动气焰，“七十年来赫赫奕奕的大英帝国主义终于在中国海员威力之下屈服了”。同时也激励和鼓舞了中国内地工人反对帝国主义与封建军阀的战斗意志，促进了内地工运高潮的爆发与到来。

自此以后，海员工会声望日隆，苏兆征、林伟民，还有朱宝庭都成为全国工运领袖，先后加入了中国共产党。

一次劳大召开

1922 年是工人运动风起云涌的一年，各地的工人运动如火如荼。

共产党一大开过，中国劳动组合书记部成立之后，工人运动局面焕然一新。新生的共产党认识到，要有一个统一的组织指导开展工人运动。在此起彼伏的工人运动浪潮中，各种各样的劳工团体也在运动中感到了联合的必要。

鉴于此，中国劳动组合书记部遂发起了第一次全国劳动大会。

1922 年 4 月 11 日的《民国日报》上，刊登了中国劳动组合书记部关于召开第一次全国劳动大会的通告：

全国各工人团体均鉴：

顷接多处工会来函，主张"五一"纪念节在适宜地点召集全国劳动大会，以志盛典，且可以联络全国工界之感情。本书记部认为有举行之要，特拟定宗旨及办法列下，请贵团体选派代表一人，持贵团体选派证书，如期赴会为荷。

（一）开会宗旨：

（甲）纪念"五一"节；

（乙）联络全国工界感情；

（丙）讨论改良生活问题；

（丁）各代表提议事件。

（二）每一工团要派代表一人。

（三）时间：五月一日起开会五天。

（四）地点：广州市。

（五）川资由各团体自备，在广州膳宿费由书记部供给。上海招待处在英界北成都路十九号本部。

中国劳动组合书记部的倡议，得到了全国工人团体的热烈响应，短短几天内，来自全国各地的代表纷纷涌向广州。1922 年 4 月 23 日，《民国日报》报道："前昨两日到沪之全国劳动大会代表，有汉口人力车夫工会彭大汉，徐家棚粤汉铁路工人俱乐部吴海棠，长辛店铁路工人俱乐部邓中夏，唐山机器工会李树彝，中国劳动俱乐书记部许白昊、梁鹏万，均昨晚乘新宁轮船赴粤。尚有焱盈总社代表朱明江、均安水手公所朱宝庭，定今日赴粤。中国劳动组合书记部李启汉……闻明日均可起行。此次全国劳动大会，实开吾国之新纪元，想诸代表有以慰各劳动者也。”

参加大会的代表共 173 人，来自 12 个城市，代表着 110 多个工会组织、34 万名有组织的工人。代表中有共产党员，也有国民党员、无政府主义者，等等。当时国民党在广东的势力很大，海员工会在五一节那天在海旁街口扎了一座花牌楼，左右一副对联：“拥护三民主义，实行五权宪法。”欢迎会是用西式大餐，满屋悬挂青天白日旗。国民党的“工会活动家”马超俊后来在其《中国劳工运动史》留下记载：

吾人欲述第一次全国劳动会议之经过，不可不先知有中国劳动组合书记部。

中国劳动组合书记部之宗旨，为促成各业工人组成团体，增加工人地位，及促进工人国际。总部初设于北平，并在武汉、上海、长沙、广州、济南、天津、南京等处设立分部。当时负主干之责者，为张国焘、邓中夏、罗章龙数人，彼等皆为青年学生，热血奔腾，勇往直前，毫无顾忌。以是该部成立未久，声誉骤起。

然而劳动组合书记部之组织，仅为指导工运之机关，而非纯粹之工人团体，其性质颇似金融市场之交易所，经纪出入甚大，内容实极空虚，该部为欲接近工人，扩充实力起见，乃发起于民国十一年五月一日，在广州举行第一次全国劳动会议。

…………

马超俊的观点并非正确，记述也有与事实不符之处，但对邓中夏等人的评价倒是实情。日后，他还要和这些工运领导人打交道，并领会到共产党的厉害。

1922年5月1日，全体代表齐聚广州，在广州市立第一公园召开庆祝五一劳动节大会，会后举行了10万多人的大游行。陈独秀、张国焘分别发表了《劳动节的由来及意义》《无产阶级革命之必要》的演说。

当天下午，第一次全国劳动大会在广州机器工会礼堂开幕。大会由中国劳动组合书记部主任张国焘主持。

大会代表成分非常复杂，有共产党派、有国民党派、有无政府党派、也有招牌工会，甚至还有工商组合的团体。在这样一个参会人员复杂的大会中，各种观点冲突和意见分歧时时发生。就在开幕会上，为了主席团名单的问题，便发生了剧烈的斗争。会议期间，5月5日为孙中山就任大总统周年纪念，国民党工会代表提出全体到总统府庆贺，共产党工会代表主张自愿者去，无政府党工会代表根本反对，又引起一场大争论。凡此种种，不一而足。但是由于中国共产党和中国劳动组合书记部牢牢把握大会的宗旨和方向，妥善处理了各种争论和分歧，保证了大会的成功。

当时报界盛赞这次大会，上海《新申报》消息云：

今年五月一日，中国全国劳动者在广州开了个破天荒的劳动大会。听说此次大会召集时间极其匆促，其初不过由广州、上海、北方十余个工会，感受世界潮流，都觉得有全国联络之必要，写信给中国劳动组合书记部，要求发函召集全国劳动大会。书记部发函之期，是在“五一”之前三星期，谁知此消息传出后，不论接到或未接到通告的工会，都大为欢欣，竞派代表与会。北京、天津、唐山、长辛店、山东、武汉、长沙、江西、南京、上海各处派代表赴粤者约三四十人，加上广州各工会代表，合计竟达百六十余人，代表工人三十余万。不可谓非我国劳动阶级一大觉悟。

《民国日报》更是表达了一种掩不住的欣悦之情：

中国这个地方，万事皆落人家后头，即就劳动阶级而论，别国组织工会工团工党，已是如火如荼，光焰万丈，所以有的已经获得政权，改成一个劳农国家，如俄，有的已经把劳动阶级成一大壁垒，与资产阶级拼命奋斗，可以胁制政府，如英、美、法、意、日本，中国劳动阶级呢，唉，简直不忍说得。

好了，今年5月1日，中国全国劳动者联合起来，竟在广州开了一个破天荒的劳动大会。这不是极可喜的现象吗？……

第一次全国劳动大会通过了十项决议案：

（一）《罢工援助案》（中国劳动组合书记部代表李启汉提出）；

（二）《八小时工作制案》（提案人同上）；

（三）《全国总工会组织原则案》（长辛店京汉路工人俱乐部代表邓重远即邓中夏提出）；

（四）《订定中国劳动歌及劳动旗帜案》（唐山京奉路机务同人联合会代表李树彝、徐家棚粤汉路工人俱乐部代表吴海棠共同提出）；

（五）《湖南劳工会黄、庞二君被杀及香港罢工沙田海员被杀案》（湖南劳工会代表张理全、中华海员工业联合总会代表苏兆征共同提出）；

（六）《组织全国人力车夫联合会案》（汉口人力车夫总会代表彭大汉提出）；

（七）《中国在相当期间内的劳动运动，只作经济运动不与闻政治案》（徐家棚粤汉路工人俱乐部代表吴海棠提出）；

（八）《尊重劳动节及儆戒工界虎伥案》（中国劳动同盟会沪总部代表谭竹轩提出）；

（九）《规定第二次全国劳动大会案》（广东中国机器总工会代表邓汉兴提出）；

（十）《全国总工会未成立以前，请中国劳动组合书记部为全国通讯机关案》（公众临时动议）。

其中，《罢工援助案》《八小时工作制案》和《全国总工会组织原则案》都是劳动组合书记部的代表提出来的。会议作出了下一次全国劳动大会时成立全国总工会的决议，并决定在全国总工会未成立之前，以中国劳动组合书记部作为全国总通讯机关。这在事实上公认了中国劳动组合书记部为全国工会组织的临时领导机关。

十项议案中，目前能够找到的只有两个，即《罢工援助案》和《全国总工会组织原则案》。

《罢工援助案》

提案人：中国劳动组合书记部代表李启汉

理由：现在我国劳工运动，尚在幼稚时代，能力薄弱。平时既受不正当势力压迫，在罢工时候，尤受资本家欺蔑；非我工人本互助精神，互相援助，必无胜利希望。故工人无论在何地罢工，应当设法援助，以达我工人牺牲奋斗、自求幸福的目的。

办法：

（一）凡遇某地某工会发生罢工时，应设法通知全国各工会；或即以现在的中国劳动组合书记部担任通讯义务。

（二）凡某工会知道别处有罢工事情发生时，即通知各会员干下列各事：

甲、一处罢工，所有工人均不得受该处东家之雇请；乙、派人慰问，或通讯慰问；丙、派人帮忙办理事务；丁、捐助经费以维持罢工伙食；戊、如东家势力强大，不易压服，则举行相当程度之同情罢工。

《全国总工会组织原则案》

提案人：长辛店京汉路工人俱乐部代表邓重远（邓中夏）

理由：工人阶级争斗力之强弱，全视工会组织法之良羸而定。比如工会是由一种职业的工人所组织而成，则罢工运动每致一行业的工人陷于孤立，而容易失败。产业组合则不然。把一种产业中的各种工人联合于一个工会之中，则争斗力就异常雄厚。故我们组织工会，应当以产业组合为原则，但确实不能采用产业组合法的各种职业的工人，则仍不妨沿用职业组合法，以为着手之起点。又，我们工人希望将来有真正的全国劳动总组织出现，则必首先组织每个地方所有的工会（无论是职业组合或产业组合），而成为一个地方的劳动联合会，将来更由各地方劳动联合会组成全国总工会，则工会的组织，就上真正的轨道，成为一个铁样的团体了。

办法：

（一）凡能采用产业组合的，都应一律采用产业组合法去组织工会。

（二）确实不能采用产业组合办法的，不妨用职业组合。

（三）务必将每个地方所有各产业组合和职业组合的工人，将来由各地方联合会组成全国总工会。

（四）在全国总工会未成立以前，先设一全国总通讯处，委托中国劳动组合书记部担任。

邓中夏在《中国职工运动简史》中简单介绍了“铲除工界虎伥案”：

什么叫“虎伥”呢？中国有一故事，人为虎吃，这人的鬼魂须为虎效劳，为它另找一人给虎吃，然后才能超生。这鬼魂就叫做“伥”。譬喻一个人替恶人效劳，叫做“为虎作伥”。当时还没有工贼这一名称，其实“工界虎伥”就是工贼。这案的内容就是规定如何对付压迫工人和破坏罢工的工贼。

第一次全国劳动大会的胜利召开，是中国工人运动史和中国工会史上的重大事件，它是中国工人阶级开始走向联合、走向团结的里程碑，开创了工人联合起来的新纪元。它大大提高了中国共产党与中国劳动组合书记部的威信，确立了中国共产党在全国工人运动中的领导地位。大会所通过的全国组建工会以产业为主的原则，有利于实现工会的联合与统一，有利于推动当时各地罢工斗争和工会运动的发展。大会的召开，标志着各党各派的工人组织在中国共产党和中国劳动组合书记部的领导下，开始走向全国工人阶级的团结与统一。

正如第一次全国劳动大会宣言所说：

全国男女工人们——弟兄们、姊妹们！

全国劳动大会所说出来的话，都是个个工人所要说的话，这次大会所讨论的事件，都是全国工人们的切身问题。而且这次大会是在中国劳动运动史上第一次的会议，这是我们工人们组织力扩大的证明。我们相信以后我们的奋斗工作较前更易成功，因为这次大会已开了全国工人们联合起来的新纪元。

从前我们没有组织的时候，只好忍受种种的痛苦。我们现在有了团体了，全国工人们有了联络了，我们从此以后是再也不能忍受了。我们做工的时间太长了，我们再也不能为着资本家——我们的敌人——的利益来累死，我们宁可奋斗而死；我们再不能忍住我们的饥饿了；我们再不能让那些外国的或本国的监工们的手掌打到我们脸上；我们再不能看着资本家驱策那些亲爱的小孩子们死在机器旁边。我们决意也不让我们的自由完全被剥夺。所以我们要即刻联合起来，组成一个阶级的强固的紧密的阵线，向着资产阶级和压迫阶级不断的奋斗。

全国男女工人们！全世界的工人们和被压迫阶级是人类中间的最大多数，我们凭借的就是人多势大，人多势大的团体便是使我们成功的要素。所以我们极相信我们这个阶级是会得到最后的胜利的，将来的世界必定是无产阶级和被压迫阶级的世界。全国男女工人们！我们手携着手大踏步向前进罢！并且在我们前进的行列中，要高呼全国工人们联合起来！

全世界劳动者和被压迫人民联合起来！

共同向着资产阶级和压迫阶级前进呀！

第一次全国劳动大会闭幕不久，1922 年 7 月，中国共产党在上海召开了第二次全国代表大会。这次大会制定了党的纲领，提出了党的基本任务，并且通过了《关于工会运动与共产党的决议案》。《决议案》分析了中国工人运动的现状，确定了工会的性质、任务和方针，指出，工会必须为民族独立和市民权利与自由而奋斗。工会应该是一个阶级的群众性组织。工会是一个教育会员、提高工人阶级自觉的学校。《决议案》明确了党对工会的领导作用，指出工会是所有工人的组合，共产党是一个人的头脑，而全体工人就是人的身体。《决议案》关于工会的性质、任务，党对工会的领导作用，中国工会与国际工会的关系的阐述，开创了中国共产党关于工会的理论，推动了工会运动的开展。

劳动立法运动

第一次全国劳动大会开会的时候，北洋军阀中以曹锟、吴佩孚为首的直系军阀与张作霖为首的奉系军阀正在激烈开战，史称“第一次直奉战争”。

当年，袁世凯称帝不成，黄粱梦碎，一命呜呼之后，其手下悍将分为三个派系：段祺瑞的皖系、张作霖的奉系、冯国璋的直系。冯国璋死后，曹锟、吴佩孚起而代之。这三家如同三国演义般互相攻讦，不止不休。早在两年前的1920年，他们之间已经打过一场直皖战争。当时直系军阀和奉系军阀合作击败皖系军阀，段祺瑞下台。直、奉两系军阀共同控制了北京政权。但是随后直、奉两家又发生了分赃不均，在许多问题上矛盾剧烈，关系紧张。张作霖支持亲日的交通系首领梁士诒任国务总理，用日款来支持奉系的扩张计划。吴佩孚则一再通电，指责梁士诒媚日卖国。日本则促使奉、皖两系重新联合，组成反直同盟。

“风云突变，军阀重开战，洒向人间都是怨，一枕黄粱再现。”毛泽东的这首词写的虽是后来的蒋桂战争，但用到这里也一样贴切。军阀的战争总有一点是相同的——洒向人间都是怨。1922年4月10日，直奉战争爆发，奉军首先开火，一直打到6月18日，张作霖全面溃败，退出北京。

吴佩孚新胜之下，为了收买人心，高唱“保护劳工”，宣布“重开国会，制定宪法”。

中国劳动组合书记部根据中共二大关于开展劳动立法运动的决定，号召全国工人开展劳动立法运动。1922年8月16日，由邓中夏起草的《关于开展劳动立法的通告》正式向全国各劳动团体发出。通告中指出：

近年国会制定新宪法运动，进行颇速。但对于劳动立法之制定，尚未闻有提倡者。幸我劳动界之奋斗精神与组织能力，尚能坚持不渝，此吾人所可庆幸者。惟吾等之自由屡受他人侵害，正式劳动工会始终未为法律所承认，同盟罢工屡为军警所干涉。凡此种种，均缘法律尚未承认劳动者有此种权利之故也。倘能乘此之制宪运动之机会，将劳动者应有之权利以宪法规定之，则将来万事均易进行矣，望贵团体从速开会讨论，将其结果报告本部，并祈通电国务院及全国工商学各界，以增吾劳动界之声势。

劳动组合书记部为劳动立法提出了四条原则：一、保障政治上自由；二、改良经济生活；三、参加劳动管理；四、劳动补习教育。邓中夏以这四条原则主持拟定了《劳动法大纲》，规定出19条具体的法律权益。

一、承认劳动者之集会结社权。

二、承认劳动者之同盟罢工权。

三、承认劳动者之团体的契约缔结权。

四、承认劳动者之国际的联合。

五、日工不得过8小时，夜工不得过6小时，每星期连续24小时休息。

六、18岁以下青年男女工人及吃力的工作，不得过6小时。

七、禁止超过法定的工作时间，如在特别情形，须得工会同意，方得增加工作时间。

八、农工的工作时间，虽可超过8小时，但所超过之工作时间的工值，须按照8小时制的基础计算。

九、须以法律担保一般不掠夺别人劳动之农人的农产品价格，此项价格，由农人代表提出，以法律规定之。

十、吃力的工作，及有碍卫生的工作，对于18岁以下的男女工人，绝对禁止超过法定时间，绝对禁止女工及18岁以下的男工作夜工。

十一、体力的女工，产前产后各8星期休工，其他工作之女工，产前产后各6星期休工，均照常领取工资。

十二、禁止雇用16岁以下之男女童工。

十三、为保障工人适当以至低度的工钱，国家须制定这种保障法律。当立此项法律时，须准全国总工会代表出席。无论公私企业及机关的工资，均不得低于此项法律保障的至低限制。

十四、各种工人，由他们产业组合或职业组合保障，可选举代表参加政府企业机关，及选举代表参加政府企业机关及政府所管理的私人企业或机关之权。

十五、国家对于全国公私各企业，均须设立劳动检查局。

十六、国家保障工人，有完全参加国家所设劳动检查局之权。

十七、一切保险事业，须由工人参加规定之，以保障所有在政府的、公共的、私人的企业和机关内的工人之损失或危险。保险费完全由雇主或国家出之，受保险者，决不分担。

十八、各种工人和雇用人，一年工作中有一月之休息，半年中有两星期之休息，并领薪之权。

十九、国家须以法律保证男女工人有受补习教育的机会。

《劳动法大纲》于1922年8月17日在北京《晨报》上发表，在全国引起轰动，并得到广泛支持。

最早响应号召的是唐山铁路、煤矿、纱厂、洋灰厂各厂工会。在邓培的组织领导下，他们组织起了“唐山劳动立法大同盟”，举行大规模的游行示威，并通电全国劳动界团体及国会，支持劳动组合书记部提出的19条劳动法大纲。天津《益世报》曾登载了通电全文，电文中说：

工友们！伟大的人间，光辉灿烂的世界，都是我们一锤一斧造成的，血汗换来的，我们贡献社会的功劳，可说比天还要大，还得不着些小权利，尚要被寄生物——资本的阶级戏弄如猿猴，对待若奴隶，说来真堪痛心，实为社会上大不平等事。当这制定宪法的时候我们除一面致电议员要求制定劳动立法外，尚望各界人士以及报界诸公多多帮忙，多多指导。

郑州铁路工人也通电国会请愿，通电指出：

夫宪法者，乃人民之权利书也。至于劳动案大纲，我劳动阶级皆认为中国劳动组合书记部所拟者，为最低限度之要求……以宪法保障劳动阶级之利益，至其最后目的，则实现德谟克拉西（民主）之原则，最大多数之最大幸福与社会协力之原则也。

长辛店铁路工人俱乐部于1922年8月28日复电劳动组合书记部表示：

贵部所拟劳动法案建议，本部工友详加讨论，条条皆是保护劳动者最紧急最切要最低限度之要求，闻讯之余，异常感激。你们既倡之于先，我等安得不继之于后？我们当万众一心，一致主张，誓不达目的不止！

同时向参众两院议员发电指出：

当此我国宪法制定伊始，甚望诸公本为大多数谋幸福之本衷，力避帝国主义及资本主义之恶政，从速制定劳动法典，为我们穷苦民众之劳动界谋幸福。我劳动民众实厚望焉。

武汉工团联合会集合所属工会，响应劳动组合书记部通告，一面致电国会请愿，一面组织工人讨论劳动法案大纲各条款。工人们一致赞成，并表示心甘情愿为之奋斗。

中国劳动组合书记部湖南分部，更是积极响应劳动立法的号召，在毛泽东的领导下，他们召集土木工会、粤汉路新河工人俱乐部、工友协进社、理发工会、安源路矿工人俱乐部等团体代表，举行劳动立法运动大会，建立劳动立法同盟，选出委员起草同盟章程及劳动法案。

天津、上海、济南、广州等各地劳动组合书记部分部都纷纷起来组织成立劳动立法大同盟，许多地方的工人也都积极参加到了劳动立法运动之中。一时间，为保护劳动者利益立法成为全国民众最为关心和最为重要的大事。

中国劳动组合书记部为了扩大宣传，于1922年8月31日在北京大学举行了新闻记者招待会，出席会议的有京汉铁路、京绥铁路、陇海铁路方面的工人代表和北京及各地报刊记者。邓中夏在发言中说：“劳动阶级向来被人看作牛马，一毫应得的权利都没有，如集会结社出版种种自由权，无不剥夺净尽……我们应急切要求在宪法中规定劳动立法。”

1922年9月3日，中国劳动组合书记部在北京举行国会议员招待会。会上邓中夏说：“我们为什么要招待议员先生呢？诚恳的来说：中国劳动阶级法律上向来是没有保障的，中国既为民国，所谓实行全民政治，当然全国人皆有权利。劳动阶级实占人民的绝对多数，如只少数人得利益，实在不平之极。而且，劳工是社会的柱石，没有劳工，也就没有社会了。”他希望：“中国的资产阶级觉悟起来，与劳动阶级携手，一起打倒国际资本主义。希望议员先生们真诚的援助我们，不要欺骗我们。我们已觉醒了，知道何好何坏了。赞助的我们知道，当感谢；不赞助我们或欺骗我们的，我们也知道，当有相当方法对待。”

劳动立法运动引起社会各界的关注，他们与工人行动相互呼应，以各种形式呼吁北京政府制定劳动法规，使劳动立法运动声势更为浩大。李大钊也发起组织民权运动大同盟，对劳动立法运动给予有力的支持。

然而，吴佩孚所提出的“重开国会，制定宪法”，本来就是一种欺骗人民的政治手腕，大多数议员也只不过是军阀卵翼下的投机政客，根本不可能接受劳动组合书记部提出的劳动法大纲。所以劳动法案自然也未能通过。

共产党对此一直有清醒的认识，1922 年 6 月发表的《关于时局的主张》就指出："我们固然承认吴佩孚好过张作霖，但是我们要知道，吴佩孚和张作霖都是妨碍民主政治的军阀；我们固然承认吴佩孚是反对亲日派的人，但我们知道吴佩孚的背后也有一种外国势力；我们固然承认吴佩孚倒张去徐是差强人意的事，但我们要知道此次战争明白表示的原因，乃是为个人或直系受政治上的压迫而战，未尝有丝毫表示为民主政治而战。"

劳动法案大纲虽然无果而终，但劳动立法运动却有着相当的积极意义。这是在北洋军阀统治下，中国共产党领导的一次合法斗争的尝试，19 条劳动法大纲虽未在国会通过，却深入了工人群众之中，为工人指明了自己利益和今后奋斗的方向，变成了罢工斗争的纲领。中国劳动组合书记部在工人群众中的威望也进一步提高。

安源的胜利

西方不亮东方亮。"议会斗争"的路没有走通，共产党领导的工人运动却在安源结出了硕果。

这一年英雄四起，风云际会，毛泽东、刘少奇、李立三等人联手，在安源路矿发动了一次堪称完美的罢工行动。第一次全国劳动大会他们都没去参加，忙着在安源筹建工人俱乐部。

安源路矿是萍乡煤矿和株萍铁路的合称，共有工人 1.3 万余人。萍乡煤矿是当时中国最大的工业企业——汉冶萍公司的主要厂矿之一。安源路矿工人在帝国主义、封建势力和官僚买办的压榨下，过着悲惨的生活。和别处一样，工人受到包工头的剥削，例如，矿局给窿内矿工的工资是每人每天银洋 2 角 7 分，而工头给工人的只合铜元 26 枚，兑换银洋一半都不到。还有其他如歇工扣伙食、误事罚工资、重利盘剥等，工头每月收入有银洋七八百元，甚至上千元。工人却食不果腹，衣不蔽体。自矿长以下至工头管班，视工人如奴隶牛马，有稍不如意者，即滥用私刑，如跪火炉、背铁球、带篾枷、抽马鞭、跪壁块等，或送警拘留严加拷打，工人敢怒而不敢言。

共产党成立之初，安源路矿成为开展工人运动的重点区域。1921年秋，党的一大之后不久，毛泽东就到安源路矿工人中开展工作。他亲自走进工人宿舍，下到矿井深处，详细了解矿工的生活、工作情形。在改造黄爱、庞人铨的湖南劳工会的同时，他又与湖南劳工会的张理全等人一道赴安源，找到在煤矿工作的同学、同乡、亲戚等，传播革命道理，在工人中交了不少朋友。毛泽东在安源考察了矿井西平巷、东平巷煤台，炼焦处和工人住宿处。西平巷掌子面工人最集中、环境最恶劣，没有任何安全设施，经常发生事故。陪同人劝他不要去掌子面。毛泽东和蔼地说，你们天天在那里干活，我去一次怕什么。掌子面一头通风不良，气温38度左右，工人称为“火焰山”，一头积水成河，又称“水牢”。毛泽东看到工人赤身裸体躺在地上挖煤，关心地问，你们为什么不穿衣服？工人痛楚地回答，我们穷得没有衣服穿，只有一块“三尺布”，在井下包着头当矿帽，出井时围着腰当遮羞布。毛泽东还在锅炉房，接过锅炉工人的撬火棍，帮助工人加煤。到了餐宿处，毛泽东还亲自爬上3层床看看工人油渣似的破棉被，亲自尝尝工人吃的霉米饭、没油菜。他在一个星期的考察过程中向工人热情请教，亲切交谈，从工人的工作、生活状况到受压迫、受剥削的情况，从大道理到小道理，使工人懂得“有组织团体之必要”。在矿上，那些鹑衣百结、食不果腹的“炭古佬”们，看到居然有省里来的先生和他们讲话，向他们问长问短，心中十分感动。老工人还记得毛泽东向他们说的生动比喻：一颗小石子一脚可以踢开，但是如果是一块大石头，很多人也难搬动。工人团结起来，就像一颗颗的砂子，结成了三合土，结成了大石山，资本家不但搬不动，而且还可以把他们砸扁、砸死。听到毛泽东讲的团结起来、共同奋斗才能翻身过好日子的道理，工人们自是十分认同。

不久之后，刘少奇和李立三相继从莫斯科东方大学和法国勤工俭学归来，被派到安源工作。安源的工人运动更是如虎添翼。

刘少奇学成归来。1921 年，党的一大召开之际，在上海外国语学社学习的刘少奇被送到莫斯科东方大学学习，同年加入中国共产党。1922 年他从莫斯科回国，在中国劳动组合书记部工作。

李立三则是被遣送回来的。他本在法国勤工俭学，因为组织参与闹学潮，1921 年 10 月 14 日，法国当局遣送蔡和森、陈毅、李立三等 104 名留学生回国。到达香港时，蔡和森说："咱们一百多人也可以说是一百单八将吧，回国后，一定能闹出个赤色的新世界来！"

李立三这时候还叫李隆郅，改名叫李立三是三年以后的事。1924 年 11 月左右，他与邓中夏同去吴淞，在火车上，邓中夏说这个名字不好写，工人也不容易认识。改一个吧！李立三说，改什么呢？这时他们刚好看见三个人立在火车门口，邓中夏建议，说就叫立三吧。自此以后，李立三的名字就开始叫响了。

李立三，1899 年生，湖南醴陵人。1917 年，毛泽东以"二十八画生"名义征友，得到三个半回音，那"半个"即是李立三。李立三早年当小学老师时，曾写下"浩气横斗牛，如焚痛国仇。诗书从此别，投笔效班侯"的诗句，投笔从戎，在程潜的护国军中当过士兵和文书。1919 年赴法国勤工俭学，同赵世炎、陈公培、刘伯坚等人酝酿建立共产主义同盟，成立华工组合书记部。还与蔡和森、陈毅等人领导留学生进驻里昂中法大学的斗争，被法国当局遣送回国，回国之后即加入了中国共产党。

李立三性格暴烈，冲劲十足。在法国留学期间，每次同学们开会讨论，说到反动军阀，他总会挥起拳头大声疾呼："推翻！"说到资本家剥削工人，即高呼："打倒！"论及反动政客和卖国贼，他会高喊："杀掉！"同学们都说他像一辆"坦克车"。这绰号一直延续到 1948 年第六次全国劳动大会，恢复成立中华全国总工会选举陈云为主席、李立三为副主席之时，陈云同志还谦虚地说："我是一辆木炭车，而立三同志是一辆坦克车，可以给他多做一些工作。"

李立三一生被开过三次追悼会。第一次追悼会是在法国召开的。1922 年 5 月，法国勤工俭学支部有人传消息，说李隆郅在萍乡搞劳务运动被杀害，于是在法国的周恩来、邓小平、王若飞为他举行了一次追悼会。第二次追悼会是在八一南昌起义后的第二天，有小股敌人来袭，李立三发现敌情马上出击，打退敌人后一夜未归。起义总部以为他牺牲了，决定开个追悼会，会议刚刚开始，李立三平安归来。第三次是在 1980 年，他在"文革"中受迫害获平反之后。

毛泽东、刘少奇、李立三这三位湖南老乡一携手，便把安源闹了个红红火火。

李立三到安源后，使用的仍然是共产党的传统法宝——"走马三招"——办学校、建工会，继而建立党组织。此前，李立三按照毛泽东的指示，找到湖南平民教育促进会的负责人李六如，让他给开了个证明，以平民教育促进会的名义，在安源开办平民学校，以这一公开身份开展活动。他还接受毛泽东的建议，到安源后，将自己的名字改为好认又好写的李能至。

萍乡县知事范子宣是举人出身，他对安源的现状很是不满，经常叹息世风日下。李立三得知这一情况后，用四六句骈体写了一篇呈文送到县衙，内容是申请开办平民学校，帮助工人及其子弟学习文化、提高知识、改良习惯、涵养德性。

范子宣看到呈文写得花团锦簇，内容也甚合自己心意，就派人把李立三找来面谈。见面之后，时年 22 岁的李立三不卑不亢，谈笑风生。范子宣很是欣赏，称赞道："隆郅先生留过洋，见过大世面，果然见识不凡。"对李立三的要求当即照准，并写了一个告示交李立三带回安源。

李立三回到安源，把县里的告示和招生通知贴出去，学校就算开张了。起初来报名的人并不多，李立三有些发愁。这时劳动组合书记部湖南分部又派蒋先云来到安源，帮助李立三办学。蒋先云毕业于湖南省立第三师范学校，和李启汉是校友，是湘南地区最早的共产党员。他来到安源后，和李立三一起上门动员工人子弟，慢慢地，他们和工人走得更近，学校的人也多了起来。工人们起初见到他们，怯怯地称“老爷”，后来称“先生”，现在也开始凑近了喊他们“能至”“先云”了。

工人夜校有国文、算术两门课，课本是李立三、蒋先云自己编的。

我的祖父一世打铁，现在是精疲力竭。
我爸爸做着机器，身首轧成三截。
我叔叔帮人种田，后来又是吐血。
我呢，来到安源做工，
受了重重压迫，无休歇，
挣得饭来衣又缺。

这样的课文内容，工人们自是入脑入心。

学校越办越好，李立三在工人中的威信也越来越高，他趁势在安源建立了社会主义青年团和共产党安源支部。在向毛泽东汇报之后，1922 年 2 月，李立三和朱少连、杨万乔、李德炳、杨连秋、周镜泉、李涤生 6 位工人，来到株萍铁路火车房的一间小屋里，举行了入党仪式。

李立三把红纸做成的党旗挂在墙上，六名党员庄严宣誓：严守秘密，服从纪律。牺牲个人，坚持斗争。努力革命，永不叛党。这是中国第一个由产业工人组成的共产党支部。

朱少连（1887—1929），湖南衡阳人。1912 年从湖北铁路学校毕业后，到株萍铁路当上火车司机，1921 年担任株萍铁路管理局行车部总司机，同年冬在安源见到毛泽东、李立三，加入中国社会主义青年团，成为李立三在安源办平民夜校的得力助手。

现在，李立三要在安源筹建工会了。这是一件比建立党支部还要难的事情。发展党员建支部，只要找到先进分子、志同道合者就好办，而建立工会，是要把大多数工人组织起来。毛泽东给李立三建议，先不用工会这样政治色彩较浓的名字，可像其他地方一样，用工人俱乐部的名义开展工作。李立三深以为然，写了个申请成立“安源路矿工人俱乐部”的呈文，分别送给萍乡县衙门和路矿当局，申请备案。

县知事范子宣看到又是李立三的呈文，又看到工人俱乐部的宗旨是“联络感情、涵养德性、互助团结、共谋幸福”，感觉甚合心意，当即照准。

路矿当局对工人组织本来十分提防，但是恰逢正副矿长之间闹龃龉，副矿长舒修泰想借助工人的力量，就一口答应了下来，呈文也很快批准了。

1922 年 5 月 1 日，第一次全国劳动大会开幕的同一天，安源路矿工人俱乐部也举行了成立大会。李立三在会上发表演说，朱少连宣读了《部员公约》。大家一致选举李立三为俱乐部主任，朱少连为副主任。

俱乐部成立之后，李立三提出开办消费合作社，可以不经中间商赚差价，为工人减轻经济困难。说干就干，每个部员拿出五角钱，合作社就开办起来了，门市部就设在牛角坡五十二号工人俱乐部内。合作社经营的货物新鲜、价格低廉，很受工人欢迎。要求参加工人俱乐部的人也越来越多，到 7 月底，在册部员就达到了 700 人。

这时，一个好消息传来，汉阳铁厂工人罢工胜利了。

汉阳铁厂与大冶铁矿、安源路矿同属汉冶萍总公司。汉阳铁厂要求成立工人俱乐部的时候，厂方勾结官府不予批准，中国劳动组合书记部武汉分部组织汉阳铁厂 800 多名工人罢工，5 天后，厂方不得不答应增加工资、改良待遇，并承认俱乐部。罢工的详情，我们将在后面讲到。

这一消息传到安源，路矿两局的工人们也跃跃欲试。

这个时候，路矿当局已经有几个月没有发清欠饷了，许多工人没米下锅，正酝酿着向当局讨薪。而此时路矿当局也没有闲着，他们被汉阳铁厂的罢工所震动，也在密谋着查封工人俱乐部，要赶走或者杀掉李立三、朱少连、蒋先云等“闹事刺头”。李立三闻知以后，毫不退让地说：“我们秉正大光明之宗旨，作正大光明之事业，死也不怕！”

没想到中间发生了一个插曲，李立三回长沙向毛泽东汇报工作进展，有几天没有在安源露面，就有人传出谣言，说李立三被杀了。还有人在报纸上煞有介事地刊出消息，消息传到法国，同学们很是悲痛，为他组织了一个“追悼会”。没过几天，国内又传来消息，说李立三活得好好的，在安源发动工人运动，搞得红红火火。这是李立三第一次被“追悼”。

正当此时，毛泽东再一次来到安源，组织召开中共安源支部党员大会。会上，毛泽东给大家介绍了全国各地工运发展的形势，李立三、蒋先云汇报了安源路矿欠饷数月、工人生活困难的情况。大家认为，现在安源的形势是“箭在弦上，不得不发”。毛泽东提出，在当前形势下，应采取“先礼后兵，哀而动人”的斗争策略。回到长沙后，毛泽东又派了刘少奇前来安源，加强领导。

罢工之前，各项准备工作就绪，还有一件重要的事需要解决，那就是当地的红帮。在安源，红帮的势力很大，不仅控制着工人的工作介绍，还控制着街上的烟馆、赌馆、妓院等，如果他们趁机捣乱，罢工的效果会大打折扣。

刘少奇分析认为，红帮这样的帮会有两面性，既有落后的一面，又有讲义气的积极一面，如果能争取过来，可以为我所用。李立三赞同刘少奇的意见，自告奋勇说，我去试试。

这一天，李立三穿着长衫，手里提了一只大公鸡，在俱乐部部员、红帮小头目陈子干的引导下，带了谢怀德等几个身强力壮的工人，前去拜访当地红帮首领章龙。

章龙等红帮头目正在张家祠堂聚义开堂，见到李立三这不速之客，心中暗自一惊。近期以来，他多次听说李立三大名，这位留洋回来的先生在工人中打得火热，威信极高，非同小可。这俱乐部成立以来，势力日益壮大，把红帮的风头抢了不少去。今天这本尊上门，不知意欲何在。

章龙客气拱手招呼道："先生光临敝处，实乃山门之幸，蓬荜生辉。不知有何见教？"

李立三把公鸡递上，昂首道："久闻先生大名，特来拜访，想交您这个朋友。"

章龙看到李立三长衫上挂着一枚金灿灿的证章，心想，这就是传说中的"免死金牌"了——李立三留学归来，在安源办学、组织俱乐部，胸前常挂着从法国带回的一枚纪念章，当地工人不识洋文，又崇拜李立三，传来传去，就把这枚证章给传成了"免死金牌""调兵虎符"。李立三先生也成了神一样的存在。

章龙见一位留洋的大学生，肯屈尊前来结交他这样一个帮会头目，心下也生出几分感动，当即和李立三喝了鸡血酒。歃血为盟之后，章龙拍着胸脯对李立三道："我们现在是兄弟了，知道你无事不登三宝殿。有什么需要帮忙的，但讲无妨。"

李立三说："真人面前不讲假话，我确实正有求您帮忙之处。说实话，我们俱乐部正准备罢工。"

"罢工？这可是要杀头的！"

李立三道："我们俱乐部是官厅批准备案的，宗旨是为了解除工人痛苦，保护工人利益。现在，工人几个月没有发饷了，我们不能见死不救。贵帮的子弟多是路矿工人，当局不发饷，他们哪里有钱向你们交费呢?”

章龙一听，李立三说的确实在理，不过转念一想，他开办官方批准的俱乐部，罢工造反有“免死金牌”，自己的红帮犯不上跟他赔本赚吆喝。于是拱手道：“俱乐部为民请命，兄弟佩服之至，不过，在下我只有一个脑袋 ，红帮可不敢跟着您罢工。”

李立三说：“我们不敢烦劳贵帮跟我们一起行动，只想请章先生答应三件事。”

章龙说：“哪三件?”

李立三说：“罢工期间，街上的烟馆、妓院一律关门，免得给人以口实。”

章龙说：“可以。”

李立三说：“第二件，罢工期间，赌场、赌摊也要停业。”

章龙说：“没问题。”

李立三说：“第三件，罢工期间，你手下的兄弟不准上街闹事，抢劫偷盗。以免授人以柄。”

章龙说：“行。这个也依得。”

双方击掌，一言为定。

9 月 11 日，安源路矿工人俱乐部按照毛泽东的意见，以全体部员名义给安源煤矿矿长送去一封公函：

工人等为提高工人知识，涵养工人德行起见，组织俱乐部，成立已经数月，并已陈明行政官厅出示保护在案。近日谣言迭起，传闻萧镇守使欲封闭俱乐部。工人等异常愤激，各处传述，以为此次谣言起因，皆由路矿当局欲借外力破坏俱乐部，工人等势不承认。今将全体部员提出最低限度之要求如左（下）：

一、请矿长会同株萍铁路管理局长陈请行政官厅，明白出示保护俱乐部，严禁造谣。

二、俱乐部所设互济、游艺、学校等项，现每月开支预计约二百元，请路矿两局按月各津贴一百元。

三、请于七日内将从前积欠工人存饷一律发清。

以上三条，请于十二日午前十二时完全答复，以息众愤。如至期未蒙满意答复，工人等迫不得已当为最后之对付。

如同其他地方的请愿一样，工人的陈情在当局眼里如同废纸，三天后，如泥牛入海，未获答复。罢工总指挥李立三发出罢工命令。

一声汽笛响过之后，先是安源火车站开往株洲的火车停驶，工人们将车头各种重要机件卸下，并通知机务处工友停止行车信号。接着矿井东平巷断电，运煤车不能行走，工人们如潮水一般涌出矿井，大呼“罢工”，出坑后又用树枝把井口堵上，在井口竖起一面大旗，上写“罢工”两个大字，并派人在井口守候。随后，洗煤台、制造处、修理厂、炼焦处的工人也纷纷放下工作，各自回家。只留下锅炉房、电机处等地奉俱乐部命令正常运转，因这里是给井下抽水、送风之用，如完全停工，井下恐将有水火之灾。

工人们举着写有“从前是牛马，现在要做人”的横幅，高呼口号从大街上浩荡而过。俱乐部以“全体工人”的名义，发布了《罢工宣言》：

各界的父老兄弟姊妹们呵！请你们看，我们的工作何等的苦呵！我们的工钱何等的少呵！我们时时受人家的打骂，是何等的丧失人格呵！我们所受的压迫，已经到了极点，所以我们要改良待遇、增加工资、组织团体——俱乐部。现在我们的团体被人造谣破坏，我们的工钱被当局积欠不发，我们已再三向当局要求，迄今没有圆满答复。社会上简直没有我们说话的地方呵！我们要命，我们要饭吃！现在我们饿着了，我们的命要不成了！我们于死中求活，迫不得已以罢工为最后的手段。

我们要求的条件是极正当的，我们死也要达到目的。我们不作工，不过是死，我们照从前一样作工，做人家的牛马，比死还要痛苦些。我们誓以死力对待，大家严守秩序，坚持到底。各界的父老兄弟姊妹们呵！请你们一致援助！我们两万多人饿着肚子在这里等着呵！

《罢工宣言》语气确实哀而动人，同时又坚强不屈。他们提出了组织工会、增加工资、改良待遇等17条要求，用公函送交路矿当局，提出“如欲调商，请即派正式代表由商会介绍与俱乐部代表刘少奇接洽”。

路矿当局得知罢工消息，大为惊恐。穷骨头要造反了，这还了得！资本家先是派出包工头王鸿卿出面破坏罢工。王鸿卿平时和路矿当局穿一条裤子，当下召集全体工头商议，决定由工头各去请自家亲属等工人，许诺只要下井，不干活也发工钱。有少数工人为亲谊及金钱所惑，准备自行下井。但工人监察十分严密，不许入井，有几个强行下井的，纠察队把他们堵在井下，不准出来。那几人在井下饥饿一夜，次日下午才由俱乐部下令放出，并对他们详加劝导，工人们深为后悔，于是第二天再无一人敢自行上工。

王鸿卿见此计不灵，便又想出一条毒计，悬赏六百元收买杀手，企图暗杀李立三。俱乐部工友闻讯加强了保卫，不让李立三外出，每逢外出，必有数十名精壮工人围护左右，宣称“谁敢动我们李主任一根毫毛，必让路矿局全体职员不得生离安源”。

路矿当局见此情形，知道狗腿子靠不住，只好亲自登场，向赣西镇守使发出求救电报，请求将安源划为特别戒严区，并出价每人两元一天，请来数百军队，强行占领了俱乐部。谁知工人们不仅不为所惧，反而更起义愤，当时就有数千名工人冒死冲入俱乐部，与军警对峙。工人们对士兵宣传道：“你们本是农家子弟，为生活所迫才吃粮当兵。你们若不发饷，又当如何生活？将心比心，我们做工人，也是为追讨欠饷，才死里求活，不得已罢工。人心都是肉长的，穷人何苦为难穷人。”那些士兵见工人们说得有理，先自软了态度。加上人流如潮，冲进来的工人个个奋勇，军队难以抵挡，只好从后门退出。他们还对工人说：“我们都是别地人，谁愿意来干涉你们这种事，我们不过是王老爷两块钱一天请来的呀！”

安源罢工之后，比当局还急的是当地商家，他们一看工人起来闹事，大为恐慌，生怕发生抢劫，所以天尚未黑即纷纷闭市，市面上一到天黑即无人行走。没有想到的是，这次罢工的秩序良好，红帮自觉约束门徒，赌馆烟馆一律歇业，平时街上有抽大烟的、赌钱的、逛窑子的，此时竟完全绝迹。各处工作场所也在纠察队严密看守之下，除非有俱乐部的条子才能入内，连路矿两局及戒严司令的人及兵士都不得随意通行。这一来就出现了一个奇特的现象：路矿两局及戒严司令部，都到俱乐部申请发放通行证章。有一天工人在街上集聚，军队用机关枪吓唬他们，没想到工人不怕死，反而一齐向军队拥来。恰好工人纠察队赶到，旗帜一挥，工人当即依令散去。听到这个消息，戒严司令李鸿程也是长叹一声，说他部下的军队也没有这样的纪律。他随后声明：工人不妨碍秩序，军队亦决不干涉工人。

软硬两招都不奏效，路矿当局只好派出代表谈判。9 月 15 日，局方代表和俱乐部主任李立三坐在了一起。局方说：“工人所要求各条，皆可承认。但现在一时做不到，请工人先下井上工，再慢慢磋商条件。”李立三当即回绝：“不答应工人提出的条件，决不上工。”

此时，当地绅商学界在路矿当局鼓动下，也来信劝说工人复工，俱乐部同样予以拒绝，并发表宣言说：

各界的父老兄弟，米也贵了，布也贵了，我们多数工友、窿工，还只有二十个铜子一天，买了衣来便没有饭吃，做了饭来便没有衣穿，若是有父母妻子一家八口的那就只有饿死的一条路了！我们不能饿着肚子做工，所以要加工钱；我们不能赤着身体做工，所以要加工钱。

路矿两局只要将那纸烟酒席费节省一点下来，都够给我们要加的工钱。但我们停工已是几天了，他们还是不理。不是要强迫我们向死的路上走吗？我们从前过的生活，简直不是人的生活，简直是牛马奴隶的生活。天天在黑暗地底做了十几点钟的工，还要受人家的打骂，遭人家的侮辱。我们决不愿再过这种非人的生活了，所以要改良待遇，现在我们停工几天了，路矿两局还是不理，不是要强迫我们向死的路上走吗？

路矿两局要强迫我们去死，我们自然是非死不可。现在两万多工人都快要死了！亲爱的父老兄弟们！你们能忍心见死不救吗？

我们要求路矿两局的条件是救死的唯一法子，不达到我们的要求，便没有生路，我们也只好以死待之。各界的父老兄弟们！我们两万多人快要死了，你们能忍心见死不救吗？

安源工人的境遇，得到了社会各界极大的同情，也给了路矿当局更大的压力。9 月 16 日中午，路矿两局派人到俱乐部，请代表到戒严司令部商量解决办法。刘少奇等代表工人前往，谈判中，资方仍然提出先上工后商谈条件。刘少奇坚持不答应条件决不上工。戒严司令李鸿程板起面孔恐吓道：“如果坚持作乱，就把你们代表先行正法。”刘少奇说：“我们代表的是上万名工人的要求，你就是把代表砍成肉泥，也不能解决问题。”李司令说：“我对付万余人，也有法子制裁，我有万余军队在这儿。”刘少奇愤然道：“那就请你下令试试看！”这时候，忽听外面喧声如雷，原来是工人们见刘少奇等人久去不回，生怕有失，立时有数千工人把司令部围了。他们高声喝道：“放我们代表出来！有事请到俱乐部商量！若是刘代表有个三长两短，定打得路矿两局片甲不留！”

见此状况，旅长与矿长都软了下来。他们知道，这些工人们说得出来就做得出来，安源路矿工人在 10 年前辛亥革命时期，就跟着孙中山闹过萍浏醴起义的，6000 多工人战斗一月，打过 20 多仗，有着光荣传统和辉煌战绩。因此他们不得不放下身段与俱乐部认真谈判。9 月 17 日下午 4 时，路矿两局全权代表与俱乐部全权代表李立三开始谈判，地方商绅代表出席调停。经过激烈争辩谈判，直到 18 日凌晨 2 时才签订草约，路矿两局承认了工人俱乐部 17 条要求中的 13 条。18 日上午，三方代表正式签订协议。至此，这次历时五天的罢工，取得了近乎完全的胜利。

协议签订后，俱乐部即召集工人到大操场举行庆祝大会。数百工友手持小旗，拥着李立三到场，全场掌声雷动，万余人执帽欢呼。李立三作词的安源路矿工人俱乐部部歌——《劳工歌》响彻广场上空：

创造世界一切的，惟我劳工；
被人侮辱压迫的，惟我劳工。
世界兮，我们当创造，
压迫兮，我们当解除。
造世界兮除压迫，团结我劳工。

李立三登上演说台，宣布了罢工胜利的条约。他说，“我们这一次罢工胜利，全在各位齐心，希望各位将此种精神永远保持着!”演说完毕，全场高呼：“劳工万岁!”随后，在爆竹声中，李立三前导，群众后随，举行了游行活动。安源大街上旗帜蔽天，爆竹震地，一时响遏行云。

当天，安源工人发表《上工宣言》：

罢工胜利了！气也出来了！从前是“工人牛马”，现在是“工人万岁”！我们的第一步目的已经达到了，我们宣告上工。

我们这次所得的胜利虽是很小，但这是第一次胜利，以后第二次第三次……的胜利是无穷的。故我们的痛苦在这次不能解决的，以后第二次第三次……再解决。只要我们自己的团体——俱乐部在这里。

我们这次罢工的“秩序、齐心、勇敢”，要算是我们神圣精神的表现。各界的朋友们，你们不要说工人无智识呵！

我们这次罢工，是安源工人出头的第一日，是露布安源黑暗的第一日，我们从今日起，结紧团体，万众一心，为我们自己权利去奋斗！

我们现在要祝工人万岁！

工人俱乐部万岁！

中国劳动组合书记部闻此喜讯，也特地发来贺电：

安源路矿工人俱乐部全体工友：

诸工友这次的罢工，敝部已经看见了，诸工友是很有战斗能力和组织能力的，对于诸工友这次的大胜利，敝部是很佩服的、欣喜的，敢向诸工友前庆祝胜利，大呼：

安源路矿工人俱乐部万岁！

全世界劳动阶级万岁！

安源路矿工人大罢工是中国共产党成立初期组织的一场大规模的罢工运动。安源路矿罢工的胜利，显示了中国工人阶级的伟大力量。后来刘少奇在回忆安源罢工时说，这一次大罢工，共计罢工五日，秩序极好、组织极严，工友很能服从命令。俱乐部共用费计120余元，未伤一人、未败一事，而得到完全胜利，这实在是幼稚的中国劳动运动中绝无而仅有的事。

罢工胜利后，工人代表提出给李立三、刘少奇、朱少连等领导人每人每月200元的薪金，他们拒绝了，朱少连严肃地说：“我们搞革命，不是为了贪图享受，大家生活都很苦，我看15元一个月就很不错了！”

罢工胜利之后，安源工人俱乐部威望如日中天，会员发展到1.3万人，组织也进一步走向正规和严密。俱乐部选举出总主任李立三、路局主任朱少连、窿外主任刘少奇、窿内主任余江涛，及“总代表”45名、“百代表”140余名、“十代表”1382名，传为一时之盛。安源路矿工人俱乐部在二七惨案后工人运动陷入低潮之时，成为硕果仅存的工人组织，而且开展了很多有声有色的活动。

安源罢工还播下了红军的种子。1930年9月，毛泽东、朱德到安源扩充红军，吸收了1000余名工人参加中国工农红军。我党我军一批早期领导干部和高级将领都曾经在安源路矿工作过，如萧劲光、张浩（林育英）、陈潭秋、滕代远、杨得志、吴运铎等人。

安源罢工胜利后，当年12月5日，湖南水口山铅锌矿也“复制”了安源的“模板”，成立工人俱乐部，组织了一次大罢工。

水口山铅锌矿在湖南常宁县，有3000多名工人，在安源大罢工的胜利鼓舞下，成立了水口山工人俱乐部。12月5日，全矿举行了大罢工，经过23天的斗争，罢工取得了完全胜利。水口山工人罢工宣言都和安源路矿工人大罢工高度相似：

罢工了，罢工了，我们要救命，不得不罢工！

米也贵了，布也贵了，百物都贵了，只有我们的工钱，还是照从前一样，怎能养活自身呢？怎能养活父母妻子呢？我们屡次请求当局增加工钱，均分红奖，他们竟置不理，陷我们于死地，我们要救命，不得不罢工！

我们组织俱乐部，原为联络感情，增进幸福。当局不但不承认俱乐部有代表工人之权，而一面施以矫揉和缓的阴谋，一面要杀我们俱乐部的发起人和代表。我们要救命，不得不罢工！

这次罢工的主要领导者共产党员蒋先云、谢怀德两位同志——正是安源罢工的领导骨干。参加水口山罢工的，还有当时的童工、后来成为国务院副总理、国防部长的耿飚。

罢工期间，沿途各处同样高悬着“罢工”“救命”“从前做牛马，现在要做人”的各种旗帜。工友一切举动，比平时还要文明。到处张贴有“不准赌博”“不准扰乱”“不准侮辱职员”“不准损坏偷用公家用品”“坚持到底，静候解决”的各种布告。资方亦同样是使出了收买工头职员、威胁俱乐部代表等手段，同样是归于失败。最后不得不答应工人的条件：

一、水口山矿局承认水口山工人俱乐部有代表工人之权，并请官厅出示保护。

二、矿局以后开除工人，须有正当理由宣布，并不得借此次罢工开除工人。

三、矿局借拨艺徒学校为俱乐部部址，并由俱乐部建筑学校两所，校址由矿局择划，矿局津贴建筑费千元，每月学校用费二百元。

四、矿局增加工资。

…………

武汉的英雄们

在中国劳动组合书记部的各个分部中，武汉分部与其他地方形势略有不同，不同之处在于，武汉的工人运动，基本上都是在共产党领导下开展起来的。武汉分部一时群英荟萃，成绩斐然，有林育南、林育英兄弟，项英、林祥谦、施洋、许白昊、凌楚藩，还有向忠发、杨德甫等人，相继被分部主任包惠僧和陈潭秋等人聚到旗下。

武汉由于得天独厚的区域优势，在中国现代化的进程中，占据了十分重要的位置。自1861年开埠，产生了顺丰砖茶厂、湖北汉阳兵工厂、湖北织布官局、汉阳铁厂等一批现代企业，使武汉成为仅次于上海的第二大商埠，是中国早期工商业现代化的摇篮之一。在现代化的进程中，武汉地区的工人阶级也在壮大发展，据不完全统计，1904 年湖北的工人阶级为 3 万人，1919 年为 20 万人，1920 年将近 30 万人，约占全国工人总数的 10% 。湖北的工人主要集中在武汉。

包惠僧，1894 年生于湖北黄冈的一个农民家庭，1917 年毕业于湖北省立第一师范学校。毕业后曾在武昌教书，在《汉口新闻报》《大汉报》当特约外勤记者。1919 年就读于北京大学，同年参加五四运动，在此期间结识了陈独秀、陈潭秋等人，开始对马克思主义产生浓厚的兴趣。1920 年 8 月，董必武、陈潭秋、包惠僧等人在武汉正式成立了共产主义组织。后来包惠僧这样回忆道："我在旧社会里是个无依无靠、孤苦零丁的人，从学校出来，过了两年多的流浪生活，好像是水上的浮萍，大海的飘舟，不知向哪里去找一个安身立命之所，经过了转弯抹角，才走上了这样的一条路。我认识了我的前途，增加了我的力量，我再不是一个孤苦零丁的人了！这是我有生以来的一个大转变！"

就任中国劳动组合书记部武汉分部主任后，包惠僧对武汉劳动界做了一番调查。调查中了解到，武汉人数不能说不多，团体不能说不大，然而总是受制于资本家，受种种不平等的待遇。在武汉的许多工厂，工人的生活简直和逃荒的灾民一般：

各工厂的工人，每日作工的时间，都在十二点钟以上，并且要随时增加。譬如武昌造币厂，当阴历去年腊月中，工人工作时间每日增加至 18 点钟之多……每月不过四元左右，至多不出十元。厂主又蓄养许多爪牙，监视工人，他们的名字，叫做工头或差头。一些事也不做，每月倒有坐领十元至八十元的薪水。

包惠僧感慨道："劳工神圣呼声，震天撼地；惟劳动乃能支持生活；不然，洁白米饭，哪里会拱手送来！所以我对于劳动界十分钦佩，十分感激。现在你们被奴于资本家，有十二分的痛苦，我望你们有彻底的觉悟，大家快快团结起来，推翻资本制度，实现人类的福利。”

为此，他提出革新的办法，一是劳工教育，二是劳工组合，三是劳工俱乐部。照着这样的思路，他们仿照长辛店的经验，来到粤汉铁路徐家棚机务处，先从办工人夜校入手。

办学需要校舍。他们正为校舍发愁的时候，武汉著名律师施洋给他们提供了一片闲置的房屋。

施洋，1889 年生于湖北省竹山县。1914 年考入湖北警察学校，毕业后又考入湖北法政专门学校学习法律。1920 年秋，施洋在武汉参加了中国共产党早期组织成立的马克思学说研究会。1922 年 6 月加入中国共产党。在五四运动中，施洋挺身而出，仗义执言，营救被捕的学生，呈请法院提起公诉，要求惩办凶首，抚恤伤者。最终湖北军阀王占元在武汉人民的强大压力下，被迫释放了被捕学生。施洋经此一战，名动江城。

徐家棚工人补习学校成立了。学校夜晚开工人补习班，白天开工人子弟班，吸引了大部分铁路员工，武汉分部的包惠僧、陈潭秋、林育南在讲课中启发他们：“工人是世界上最受压迫的人，也是创造世界的人。工人如果能够组织起来，可以改变人类的历史命运。”在劳动组合书记部武汉分部努力下，很快成立了粤汉铁路工人俱乐部。

在此期间，包惠僧结识了武昌模范纺织厂工人项英。项英，本名项德隆，1898 年生，15 岁便进入到武昌模范纺织厂当学徒。工厂的生活，让他受到了不少折磨，让他认识到社会的不公平，他强烈希望改变工人状况，开始组织工人运动。1920 年 4 月，为增加工资，改善劳动条件，他就在厂里策动过一次停产罢工。

在包惠僧的引导下，项英参加了劳动组合书记部的工作，参与筹备江岸京汉铁路工人俱乐部。到江岸后，项英工作十分出色，在帮口林立的工人中细致地做思想工作，先找出各工厂的各帮的领袖人物，同他们交朋友，讲义气，先调和帮口冲突，再进行“天下工人是一家”的阶级教育。他动之以情、晓之以理，工人们欣然接受了他的意见，打破帮派之见，团结起来。不久后，包惠僧介绍他加入了共产党，项英成为湖北最早的产业工人党员。

经项英介绍，陈潭秋结识了江岸机器厂青年工人林祥谦，出身贫苦的林祥谦想不到一个大学毕业的记者能来见自己，还主动提出交朋友，心中很感动。陈潭秋便经常与他促膝谈心，林祥谦有了阶级觉悟后，要求加入党组织，并和项英一起组织建立工人俱乐部，并担任了江岸分工会的委员长。

同期参与工人运动的还有杨德甫，他是湖北宜昌人，曾留学日本东京帝国大学，同盟会员，1913 年考进京汉铁路江岸机厂。在工人运动中，他成为铁路总工会委员长。再后来，他成为工运叛徒。

渐渐地，一批工运精英聚集到武汉分部的旗下，在以后的工人运动中发挥了重要作用，在中国工运史上写下了光辉的一页。

在武汉分部指导下，成立了京汉铁路江岸工人俱乐部。1922 年 1 月 22 日，京汉铁路江岸工人俱乐部在刘家庙老君殿召开成立大会。是日，雪后初晴，路途泥泞，到会的工友们不下八九百人。会场洋溢着喜庆气氛，头道二道门张灯结彩，大门扎松柏枝牌坊，讲演台上方高悬红底黑字的“劳工神圣”匾额，左右张贴“劳动创造世界”“机器巧夺天工”的对联。

上午 11 点钟，摇铃开会。俱乐部主任杨德甫讲话：“本俱乐部的成立，全是各工友努力的结果，以后还盼望大家更加努力，互相辅助，共谋进步。俱乐部的宗旨，就是保证生活，增高人格，改良习惯。”到了五一节，江岸工人俱乐部发展成南段总部。以江岸为中心，京汉铁路南段工人不分地域、不分工种、不分帮派联合起来了，成为全路最大的工人团体。

1922年5月，林育南接替包惠僧，担任了中国劳动组合书记部武汉分部主任。

林育南，1898年12月出生于湖北黄冈，幼读私塾。私塾先生叫李卓侯，是著名地质学家李四光的父亲，早年参加同盟会，思想进步、学识渊博，对林育南的成长影响很大。林育南后来就读于武昌中华大学中学部，参加恽代英组织的互助社。五四运动中与恽代英、陈潭秋等人组织领导武汉罢工、罢课、罢市的斗争，为武汉学生联合会负责人之一。1920年春，与恽代英等人在武昌创办利群书社、利群毛巾厂。同年考入北京医学专科学校，常去北京大学与北京共产主义组织成员一起研讨马克思学说。1921年7月，与恽代英等人发起组织“共存社”。1922年初加入中国共产党，任中国劳动组合书记部武汉分部主任。

他有一位族兄叫林育英，化名张浩，也是早期工人运动领导人，对建立抗日民族统一战线、说服张国焘取消“第二中央”起到了关键作用。1942年3月6日，林育英在延安因病逝世后，毛泽东、朱德等中央负责同志亲自为他执绋抬棺。他还有一位堂弟叫林育蓉——也就是林彪，更是为世人所共知。抗日战争期间，中国工农红军改编为八路军，下辖三个师，即115师、120师、129师。林彪为115师师长，张浩为129师政委。毛泽东曾经半开玩笑地说：“如果林育南还活着，你们三兄弟每人一个师。”此时，林育南已于1931年牺牲于上海。

林育南上任后，推动工人运动再上层楼。他和分部领导人经常深入工人住区，和工人促膝谈心，了解他们的工作生活情况和要求。他时常把自己的衣服脱下来，送给贫苦的工人兄弟遮日御寒；把口袋里的钱掏出来，周济失业工友，在工人群众中很快就扎下了根。

武汉分部除了在铁路工人中开展工作，还发动了汉口人力车工人罢工。

人力车是汉口开埠后出现的交通工具，起初由日本传入，故俗称

“东洋车”。20世纪20年代，人力车相当于现在的出租车，是汉口租界的主要交通工具。在租界正式登记的人力车有1000多辆，最大的车行是法商经营的利通车行，有人力车336辆，加上飞星、步记、富记、汉通等13家车行，共有1500辆人力车，有工人6000余人。

汉口租界的人力车夫不仅受外国领事、巡捕及资本家、包工头等的压迫，而且还经常受到侮辱。当时的车行实行包工制，每天要交租金。当年的人力车夫们劳苦终日，却很难维持其最低的生活。更为缺德的是，包工头还对车夫放高利贷，就像今天的“套路贷”一样坑人不浅。上海《时报》报道：“车行包头，专放复利，虐待车夫。如今天欠缴车租一百，明日须一百二十文……如此利上加利，积日累月，车夫受此痛苦，十居五六。”车夫差了车费，他们便暴力催收，私刑吊打，至于各种名目的罚钱，更是家常便饭。

周恩来曾写过一首诗，描述人力车夫的生活：

西北风呼呼响，
冬天到了。
出门雇辆人力车，
车夫身上穿件棉袍，
我身上也穿件棉袍。
我穿着嫌冷，
他穿着却嫌累赘；
脱下来放在我的脚上，
我感谢他爱我，
他感谢我助他方便他。
共同生活？
活人的劳动！
死人的享福！

1921年5月1日，租界车行老板宣布加租。原租金每日每乘800文，此次加租钱100文。车夫以生活艰难为由，群起罢工反抗。车行老板见车夫势大，不得不取消了加租之议，车夫即恢复工作，罢工只进行了一日。

谁知过了半年，到12月1日，由利通车行大资本家刘子敬提议，再次宣布加租，每日每乘由800文增加到1000文，比5月宣布的加租还多出100文，车夫的生活更是雪上加霜。人力车夫纷纷表示，罢工不干了！

人力车夫中的代表名叫樊一狗，找到书记部诉苦说："车夫的生活是很可怜的。每一乘车，约四人轮流拖拉，每个人每天约得五六百钱。从前除缴车行租费八百文外，每天净落不过三四百文，他们还要住屋吃饭穿衣，养活老小，现在老板还要每班加两角租金，这样下去，怎能养家糊口？"

林育南说："劳动组合书记部就是帮工人说话的，我们一定帮助你们。第一步，你们可以向老板直接交涉，向他说理。第二步，可以到工部局去告他们。我替你们找一个律师，先作合法斗争。第三步，就是罢工斗争。"

樊一狗转忧为喜："先生，我们是苦力，谁也看不起我们，你们这样热心帮助我们，真是好人啊！"

林育南找到施洋，说明来意。施洋答应免费接下这个案子，并且说："穷人应该帮助穷人，使穷人都团结起来，也是一件大快人心的事。这样的事，就是贴几个钱，我施洋也不在乎！"

当天下午，樊一狗和另一名代表袁告成来到施洋律师事务所。他俩说："施洋先生！我们真的忍受不住了，我们对老板的要求是一个铜板的租金也不能加，要不是这样，我们就罢工到底，我们横竖是穷人，光脚的不怕穿鞋的！"

施洋说："我接受你们的委托，照法律的规定，你们给我一个委托书，明天我就到法国工部局去备案，并且通知各车行老板。现在，你们一定要团结，劝告兄弟们咬紧牙关，坚持一下。你们生活固然很困难，但车行老板的损失也很大，他们也很着急呢!”

林育南、施洋召集车夫代表召开秘密会议，决定组织汉口租界人力车夫工会，对车行提出三条要求：

（一）不得干涉车夫成立工会；

（二）取消加租议案；

（三）原租价减为六百文。

罢工后，施洋冒着被租界巡捕抓捕的危险，混入车夫群中，向车夫讲演：“诸位不要慌乱，我们要从忍耐痛苦中取得利益，压迫我们的车行主，我们不给他们打击创痛，他们就不知道我们的厉害。大家齐心努力，坚持到底，我们必能得最后的胜利!”

罢工之后，正逢赛马日期，各外国兵舰水手兵卒，大半皆上岸游玩，他们既不识路，又无车可乘，当局一时压力很大。英国领事迁怒于始作俑者利通车行，让他们尽快处理，声称如果车夫罢工超过一星期，所有各行损失均由利通担负赔偿。消息传出之后，车夫决计一定要继续罢工一星期，非取消加租之议不可。

利通车行老板无奈之下，命人在各马路打锣召集车夫，并说明：“每乘车子，只加租 60 文（加成 860 文），要他们一律上工。”车夫也出来四处打锣：“非回复 800 文原价，决不上工。”结果没有一名车夫上工。利通等车行又生一计，自雇车夫百余名，拉车出行，被罢工车夫拦阻。

你有当面锣，我就有对面鼓。林育南、施洋为扩大社会影响，争取各界的同情和声援，指导工人组织了“车夫讨饭团”，结队向租界游行。

12 月 7 日，车夫五六千人在汉口大智门集合，手持“租界人力车夫乞讨团”“死中求生”“敬求援助”“文明抵制”“决不暴动”等白旗，沿途“行乞”并游行示威。行经英法租界，法国巡捕鸣枪示威。“丐帮”工人也不是好惹的，与法国巡捕及军队奋勇战斗两三个小时之久。

包惠僧在背后暗中运作，以《劳动周刊》记者的名义，写了几篇人力车夫罢工情况的新闻稿，发表在次日的各大报刊上。在工人的坚决斗争和社会舆论的强大压力下，法国租界和武汉当局不得不低下了头。结果是由法国领事向中国官厅道歉，允许人力车夫工会成立，车租暂时不加，免租钱三日，恢复上工。

罢工胜利后，施洋和林育南立即指导工人组织工会，建造会所。施洋为工会起草了章程和宣言，还制定了工会的组织法。在施洋、林育南的指导下，武汉第一个工会组织——汉口人力车夫工会于 12 月正式建立。樊一狗、袁告成、易明发、刘华山、陈定华被选为工会执行委员。施洋被人力车夫工会聘为最高法律顾问及对外全权代表。

邓中夏在《中国职工运动简史》一书中特别评价说，武汉因铁路工人与人力车工人两大罢工，开了当地一个新纪元，职工运动从此有了一个顺利的发展。

1922 年 10 月，湖北全省工团联合会宣告成立。这是全国第一个地方工会组织。林育南担任秘书主任，项英为组织主任，李书渠为宣传主任，施洋为法律顾问，李汉俊为教育主任。这样，武汉地区的工人运动就有了公开的领导机关，罢工怒涛一浪高过一浪，最后与京汉铁路大罢工的怒涛相会合，形成了中国第一次工人运动的洪峰。

八月罢工

邓中夏又回来了。

1922 年 6 月，由于中国劳动组合书记部总部被上海租界巡捕房查封，同时也为了适应工人运动第一次高潮的需要，党中央决定把劳动组合书记部总部迁往北京。邓中夏再一次来到长辛店，领导铁路工人开展斗争。

邓中夏对这里非常熟悉，早在1920年，他就在长辛店开办铁路工人劳动补习学校，建立工人俱乐部，在工人中发展党员，在这里开创了中国工人运动的先河。

工人们见到他们的“邓先生”，心中十分高兴，围上来问长问短。邓中夏一到长辛店，就和工人俱乐部委员长史文彬商量，决定出一个题目：工人最大的痛苦是什么？希望怎样解决？让大家讨论。

这个问题一提出来，引发了工人多年积压的苦水和怒火。

在长辛店，工头是工人的直接统治者。去年他们打跑了邓长荣，巩固了俱乐部，但是没有消灭工头制度。如今厂里又冒出五个工头，特别招人痛恨，被称为“五霸”，分别掌管了火车房、机务处、电灯房、电务科、电报局。对工人轻则打骂，重则开除。工人们谋得一个饭碗不易，往往敢怒不敢言。

伤心的还有“短牌”工人——“短牌”是指临时工，“长牌”是指长工。尽管工人收入已经很微薄了，但“短牌”与“长牌”在待遇上还有较大的差别，没有最差，只有更差。一个“短牌”说：“上工的时候，说好是6个月改‘长牌’，因为没有钱给工头送礼，我干了6年还是‘短牌’。”一个“长牌”也说：“我进厂八年，没有长过一个工钱。”

根据工人提出的要求，经邓中夏和史文彬整理，列出清除“五霸”、“短牌”改“长牌”、“长牌”长工钱、给工人盖宿舍、厂里招人要俱乐部同意等八条，以长辛店工人俱乐部的名义，呈文送给京汉铁路管理局长赵继贤，要求解决。

呈文送去一个多月，没有回音。

1922年8月23日，工人俱乐部给京汉铁路局发出“最后通牒”，如果24小时内再无答复，就全厂罢工。

第二天，京汉铁路长辛店工人罢工开始。

俱乐部发表的《罢工宣言》说：

全国的工友父老兄弟姐妹们呀！我们处在黑暗地狱之下，何等痛苦，何等的惨伤！我们天天象牛马一样作工，竟得不到一丝一毫的好处，言之痛心！我们原不想罢工，铁路当局竟强迫我们罢工。谁是谁非，曲直当有公论。望全国最亲爱的兄弟姐妹们与我们以实力的援助。

一面写着“纠察队”三个大字的红旗，插在长辛店车站上，迎风飘扬。工人纠察队截下的客车、货车，摆成长龙，把站上几股道都堵严了。一时间，南北交通中断。

京汉铁路工人罢工后，京绥、京奉、正太、陇海、津浦等铁路的工人，派代表来长辛店慰问。他们坚决表示：京汉铁路当局不答复工人的条件，各路就举行同情罢工。

赵继贤怕罢工蔓延到各路，就从北京给长辛店打电话，让工人俱乐部派代表去北京谈判。

谈到工人俱乐部提出的八条要求时，路局总段长摆出七分不愿、三分讨好的神情，说：“增加工资这一条，长辛店的工人可以增加，全路不加。”

俱乐部工人代表赵文元说：“不行。我们罢工不是光为自己，也是为全路工人争利益。要是全路不加，我们继续罢工。”

赵继贤得到报告，对身边人说：“那些工人是不认字的粗人。可是罢工的事却办得如此仔细。这里面怕是有高人啊！”

经过艰苦的谈判，最后铁路局不得不答应了工人的全部要求，长辛店工人罢工胜利结束。长辛店工人俱乐部给全国各地发出报喜信：

我们罢工风潮解决了，已于二十六日照常工作了。我们这次罢工，经过的日子不久——二十四日和二十五日两天。可是，经过的困苦却不少。如狼似虎的军阀，竟以为我们是暴徒！但是早在我们预料中。所以万死不辞，虽肝胆涂地而勿怯！可笑我们只坚持两天时日，那班军阀和京汉路当局就屈服于群众势力之下，把我们所要求的条件俯首应允了。我们知道你们很挂念着。所以特地将这个喜信报告给你们！你们这种互助精神，我们真是铭刻肺腑啊！此后，还望彼此努力，同奏凯旋之歌。

8 月27 日，长辛店3000 多名工人在娘娘宫举行大会，庆祝罢工胜利。邓中夏在大会上讲话，称赞长辛店铁路工人在这次罢工斗争中，表现出来的组织性、纪律性，以及不怕牺牲、勇往直前的精神。

这次行动，史称“八月罢工”，长辛店工人再一次取得了胜利。

山海关工潮

王尽美在担任劳动组合书记部山东分部主任的时候，还带着几分忐忑。他对搞工运已有经验的罗章龙说：我还是师范学校二年级学生，年轻，没经验，想到北方分部工作一段时间。他还建议，把山东分部合并到北方分部里（后来中央同意了山东分部与北方分部合并，王尽美任北方分部副主任）。罗章龙说，这是一项开天辟地的事业，谁也没有经验。他自己到北方分部之前也有过犹豫，曾向仲甫陈情，说北方工人运动范围甚广，工作繁难，最好另由中央选派经验较丰富的同志前往负责，本人目前无此能力。仲甫笑道：“你说谁有经验？大家不都是一样！你不做谁做？”几句话把他说得无词可对。最后他将陈独秀对他的话转送王尽美：“你回去做，有什么为难的地方随时来信，大家商量，必要时，以后可补充人员。”

王尽美听了这话，回到山东，全力投入工人运动中。

王尽美，原名王瑞俊，1898 年生于山东省莒县。1921 年春，发起创建济南共产党早期组织。他出席中国共产党第一次全国代表大会回到济南后，写下了《肇在造化——赠友人》：

贫富阶级见疆场，尽善尽美唯解放。
潍水泥沙统入海，乔有麓下看沧桑。

根据这首诗，他把自己的名字改为王尽美。

回到山东，他首先来到了济南津浦铁路大槐树机车厂，在这里，他用学到的“长辛店模式”成立了工人俱乐部，在这里开办工人补习学校，把工人们组织聚集起来，提高工人的认识水平，培养工人骨干。他启发工人，世界上什么人应该享有幸福呢？是至高贵的人。什么人是至高贵的呢？是至有用的人。可是至有用的人是谁呢？是总统、督军吗？是乡下的绅士、商店的头家、工厂的东主吗？不是。我们食的东西、穿的衣服、住的房子，都是我们农民和工人做出来的。所以只有做工的人，是最有用的人，是最高贵的人。在现世的制度里，我们看见的只有总统、官僚、绅士、财主是享福快活的，住的是高楼大厦、穿的是锦绣绫罗、食的是山珍海味。我们至有用至高贵的工人，偏偏是种田的吃不到半饱，纺织的没有蔽体的衣裳，建造的没得房子可住，机器厂里的机工，不是使用人工制品的人。为什么会这样？因为我们个人的力量弱小，所以，只有团结起来，方才是我们工人自救的唯一途径。

1922 年 6 月，在王尽美的领导下，建立起了津浦铁路机厂工会。工会成立后，向厂方提出了增加工资、增加休息日和年终发放双薪的三项要求，经过 7 天的斗争取得胜利。

济南初战告捷，王尽美又奔赴淄博矿区。淄博矿区在当时煤炭产量位居全国第五位，有矿工 2. 5 万人。矿工们深受压迫与剥削，生活困苦，生命安全得不到保障。当地流传着歌谣：“要下窑，拿命抵，不下窑，饿肚皮。伤老病残老板一脚踢，死了三根麻绳一领席。”

王尽美深入矿井、工区进行调查，同时向工人们宣传马克思主义。他将俄国工人的新生活与矿工们的苦难生活进行对比，宣传北京、上海等地爆发的工人运动，还亲自编写革命歌谣，以此启发、教育工人，号召矿工们团结起来建立工会，共同反抗压迫。1922 年 6 月 25 日，王尽美召开山东矿业工会淄博部发起大会，将当地工人组织起来，极大促进了淄博地区工人运动的发展。

随后，按照党的指示，王尽美又来到京奉铁路山海关铁工厂。他先到工厂俱乐部夜校教书，这位身材高大的青年人，长得方面大耳，待人和蔼可亲，教书认真生动，很快便与工人群众熟悉了。他又给厂里的冶铁师傅当徒弟，干活不怕苦不怕累，深受工人尊敬。他住在铁路工人的家里，常常与工人们谈心，并利用铁路工人夜校积极宣传革命道理。为了方便工人群众记忆，王尽美编写了不少革命歌谣，如“工人白劳动，厂长血吸虫；工人无政权，世道太不公；工人站起来，革命打先锋”等，教育和启发工人群众起来斗争。

王尽美来到山海关后，整顿和健全了工人俱乐部，成立了庶务、交际、娱乐等股，民主选举了俱乐部委员，委员长佟惠亭，副委员长景树庭，交易杨宝昆，文书崔玉书，会计鲁懋堂，总干事刘武。山海关工人俱乐部走上了正规发展的道路。

当时铁工厂的大权掌握在英国总管包孟手里，他雇用了中国洋奴陈宏经、工头赵璧等人，肆意欺压工人。1922 年，山海关铁工厂的徒工，每月工资仅有 3.6 元至 4.5 元，而英国一个总管每月工资高达 1000 多元。赵璧是京奉铁路制造厂的大封建把头，心毒手狠，常常欺压工人。山海关铁工厂工人在工人俱乐部的领导下，掀起了反对赵璧的运动。1922 年 8 月，工人崔玉书在抄写工人工资花名册时，发现赵璧营私舞弊吃空额，便当众揭露了他的丑劣行为，引起了工人极大愤慨。王尽美召集杨宝昆、佟惠亭、景树庭等俱乐部委员商量决定，组织工人联名写状子，控告赵璧的罪行，要求将其开除。俱乐部副委员长景树庭连夜将状子送达京奉铁路局。当时，正值长辛店工人罢工胜利、各地工人运动日益高涨之时，路局生怕山海关工人也闹罢工，迫不得已批准并同意了工人的要求，宣布把赵璧等几个工头开除。

然而，英国总管与工程师陈宏经串通一气，玩了个金蝉脱壳之计，把赵璧开除了，却换上赵璧的死党高六。高六上台之后，变本加厉开始报复，制定了许多剥削和欺压中国工人的制度，比如，规定工人上厕所不得超过 5 分钟。有一天，俱乐部委员长佟惠亭上厕所，工头们竟堵在厕所门口，硬说他用了 8 分钟，超过了规定时间，要将佟惠亭开除。

工人们得知这一消息，十分气愤，纷纷放下手里的活计，来到俱乐部门口，强烈要求工会出面，叫厂方收回开除佟惠亭的命令。俱乐部坚决支持工人们的正当要求，王尽美以俱乐部名义向厂方提出“佟惠亭复工，速开除陈宏经”等六项具体要求。

几天过去了，天津铁路局对工人的要求根本不予理睬，一面通过谈判敷衍搪塞，一面策划对付工人罢工的阴谋，并暗地给山海关铁工厂下达密令：“火速联系军警，准备应付罢工。”王尽美和佟惠亭等人经过研究，决定召开大会宣布罢工。王尽美在大会上说：“一切幸福都是用生命热血换来的，我们团结起来誓死力争，没有办不到的事!”

这“誓死力争”四个字，变成了群众斗争的口号。

此时，天津铁路局警务处长吴达挺来到山海关，名为调解，实则和英国资本家密谋策划，企图诱骗工人。工人在王尽美的领导下，与其进行针锋相对的斗争。吴达挺说理不过，破口大骂道：“工厂停工也没关系，看你们这帮臭小子敢怎么样？难道你们就能尿出一丈二尺的尿来不成？工厂有钱就能雇得上人……”工人们听了，个个义愤填膺，反驳道：“你们有钱能雇人，我们有人也能挣钱!”

说罢，几百名工人们冲出工厂，举行了声势浩大的示威游行。游行队伍浩浩荡荡地向城里走去，队伍前面高举门旗，上写“争取自由平等”六个大字，工人们高喊着“打倒帝国主义”“劳动神圣”“劳工万岁”“中国万岁”等口号，在山海关这座寂静的历史古城里，迸发出了觉醒的怒吼。

京奉铁路局工人大罢工开始了。4 日早晨，不仅铁工厂里外一律罢工，而且铁路工人也都参加了罢工。

天津铁路局面对这场罢工，先是采取强硬的措施，企图拿关闭工厂来威胁工人；后来又采用拖延的办法，不肯全部答应工人的要求。他们认为时间拖长了，工人生活困难，就坚持不下去了。工会则针锋相对，向报界发布宣言，宣告罢工真相。王尽美亲自撰文：

我们山海关工人，因受经济和恶势力的压迫不过，于本月四号实行宣言罢工了。但我们都是安分守己的人，都是凭着血汗换钱来养家糊口的，不迫于万不得已，谁肯出此最悲惨的行为，拼命的运动啊！

想我们来厂下苦力，有的已十数年了，有的四五年了，天天没白没黑的去劳动，说不尽的苦楚，受不尽的虐待，为的什么？不是想得到工资来维持生活吗？不料想近来社会生活程度日高，米珠薪桂，犹暴涨不已，而我们的工资却还是一仍旧例，以致劳苦终日，糊口为艰，困顿颠迫，每况愈下，每当散工回家，父母号寒，子女啼饥。这种黑暗地狱的景况，已使我们椎心泣血。尤有甚者，工贼陈宏经，平素之营私舞弊，虐待工人，已令我们切齿痛恨，近更与赵璧贼表里为奸，千方百计来破坏我们的团体，想尽缄我们工人之口，好逞其私欲，及至我们把该贼等告发，赵贼被逐后，而陈贼幸逃法网，谁知他不惟不悔过，反一意与工人为敌，无故将我委员佟惠亭、景树庭二君开革。我们被逼到这步田地，还能忍受吗？

我们心中愤结，至此已不能再忍，遂向当局提出六条的要求。不谓当局始则置之不理，继则派警务处长来压迫我们，当与我们代表团交涉时，连一条都不应允，并掣出手枪示威，工友们全体大哗，是以调停决裂。我们至此已绝望了，不罢工也要冻死饿死被压迫死，如其受辱死，不若奋斗死，所以于四日起东西二厂一律罢工。若当局不容纳我们的要求，我们虽死不辱。

宣言最后，附列了罢工要求的条件三则：

（一）当局必须要正式承认本俱乐部为正当团体。

（二）罢工期间的工资，无论多少日，必须完全发给。

（三）罢工事过，无论俱乐部职员或部员，不得借端开除；若犯大过必须开除时，也要先通过本俱乐部。

他们的罢工得到了全国工人的同情与援助。京汉铁路工会来电说："你们的举动不单是为你们自己奋斗，也是为我们全无产阶级争体面、争光荣！所以我们亦准备十分的力量，等到关节，一定要前去支援的……努力前进，祝你们的奋斗胜利。"

唐山开滦煤矿工人俱乐部发来声援电称，"如十三日当局再不与山海关工友圆满解决，就与山海关工友取一致行动罢工"，且每人捐献了一天的工资，以支援山海关工人的罢工斗争。

天津铁路局慌了手脚，被迫答应了工人们的全部要求，洋奴陈宏经被革了职；工人佟惠亭、景树庭复工了，工资增加了，休假也有了，俱乐部也得到了承认……

在党的领导下，山海关工人坚持了九天的大罢工，终于取得了彻底的胜利。工人们奔走相告，欣喜若狂，到处鞭炮齐鸣，一直持续了三天。

山海关工人的罢工，争取到了工人俱乐部的正式地位，从而成为京奉铁路上第一面胜利的旗帜。这次大罢工为各地的工人运动起到了很大的鼓舞作用。山海关罢工胜利的当天，京奉铁路唐山制造厂就宣告罢工，唐山制造厂罢工胜利后第三天，唐山开滦五矿工人的总同盟罢工又开始了。京奉铁路上的罢工运动此起彼伏。

开滦五矿

开滦煤矿由唐山、赵各庄、林西、马家沟、唐家庄五矿组成，有矿工5万人，于1878年开办，1901年被英国人控制，年产煤400多万吨，占当时全国煤炭产量的五分之一。

开滦煤矿储量丰富、运输方便，英国人十分重视，将其视为“独立王国”，煤矿不仅有自己的发电厂，还有银行、保险公司，甚至还有一支自己的武装——矿区保安队。

然而，开滦矿工的待遇，却还不如骡马。1920年煤矿发生瓦斯爆炸，451名矿工死于非命，英国资本家给每位遇难矿工发40元抚恤金便算了事，而当时一匹骡马的价格是100元。开滦煤矿工人的遭遇，早就引起李大钊的注意，他在1919年3月的《每周评论》上发表《唐山煤厂工人的生活——工人不如骡马》，对工人的待遇表示了极大同情。

前面说过，李大钊在北京组织马克思主义学说研究会后，派罗章龙到唐山开展工人运动，在唐山铁路制造厂结识了工人邓培，建立了工会组织。1922年，成立了中国共产党唐山地区委员会，邓培任书记，委员有阮章、梁鹏万、王麟书、李树彝、彭礼和等人。在唐山地委指导下，包括开滦煤矿在内的各厂矿分别成立了工会或工人俱乐部。

在唐山铁路制造厂、山海关铁工厂等地罢工胜利的影响下，开滦煤矿工人也提出了增加工资的要求。邓培因势利导，组织开滦煤矿5万工人开展斗争。

1922年10月16日，开滦五矿工人俱乐部向开滦矿务局提出了增加工资、改善待遇等六项要求。开滦矿务局对此置之不理。

1922年10月20日，开滦煤矿大罢工指挥部成立，成员有邓培、彭礼和、罗章龙、王尽美、梁鹏万等人，由邓培直接领导。两天后，邓培在林西煤矿召开五矿工人代表联席会议时，总矿师杜克茹派来矿区保安队，无理抓走了6位代表。此行径激起了开滦五矿工人公愤，工人俱乐部决定立即罢工，以示抗议。

工人俱乐部随即发表《罢工宣言》：

开滦矿务局对于矿工的态度，甚于奴隶，我等生命不及一骡马。在工作时，往往发生事故，洋人对于骡马之死伤，必问几匹，唯工人死伤多少，则绝不介意。工人因负伤而成废人者，则立刻辞歇，无任何津贴。若伤及骡马，则必处以严罚，而后赶出之。此等痛苦，千言万语不能尽述，真可谓人间之地狱也。我等于是团结，结成团体，努力奋斗，以逃脱此压迫，望全国工人同胞，速起而共襄此举！

1922年10月23日起，开滦矿务局所属林西、唐家庄、赵各庄、唐山、马家沟五矿，先后宣布罢工。

开滦煤矿大罢工是在英国资本家管辖下的“独立王国”中进行，英方又有一百多年积累的对付工人罢工的经验，这就决定了他们的斗争，比起其他地方更为艰难。

罢工迹象刚刚出现时，开滦煤矿总经理杨嘉立就写信给秦皇岛经理处寇伯理，说：“你必须记住，他们（工人）的心理非常像小孩，就应当以对待小孩的方法来对待他们。我们的策略要让他们看到，一手拿棍棒，一手拿糖果。当你要使用棍子时，必须强硬，当你使用糖时，可以柔软而友好。”

为此，开滦矿务局首先决不承认工人俱乐部有代表工人的权利。当八位工人代表去向总矿师杜克茹递交增加工资的呈文时，杜克茹表示，“没有开滦五矿工人俱乐部”这个组织，不同俱乐部打交道。同时，开滦当局伙同军警绅商，密谋镇压计划，直隶省警务处长杨以德叫嚣：

“罢工的事，全是由工会发生出来的。若是将工会的办事人枪毙十个二十个，则罢工的事，立刻可以断绝。”

接下来，他们开始追捕罢工领导人。杜克茹给杨嘉立拍发电报说，罢工真正的首领，是唐山铁路工厂的广东机器匠邓培。我认为你应该通知警察局，让他们监视这个人。杨嘉立马上找到杨以德，要求逮捕邓培，杨以德答应了。可是十多天过去，他们连邓培的影子都没有见到。邓培在工人的掩护下，来去无踪。警方得到情报，说邓培在北京活动，布置了人手前去打探，却一无所获。后来才知道，邓培一直在唐山，在他们的眼皮底下领导工人罢工。

在这期间还发生了“铁牛事件”。原来，矿上有一批季节性工人，叫短牌工，人数不少，势力较大。他们平时奉一个绰号为“铁牛”的工人为首领，秘密结社，反对矿局官府。这次罢工中由于组织疏忽，没有把他们吸收进工会，致使他们的诉求无处可说，对工会也有了怨言，与工人纠察队有过几次小冲突后，甚至声称要绑架工会和书记部人员。事件发生后，有人建议派纠察队狠狠教训他们一顿。邓培与罗章龙商量之后，认为他们也是工人兄弟，还是要争取过来。决定之后，他们派人把铁牛请来说理。来到工会之后，铁牛抱怨道：“我们一伙人在工会吃不开，说话没人听，实在没办法！”罗章龙、邓培对他晓以大义道：“关于短牌工问题，罢工条件中已经提出，不分长牌短牌，工人俱是一样。罢工胜利，大伙都会受益。前一阵子工会事务繁多，一时顾不过来，可能照料不周。天下工人是一家，请兄弟们多多体谅。”铁牛被说服了，他的队伍也被编入纠察队，与大家一道参加罢工。在罢工中，铁牛看到了书记部的工作后十分感动，对他的手下说：“书记部自老罗、老邓起，账目公开，不沾分文，带头与大伙一道喝稀粥、睡冷炕，我们如果再有歪心，那就不是人了。”

后来有一次邓培组织开会，被矿方侦缉人员发现，当场逮捕了几位工人。刚一出门，恰逢铁牛带纠察队赶来，立刻上前动手抢人，驱逐了侦缉队，把被捕的同志救了下来。此后，在罢工期间，铁牛不止一次奋勇斗争，受到罢工指挥部的称赞表彰。

抓不到邓培，矿务局把目标直接对准了工人。他们发电报请北洋政府派来一个师的军队。又写信给直隶省长，要求派警察到开滦“保护矿区”。后又直接以120万元贿赂警务处长杨以德，让他派3000人的保安队来唐山。杨以德在五四运动时，就是镇压天津学生的刽子手，现在又杀气腾腾地来到了开滦。到唐山后，杨以德贴出布告，又把工人集中起来听他训话。杨以德说：“你们工人，不知道矿局的种种优待之处，妄举罢工。不但矿局对你们不错，就是我杨某人，也对你们很好。”自吹自擂一番后，他终于露出真实面孔，威胁工人说：“你们看，保安队都有枪，你们赤手空拳。要说打，打死你们白打。你们还不赶快去上工。若再不上工，我就要用压制手段，到时候，你们后悔也晚了。”

但是工人们不畏强暴，继续坚持罢工。杨以德讲话没人听，又抓不到领头的邓培，恼怒之下发出命令，禁止工人在露天集会。工人则针锋相对进行抗议，要求杨以德率领保安队撤离唐山。

1922年10月26日晨，工人纠察队和保安队发生冲突，杨以德下令开枪，6名工人被当场打死，57名工人受伤。

屠杀工人的血案发生后，开滦五矿工人俱乐部立即发布《痛告国人书》：

青天白日之下，竟在民国里演出此无法无天之惨杀案，公理何在?！法律何在?！父老兄弟姐妹们！我们力竭了，我们声嘶了。然而，我们决不畏缩，决不为恶势力所屈服。经此摧残后，我们五万人的团体越巩固。除非把我们全都打死，不然，留我们一人活着，也要为死者报仇。

长辛店工人俱乐部、粤汉铁路总工会、安源路矿工人俱乐部、京汉铁路总工会筹备处、浦镇铁路总工会、上海各工团、汉口工团联合会、中华海员工业联合总会等工会团体纷纷发表通电表示声援，并捐献款项支援开滦。

中国劳动组合书记部主任邓中夏义愤之下，咬破手指在一块白布上写下血书：“亲爱的同志们，你们一定要坚决同英帝国主义及其走狗斗争到底，争取罢工的胜利！”

开滦五矿工人在全国人民的支持下，坚持罢工。工人俱乐部开办了粥厂，解决罢工工人的吃饭问题。工人们在每天只有两餐粥的困难情况下，不气馁，不叫苦，没有一人私自上工。罗章龙、邓培也和工人共喝一锅粥，坚持斗争。后来，邓培牺牲后，罗章龙作诗悼念，有“开滦竟赴敌，同饮大锅粥”之句。

坚持到25天头上，矿务局支撑不住了。杜克茹使出“一手拿糖”的手段，请出当地驻军和滦州知县出面调停，答应“每月工资在15元以下的工人加10%”等三项条件。这与工人俱乐部的要求相距甚远，但由于罢工旷日持久，工人生活亦难以为继，只好忍痛答应复工。

列宁说过：“罢工不仅使工人认清了资本家，而且也认清了政府和法律……工人觉悟到，政府是他们的敌人，工人阶级应当做好准备去向政府争取人民的权利。工人的这种觉悟，随着每次罢工愈来愈坚定和提高了。”

这次5万多人的同盟罢工，表现了工人阶级团结奋斗和勇于向前的革命精神，极大地鼓舞和推动了全国工人运动的继续发展和高涨。

汉冶萍总工会

在安源路矿罢工之前，汉阳钢铁厂已有过一次成功的罢工经验。这次罢工的主要领导人是许白昊。

许白昊，又名许白天、许世光，1899 年出生于湖北应城。早年就读于武昌工业学校，参加过五四运动，后去上海机械厂当工人。1921 年 8 月加入中国劳动组合书记部，同年底赴莫斯科，出席远东各国共产党及民族革命团体第一次代表大会。1922 年春回国加入中国共产党，出席第一次全国劳动大会，此后到武汉参加中国劳动组合书记部武汉分部领导工作。

汉阳铁厂是汉冶萍公司的主力企业，汉冶萍是当时中国最大的工业企业，分为大冶铁矿、萍乡煤矿、汉阳铁厂三个主要工厂，所属还有铁路和航运公司。地跨湖北、江西两省，涉及采掘、运输、冶炼三个工业部门。大冶出产矿石、萍乡出产煤炭，由水陆两路运到汉阳冶炼成钢铁，生产方式已具有现代工业雏形。

在汉阳钢铁厂，许白昊先是策划成立工人俱乐部。1922 年 7 月 8 日，汉阳钢铁厂工人俱乐部筹备处成立，并定于 7 月 16 日举行正式成立大会。他们将成立俱乐部申请递到厂长吴任之的手里。吴任之不予批复，暗中与军警通气密谋，在 7 月 15 日夜间查封了俱乐部筹备处，俱乐部职员 72 人被开除出厂。

许白昊、林育南、施洋得知这一情况，立即与工人们商量对策，他们决定，1922 年 7 月 22 日举行全体大罢工。

为争取社会同情和支持，他们对外发表了《罢工宣言》：

各界同胞们！全国工友们！

我们所受的压迫和痛苦，不知从何说起啊。我们内感生活的艰困，外受时代的潮流，起而组织俱乐部，以谋联络感情，互相补助。哪知残毒无良心的厂内当局，怕我们有了团体，不能任意营私，所以诬陷我们是匪徒，运动警察抄查部所，封闭房屋，按照部册，索拿工人，完全以强盗土匪相待。厂中更行残暴的手段，将俱乐部公举之职员 70 余人开除。

同胞们，工友们！我们犯了什么法，把我们当强盗土匪对待，约法所定的人民有集会结社的自由在哪里！唉，我们痛苦万分，生命莫保，呼吁无门，只有停止工作，要求下列最低限度的条件六则，静候解决，如不能达到目的，誓死不入厂做工。

同胞们，工友们！我们处在这水深火热之中，发出这种悲哀沉痛的呼声，望你们主持正义，力加援助啊！

吴任之获悉工人罢工，连忙赶回汉阳，派出几名领工去同罢工工人谈判。领工们威胁说："你们如果再不上工，我就要停办工厂，你们也找不着工作，那么，你们的生活岂不要发生危险吗？"

参加谈判的工人代表不吃这一套，逐条作了驳斥："我们的俱乐部，是我们联络感情、开展娱乐的团体，与厂中丝毫不发生关系，为什么要封闭呢？要我们上工，除非是厂主完全承认我们的要求，不然，我们死也不上工的。"

罢工开始后，生产全部停止，只有最大的化铁炉还在升火。化铁炉是全厂生产的核心，只要它不停产，工厂就可以继续运转。若化铁炉一个星期不升火，整个炉膛就会凝结成一堆废铁。原来是厂方收买了化铁炉工头韩老三，所以化铁炉还在运行。罢工委员会紧急商量，有的主张豁出去，把化铁炉毁掉，有的则主张让它开着，免得以后失业。许白昊认为，既不毁掉化铁炉，又要使其停下来，迫使厂方答应罢工条件才是上策。许白昊说，最坏的是工贼韩老三，不是化铁炉的全体工友，所以他提出一个口号"打死工贼韩老三"，把工头和工友区分开来，大家一听，全都同意。

会后大家分头行动，很快厂里厂外，到处贴满了"打死工贼韩老三"的刺目标语，一直贴到了化铁炉车间。韩老三成了众矢之的，吓得不敢露面，化铁炉便熄火了。眼看铁厂马上要停止运转，厂主终于坐不住了，不得不赶紧请出武汉各工团领袖再做调停，接受了罢工工人开出的条件：承认工人组织工会；照给停工期间的工资，并给予一定幅度的增加；俱乐部一切还原，被开除的工人一律复职。

1922 年 7 月 26 日，汉阳铁厂复工。乘着罢工胜利的气势，宣布成立工会，会员 2000 余人。

汉阳钢铁厂工会成立后，大冶铁矿、下陆钢铁厂在林育英的指导下，也建立了工人俱乐部。汉冶萍还有一家轮驳公司，许白昊、林育南在工作中结识了轮驳工人向忠发，在他们的组织下，汉冶萍轮驳工会也成立起来。

向忠发，1880 年生于上海，出身贫寒，小学辍学后随父母迁回湖北原籍，14 岁开始在汉阳兵工厂、汉阳造币厂学徒，后来进入汉冶萍公司下属的轮船上做事。因为识字较多、办事能力较强，他被许白昊吸收参加工会工作。1922 年，许白昊发展他加入了中国共产党，成为中共早期为数不多的工人党员之一。

汉阳铁厂、安源路矿大罢工胜利之后，汉冶萍公司工人阶级的觉悟日益提升，提出了联合组织总工会的意向，汉冶萍总工会呼之欲出。

1922 年 11 月 12 日，安源路矿工人俱乐部代表朱少连、朱锦棠，汉阳钢铁厂工会代表许显廷、马冬阳、余九皋、谢必超，汉冶萍轮驳工会代表向忠发、郭厚安、李夔堂、胡理臣、李兰生，大冶铁矿和下陆钢铁厂工人俱乐部代表胡少华等人，在汉阳召开筹备会议，商定了筹备总工会成立的各项事宜。

1922 年 12 月 10 日，汉阳三码头老街红旗招展，人声鼎沸，数千工人欢呼雀跃，庆祝总工会成立，盛况空前。同月出版的《工人周刊》第五十七期报道：会场的布置，很是壮观，各界所赠的匾额联语琳琅满目，到会人员不下数千，武汉各团体均有代表赴会祝贺。大会由李立三主持并致祝词，李立三说，今天是汉冶萍总工会成立之日，即我们汉冶萍这个大产业之下的 3 万余工人团结携手之日。我们汉冶萍 3 万多工友所处的境况非常悲哀，因此我们工友都有组织团体的急迫要求，现在我们汉阳、安源、大冶、下陆，以及轮驳，共有五个团体都组织成立了。这五个团体，今天更进一步联络起来，成立一个产业组合的汉冶萍总工会。今后我们要共同努力，齐心奋斗。

随后，林育南、施洋、李求实等人相继发表演说。3 万余人的汉冶萍总工会宣告成立了。这是我国最早成立的规模最大的产业工会，大会选举刘少奇为委员长、向忠发为副委员长，许白昊任秘书。

中国劳动组合书记部武汉分部为汉冶萍总工会成立大会发来祝词：

汉冶萍是中国最新式、最进步的大产业，为中国中部工业制造的策源地，其一举一动足以影响全国，工友极其众多，亦最富于阶级觉悟。半年以来，举行两次阶级战争的大同盟罢工，都得着了最后的完全胜利。现在三公司底下的五大工团，联合起来，成立汉冶萍总工会，结成一条强固精密的阶级战争的广大战线，开中国劳动运动未有之创局，足以使资本阶级惊心丧胆。看哪，这是何等的伟大！何等的雄壮！我们的心跳跃了！我们的血沸腾了！雄鸡鸣了！晨钟响了！东方亮了！世界赤了！我们高呼：

汉冶萍总工会万岁！

工友们的联合万岁！

劳动者的世界万岁！

分处鄂、赣两省三地的汉冶萍公司五大工团，就像一只手掌的五根手指。现在，五根手指紧紧回收，攥成一只工人阶级的铁拳。第二次全国劳动大会召开，汉冶萍总工会便是四个发起工会之一。

密查员的使命

在工人运动第一次高潮中，规模最大、影响最深、斗争最壮烈的是铁路工人运动。

1921年9月，陈独秀从广东回到上海，履行党的中央局书记职务后，即召开一次中央局扩大会议，讨论开展工人运动的问题。1921年11月，陈独秀署名的《中国共产党中央局通告》提出："以全力组织全国铁道工会。上海、北京、长沙、广州、济南、唐山、南京、天津、郑州、杭州、长辛店诸同志，都要尽力于此计划。"

此前，长辛店、陇海铁路已取得罢工胜利，工人俱乐部、工会建设也逐步走上正轨。陈独秀专门致信勉励罗章龙："陇海罢工，捷报先传。东起连云，西达陕西，横亘中州，震动畿辅，远及南方。这是我党初显身手的重大事件，盼兄放手做去，勿稍停步。"

铁路罢工的胜利，震动了直系军阀吴佩孚。

我们说过，吴佩孚在直奉战争获胜之后，为了进一步扩张势力，唱起"保护劳工"的高调，对工人特别是对铁路工人采取拉拢、利用的政策。他接见工人代表，还把自己的肖像徽章发给京汉铁路工人佩戴，以示"关心"。吴佩孚控制了北京政府之后，把北方几条铁路视为自家私人领地，派亲信高恩洪担任了交通总长，要把长期盘踞铁路的"交通系"清理出去。"交通系"在铁路上长期经营，势力根深蒂固，当然不肯把地盘拱手相让，于是双方明枪暗箭，钩心斗角。

趁此机会，李大钊通过他的同学、吴佩孚手下政务科长白坚武的关系，建议高恩洪派人去北方每一条铁路线上，调查、清洗交通系的势力。高恩洪一听，正中下怀，但苦于没有得力人手，便向李大钊问计要人。李大钊和高恩洪商定，派何孟雄、张昆弟、安体诚、陈为人、包惠僧五人，以铁路"密查员"的名义，分赴各条铁路调查积弊。高恩洪接受了李大钊的意见，自以为得计，殊不知这五位"密查员"，就此成为中国共产党在铁路开展工人运动的特派员。

出发之前，李大钊说：党为了在铁路上开展工人运动，设法把你们五个人派到交通部工作。职务虽然很小，但可以在各条铁路上来去无阻。你们要在铁路上扎下根基，不要暴露自己的政治面貌。在执行交通部布置的任务时，要选择工人最痛恨的交通系职员，写明劣迹报上去。最后，李大钊告诉他们："吴佩孚到底还是军阀，不要对他存在幻想。"

何孟雄被派到京绥铁路。

何孟雄，1898 年生，湖南酃县人，参加过五四运动，是北京大学马克思学说研究会发起人之一。从 1920 年起，他就在长辛店从事工人运动，利用记者身份与邓中夏一道策动了驱逐工头邓长荣的行动。他对铁路本不陌生，此次被派到京绥，自是轻车熟路。

京绥铁路兴建于 1905 年，从北京到包头，是全国五大铁路干线之一。京绥铁路的工人分为机务、厂务、车务三部分。当时，机务工人有"精业研究所"，车务工人有"同人会"，厂务工人没有建立组织。何孟雄来到后，指导京绥铁路建立了全路统一的车务工人同人会，推举李连升为总会会长，何孟雄为秘书长。

京绥铁路工人的工资本来就很低，此时又连续八个月不发工资，更是苦上加苦。1922 年 9 月，新任京绥铁路局长余垿到职后，不给工人发清欠薪，却给全路员司每人每月加薪 5 元。这种优待"干部"、虐待工人的做法，激起了工人的反抗情绪。何孟雄与李连升商量，决定以同人会名义，给路局递交请愿书，要求发清欠薪、增加工资。

路局没有理睬。

请愿无果后，同人会决定由张家口、大同、康庄、西直门等站各派两名代表，去京绥铁路局当面与局长余垿谈判。

余垿完全不把工人放在眼里，放话说："你们爱干不干。要三条腿的蛤蟆没有，要两条腿的工人有的是。"

话说到这份上，同人会也只有罢工这一条路了。他们发表《罢工宣言》，提出发清欠薪、增加工资等 11 条要求，限路局 24 小时内答复。

10 月 26 日，同人会派刘宝山为全权代表，前去察哈尔省衙门，向督统张锡元陈情。张锡元在回执上写了“你们提出的条件收到了”十个字，交给刘宝山带回——这相当于啥也没说。

1922 年 10 月 27 日，京绥铁路车务工人罢工了。车辆顿时停驶，车站陷于瘫痪。

段长林宝杰不识时务且自命不凡，非要和工人对着干，强迫工人赵功一个人连打旗挂钩，带搬道岔，把一辆车开动。李连升闻讯率队赶到车前，卧轨拦车。在李连升说服下，司机把机车退了回来。这时候机务段的工人赶到，把重要零件卸下，机车再也动弹不得了。

余垮又贿赂督统张锡元，要他出军队镇压罢工。张锡元派参谋长孟士魁率领 500 名士兵来到张家口车站，把李连升找来，气势汹汹地问道：“你叫李连升？”

李连升昂首答：“是。”

“绑起来，毙了！”

士兵立即把李连升五花大绑。

李连升毫无惧色，哈哈大笑。

孟士魁感到奇怪，就问：“你笑什么？”

“我笑你不问青红皂白，就要绑要杀。今天你杀了我，我是为大家谋好处而死，死了也留下个好名声，你却要留下一个永世骂名。”

孟士魁本来没胆杀人，不过想吓唬一下，摆摆威风，见李连升不为所惧，一时哑口无言，没了主意。

李连升又对孟士魁说道：“我们工人平时生活就苦得很，再加上八个月不给开支，吃不上，穿不上，还有力气干活么？我们向路局提出要求，路局不理，我们这才罢工，也是迫不得已。”

孟士魁改了口气，说：“兄弟是军人，事关地方治安，不得不管。请到办公室坐下磋商。”

孟士魁向张锡元报告谈判的情况。张锡元听后，自然不肯替路局背这口黑锅，就让孟士魁和李连升等工人代表，乘专车来到北京，找余塄谈判去。余塄看到工人团结一心，现在张锡元也要滑头，同情工人，恐怕拖下去损失更大，于是不得不接受同人会提出的 11 条要求。京绥铁路初战告捷。

张昆弟被派往正太铁路。

张昆弟（1894—1932），湖南益阳人。1913 年考入湖南省立第一师范学校，与蔡和森、毛泽东结为好友，一起创建新民学会，成为该会的重要骨干之一。1919 年赴法勤工俭学，1921 年参加了向驻法公使馆请愿斗争、反对“卖国借款”斗争、“争回里大”斗争，和李立三、蔡和森、陈毅等人一道被遣送回国。

回国后，张昆弟加入中国共产党，被分配到劳动组合书记部北方分部工作。

到正太铁路工作后，张昆弟结识了铁路工人孙云鹏。孙云鹏起初积极性不高，不太愿意出头参加工会工作。在罗章龙、张昆弟等人教育启发下，孙云鹏很快提高了觉悟。他说：“共产党是正派人，处处为工人着想，你们大学念书的，出校后就有官做，但你们为工人利益东奔西跑，不求官禄。我们工人自己为什么不关心自己的事呢？”又说：“以前我听人说过共产党不可靠，现在看来，这是造谣，是昏话。”后来，孙云鹏加入了党组织，成为正太铁路第一个工人党员。不久，孙云鹏在正太铁路总机厂组织成立了第一个工会——总机厂工人俱乐部，随后正式成立了正太铁路总工会。张昆弟代表中国劳动组合书记部向正太铁路总工会赠送了“劳动万岁”的锦旗，发表了全路工人《宣言》，点燃了工人的斗争烈火。

1922 年 12 月 15 日，在张昆弟、孙云鹏等领导下，正太铁路工人举行了第一次大罢工。罢工委员会发出正式罢工宣言，要求路局履行工人所提出的加薪、承认正太铁路总工会有代表全路工友之权、罢工期间不得扣薪、不得因罢工而借端开革工人、增用工人须先尽容纳工会之所介绍等项要求，同时提出：“倘铁路当局不予我们以满意答复，我们决不上工。”

正太铁路工人罢工后，各地路局纷纷来电表示声援。唐山京奉铁路职工总会、津浦铁路工会、汉冶萍总工会等以及筹备中的全国铁路总工会筹备委员会都来电和进行实物支援。唐山京奉铁路职工总会电文称：

正太铁路的工友们，因为生活问题提出最低要求九条，当局始终无诚意解决，乃于不得已之中实行罢工。迩来军阀及资本之势力到处皆是，同胞若不急起援助并监督这二种势力的行动，则唐山矿局事件难免再见发生。并愿同胞督促正太铁路局及交通部速将该项罢工解决，免得风潮扩大，工友受罪，敝会本同一阶级的友谊表示以实力援助。

作为正太路的“近邻”与“后方”，京汉铁路工人对正太铁路的罢工斗争给予了大力支持。长辛店、保定、正定等地工人都给了正太路工人以巨大的援助。在罢工斗争的相持时期，京汉铁路工会向政府和各工团发出呼吁，给予声援。

正太铁路的罢工正值年底，天气寒冷，工人生活益发困难，但他们仍坚持不屈。家在外地的工人，每天由工会发给每人四个馒头。家在附近村庄的工人，每天回家吃饭。由于路局迟迟不答复所提条件，工人们干脆用苇席搭起窝铺，昼夜值班，严守各厂厂门，用道木横架拦住，不让机车行驶。斗争坚持了一个星期仍无结果，工人们仍不气馁，就地搭起锅台烧饭，坚持斗争。

经过整整10天的坚决斗争后，路局无奈前来谈判。孙云鹏回答说，只要允许我们的条件就开工，否则决不开工！两天后，局方不得不接受复工条件。

正太铁路罢工计12天之久，路局损失达30万元以上，不得不让步而复工。开工那天，全路工人欣喜若狂，上街游行，庆祝胜利。工人手执“罢工胜利”“全世界的劳动者联合起来”的标语旗帜，并发出开工宣言：

胜利了！我们此次罢工，得到最后的胜利了。我们的胜利，虽不能说十分圆满，但是这种小小胜利，已不是和我们早先一样的散漫群众所可得到手的，是我们有了团结之后才能得到的。劳动者要解除痛苦和压迫，须得团结起来，这又是一次证明了。团体既然这样有价值，我们以后便当尽力把团体更坚固起来，更扩大起来，以便努力于解除一切痛苦和压迫……我们于今天开工了，在这一天，我们更感觉得劳动者阶级的团结之必要，所以我们要高呼“全世界的劳动者联合起来”，并祝“劳动万岁”。

这次正太铁路工人在罢工斗争中，尽管遇到不少困难，但最后终于取得胜利。经过这次斗争，更进一步扩大了党在工人群众中的影响，大大提高了全路工人的斗争信心，使全路工人更为团结。同时，正太铁路的胜利，对正在开展罢工斗争的全国南北各铁路、矿山和城市的工人群众产生了积极的影响，也为正太铁路今后的斗争创造了有利的条件。

与此同时，南方的铁路工人运动也在风起云涌。

粤汉铁路南起广州，经广东、湖南、湖北到达武昌，贯通半个中国，是清政府于 1898 年向美国借款修建的，经营、管理、技术大权，完全被美国资本家控制。

中国工人为了反抗压迫和剥削，不断斗争。1920 年 12 月，粤汉铁路南段工程部工人要求当局加薪而举行罢工；1921 年 10 月，粤汉铁路长（沙）武（汉）段工人反抗英国总管卡麦克尔无理开除工人而举行罢工。

当年，清政府借外债修路，路权为外国人所掌握。外国总管月薪高达1500元，中国普通工人仅6元左右，小工的日工资更是只有2角4分。武昌机车处英籍总管卡麦克尔一上任，就裁减数百工人，留用的人，一人要做几人的事。机车处小工要求增加工资，几经交涉，英籍总管答应，继续做工6个月以上的，每人每日加2分钱。可是，到了80多个小工做满6个月，要求增加工钱的时候，洋总管竟然翻脸不认账，反而一举开除了81名“闹事”的小工。

粤汉铁路职工联合会决定举行罢工，要求驱逐洋总管卡麦克尔。林育南、施洋等人印发传单，草拟《觉书》，揭露路局压迫剥削工人的罪恶，号召工人团结起来，并吁请各界同情与声援。

《觉书》严正声明，“若不允许加小工的工钱，凡机车的工人，也得继起罢工”，并郑重宣布：誓作铁路小工的坚强后盾，支持小工把斗争进行到底。但卡麦克尔有恃无恐，对工人的要求置之不理，更加激怒了工人群众。

1921年10月13日，一场声势浩大的罢工怒潮从徐家棚卷起，火车停炉、机器停转，几百里铁路就像一条死龙瘫倒在地上。北洋军阀政府惊恐失色，惊叹粤汉工人团体坚固，不是官威可以制服的。这时吴佩孚正在与四川军阀杨森交战，怕武长铁路工人罢工断了他的运输线，急电湖北督军萧耀南火速处理，切不可使交通断绝。萧耀南接电后，急忙派人与铁路工人代表谈判。在谈判过程中，工人代表据理力争，迫使资方对工人所提15项条件一概应允，被开除的81名小工同时一律复职。10月17日，机车处全体职工复工，历时5天的罢工取得了胜利。

粤汉铁路工人胜利了，洋总管被灭了一回威风。当地报刊兴奋地称之为“实行打破压迫制度的先锋”。中国劳动组合书记部欢呼这是粤汉铁路工友“挺身跑到第一层战线上，和资本家做第一个交战者”“真是阶级争斗史上的光荣”，勉励工友们“擂起战鼓”“高唱联合组织的声音”“踢翻现代恶社会的种种坏制度，建设劳动者的理想社会”“努力奋斗到光明的路!”

铁路工人一连串的罢工斗争，引起了中国劳动组合书记部湖南分部主任毛泽东的重视。毛泽东来到粤汉铁路长沙北站，和铁路工人一起喝茶、谈心，交朋友。经过多方面的调查，毛泽东认为，在工人中蕴藏着巨大的革命力量，应该把粤汉全路工人团结起来，为此，决定派郭亮来粤汉铁路岳州车站开展工人运动。

郭亮，湖南长沙人，1920 年考入湖南省立第一师范学校，参加了新民学会和中国社会主义青年团。中国共产党成立后，由毛泽东介绍加入共产党，是湖南最早的共产党员，后来成为湖南总工会委员长，全国总工会执行委员。1928 年被捕牺牲。

郭亮来到岳州车站，和工人生活在一起，开办工人夜校，建立工人俱乐部。他善于接近群众，做事细心敏捷，深受工人欢迎。岳州工人俱乐部成立的时候，他被推举为俱乐部秘书。

当时，军阀割据，各霸一方。粤汉铁路也被分为湘、鄂两段，各管各的。岳州车站属于鄂段，管理局长王世堉是交通系的头面人物。他既害怕吴佩孚插手粤汉铁路，更担心工人组织起来以后不听指挥，就想方设法破坏工人俱乐部。他在岳州车站组织了“天津同乡会”“工人研究所”，与共产党组织的工人俱乐部对抗。

王世堉在岳州有两个打手，一个叫张恩荣，是行车监工，一个叫苗凤鸣，是翻译。这两个家伙一向利用职权狼狈为奸，工人们早就恨得咬牙切齿。

有一天，张恩荣、苗凤鸣无理毒打工人阮康成、吴青山。郭亮以岳州工人俱乐部的名义向王世堉提出抗议，要求革除张恩荣、苗凤鸣的职务。王世堉不仅不理睬工人俱乐部的要求，反而要给俱乐部一点颜色看，把被殴打的工人阮康成、吴青山开除了。这般行径，着实欺人太甚。

消息传来，工人们个个摩拳擦掌，要同张恩荣、苗凤鸣拼命。毛泽东认为，罢工时机已经成熟，马上与中国劳动组合书记部武汉分部主任林育南取得联系，提出把粤汉铁路的工人俱乐部统一组织起来，准备发动罢工。林育南赞同毛泽东的意见，随即召集徐家棚、岳州、长沙、株萍四个工人俱乐部，组成粤汉铁路工人俱乐部联合会，动员工人做好罢工的准备工作。

粤汉铁路工人俱乐部联合会给王世堉送去呈文，提出撤销张恩荣、苗凤鸣职务，增加工资等7项要求，限三日内答复，否则罢工。

王世堉对工人俱乐部提出的要求置之不理。

1922年9月9日，粤汉铁路工人俱乐部联合会发布《罢工宣言》：

我们为解除压迫，维持团体，改良生活，增高人格，不能不与工贼奋斗，不能不有这最后一举。各同胞呀！请你们秉正义公理的精神，给我们切实的援助，亲爱的工友们！无产阶级的兄弟姐妹们呀！我们为生存而奋斗，为人格而奋斗，不达到目的，誓死不止。

罢工开始后，由湖南长沙开往岳州、武昌的客车、货车以及萍乡的运煤车，全部停驶。王世堉见状，指使“天津同乡会”和“工人研究所”的工人顶替开车，还用重金请警署派30名警察、驻军派一连士兵随车弹压。

9月10日夜，一列货车从徐家棚车站开往长沙，工人闻讯拦车，王世堉命令军警殴打工人，100多人被打死打伤。消息传到岳州，郭亮率领工人纠察队，高举“驱逐二贼”“要求正当权利”的旗帜，来到岳州站外，誓死阻止列车进入岳州车站。

11日上午，郭亮看见一列火车冒着黑烟开来，第一个卧在铁轨上。工人们随即也卧在铁轨上。

司机见状紧急刹车，列车停下来了。

苗凤鸣大声命令司机开车：“开过去，压死他们！”

郭亮振臂高呼：“工友们！我们决不能让火车开过岳州车站。反正饿死是死，压死也是死，我们要誓死挡住火车！”

工人们齐声呐喊，一个挨一个地横卧在铁轨上。

郭亮朝车头大声喊：“开车的工友，天下的工人都是阶级兄弟啊！你能替官僚、军阀杀害自己的兄弟吗？”

苗凤鸣用枪对着司机说：“你敢违抗命令，老子毙了你。”

司机王忠回身，一拳打在苗凤鸣身上，大声喊：“你自己去开车吧！老子再不上你的当了。”

火车开始向后退去。

王世堉见势不妙，拿出1万银圆贿赂萧耀南，叫他出动军队。士兵对工人举起了屠刀，工人赤手空拳，敌不过快刀钢枪，近百人被打死打伤。郭亮、王忠、张万云等37人被逮捕。王世堉在岳州又制造了一次血案。

毛泽东马上召集长沙各工会团体紧急商议，发表通电，揭露萧耀南的军队屠杀工人的罪状，呼吁各界人士援助粤汉铁路工人的罢工斗争。林育南召开武汉各工会团体代表紧急会议，决定组织“粤汉罢工后援会”支援罢工工人，并发表宣言说：“这件事（岳州血案），是我们劳动阶级全体的事，不是粤汉工友一部分人的事。因此，这个问题要我们劳动阶级全体去解决。”

王世堉原以为抓住郭亮，罢工就会平息。没想到罢工继续发展，并有向全国蔓延的可能。交通总长高恩洪不得不派交通次长劳之常来武汉处理。徐家棚工人俱乐部法律顾问施洋闻讯，率领3000多铁路工人在江岸车站“欢迎”劳之常。他们在一面大白布旗上写出工人们提出的要求：“撤退军队，惩办行凶军警，惩办王世堉、张恩荣、苗凤鸣，抚恤死伤工人，工人有集会、结社、言论、出版、罢工自由。”车站上还有许多旗帜，写着“粤汉铁路未死工人请愿团”“欢迎交通次长救命，惩办张苗王为民除害”等。

劳之常看见那“欢迎”阵势，竟不敢下车，决定第二天回北京，撤手不管，溜之大吉。施洋闻讯，又组织了更多的群众，在汉口车站“欢送”，将其汽车团团围住。劳之常只得同意给受伤工人每人发20元“养伤费”，并答应把工人的要求带回北京“商量解决”。

1922年9月24日，武汉各工团和京汉铁路、陇海铁路、粤汉铁路工人代表向吴佩孚发出最后通牒，要求在9月25日下午8时以前答复粤汉铁路工人提出的要求，否则举行同盟罢工。

吴佩孚生怕罢工浪潮波及全国铁路，同时也想借机收拾一下“交通系”，所以急电令萧耀南“督促办理”。25日下午，王世堉不得不与工人谈判，双方达成如下协议：张恩荣、苗凤鸣撤职查办，被捕工人一律释放，工人先前提的7项条件，全部接受。

历时15天的粤汉铁路工人罢工，付出了血的代价，终于取得胜利。中国劳动组合书记部带领工人趁着胜利迅速建立了粤汉铁路工人的统一组织——粤汉铁路总工会。

在此起彼伏的罢工高潮中，两湖地区一批地区工会和产业工会兴起，新闻报道喻为“秋花之怒放，夏水之暴涨”。

1922年7月，汉阳钢铁厂罢工胜利后，建立了武汉工团联合会。1922年10月10日，辛亥革命武昌首义11周年纪念日，武汉工团联合会扩大改名为湖北全省工团联合会，这也是中国第一个地方总工会。同年11月，在中国劳动组合书记部湖南分部主任毛泽东的领导下，成立湖南全省工团联合会，这也是我国最早的地方总工会之一。1922年12月，在汉阳建立了汉冶萍总工会，这是我国成立最早规模最大的产业工会。

与此同时，一批工矿企业的基层工会、手工业工会和铁路等产业工会也如雨后春笋般涌现，到1922年底，全国主要的铁路、矿山以及城市、工厂都有了工会组织，加上各地的工人俱乐部，总数量达到100多个，会员人数达到80万至90万。

在矿业系统中建立的有唐山矿务局工会、开滦五矿俱乐部、水口山工人俱乐部等。此外，上海的航运、印刷、烟草工人，唐山启新洋灰公司、梧州的海员等，也纷纷建立或改组成立新的产业工人团体。

其中以铁路系统成果最著，计有：京奉铁路山海关工人俱乐部、京奉铁路唐山工会；津浦铁路工人创建的全路同人总工会、济南大槐树机车厂工会；豫北建立的道清铁路工人俱乐部；张家口建立的京绥铁路车务工人同人会；长沙建立的粤汉铁路总工会等。至此，筹备建立全国铁路总工会的条件业已成熟。

第五章

发轫 1923

第一次工人运动高潮与挫折

红旗卷起农奴戟，黑手高悬霸主鞭
——题记

在革命低潮时期，中国劳动组合书记部筹备建立全国总工会的活动受挫，原定的1923年五一节召开二次劳大的计划被迫取消。中国劳动组合书记部在北京遭到查封，被迫迁往上海，但中国共产党仍然领导工人阶级坚持斗争。

前页图注：

1923 年 2 月 1 日，京汉铁路总工会在郑州召开成立大会时代表合影

成立京汉铁路总工会

在全国罢工浪潮的影响下，京汉铁路沿线陆续成立了16个工会。1922年4月，由长辛店工人俱乐部发起，京汉铁路全线召开了第一次代表会议，筹备成立京汉铁路总工会。

1923年1月5日，京汉铁路沿线的长辛店、琉璃河、高碑店、保定、正定、顺德（邢台）、彰德（安阳）、黄河（黄河南岸）、郑州、许州（许昌）、郾城、漯河、驻马店、信阳州（信阳）、广水、江岸16个站区，派代表去郑州开会，研究成立京汉铁路总工会的问题。会议拟定了《京汉铁路总工会章程草案》，确定宗旨是：改良生活，增高地位，谋全体工人的利益，得到共同幸福；联络感情，实行互助，化除地域界限，排解工人相互的争端；增进知识，唤起工人的阶级自觉；联络全国各铁路工人，组织全国铁路总工会，并与全国各业工人和世界工人建立密切的关系。

会议决定1923年2月1日，在郑州举行京汉铁路总工会成立大会。筹备处把在郑州举行京汉铁路总工会成立大会一事，郑重通知了京汉铁路局长赵继贤，并提出三点要求：一是将1月28日的星期例假，改到2月1日，以便郑州地区的工人参加大会，开展庆祝活动；二是由铁路局发往返免票一百张，供郑州以北工会代表和来宾乘车；三是请铁路局拨挂头、二等客车各一辆，供郑州以南工会代表和来宾往返。

赵继贤不仅痛快答应了这三点要求，还给京汉铁路总工会赠送锦旗，以示庆贺。筹备处随即发出请柬，邀请全国各大城市和各条铁路工会派代表来郑州参加大会，并在北京、上海、武汉等地的报纸上刊登《京汉铁路总工会筹备处启事》，公开宣布：“本会定于二月一日，在郑州开成立大会。除给各团体已发专函约请外，恐未周知，特此通告。”

郑州的铁路工人喜气洋洋，为召开京汉铁路总工会成立大会而忙碌。大会会场设在普乐园戏院，会场外用松柏枝搭了彩门，会场里面装饰有彩色纸花。郑州车站红旗飘扬，一片节日的欢腾景象。京汉铁路沿线16个区站分工会的负责人都来参加大会，他们之中有江岸分工会委员长林祥谦，长辛店分工会委员长史文彬，郑州分工会委员长高斌，正定分工会委员长康景星……还有武汉的“劳工律师”、京汉铁路总工会法律顾问施洋。

共产党对这次大会非常重视，认为京汉铁路总工会成立，全国铁路总工会就可以相继成立，中央局通知中提出的“以全力组织全国铁道工会”的计划可以实现了。中国劳动组合书记部北方分部主任罗章龙，专程从北京来到郑州，领导召开这次大会。

正当300多名代表和来宾已经到齐，准备开会的时候，郑州却风云突变。1月28日，郑州警察局长黄殿辰来到玉庆里四号京汉铁路总工会会所，大声宣布：“吴大帅来电，说你们胆敢在军事区域擅自开会，实属胆大妄为。业已命令靳师长严加制止，否则以武力对待。”

郑州分工会委员长高斌当场质问黄殿辰：“我们的大会是呈报铁路局批准的，在报纸上也刊登了开会启事，怎么叫擅自开会呢？你说郑州是军事区域，不准开会，可是郑州商有商会，学有学会，为什么偏偏不准我们工人成立总工会？”

原来，京汉铁路局长赵继贤是个阴险的官僚政客，当总工会筹备处向他报告，决定在郑州开成立大会的时候，赵继贤当面批准，背地里却给吴佩孚发出密电，请他下令禁止。密电称：“二月一日，本路全体工人将在郑州开成立大会，各路与会者甚多。未经地方官厅许可集会，竟敢明目张胆，聚众招摇，不特影响所及，隐患堪虞。即此目空一切，荒谬绝伦，将来群起效尤，愈演愈烈，蚩蚩愚氓，必将误法网而不自知。瞻顾前途，杞忧无极。务祈麾下迅饬预为防范，切实监视，本路幸甚，地方幸甚。”

京绥铁路局长也跑到洛阳西宫向吴佩孚面陈危机，说什么“赤党一声呼啸，全路为之震惊，此等声势，真要强过几师雄兵”。这说辞真把吴佩孚吓到了，吴佩孚过去发表“保护劳工”的通电，本是想利用新兴的工人阶级力量，为他“武力统一”效劳。可是，工人运动在共产党的领导下迅猛发展，使吴佩孚深感不安。现在，共产党人要在他的眼皮底下，成立不受他控制的总工会，更是他的心腹之患。所以他看到赵继贤的密电，立即电令手下驻军制止工人开会。

1923 年 1 月 30 日，吴佩孚给大会筹备处发来电报，请派代表去他的驻地洛阳谈判。史文彬、杨德甫、李震瀛、李焕章、凌楚藩 5 人前去洛阳，见到吴佩孚后，吴佩孚开口便道：“现在民气太嚣张，真不是好现象。北京学生竟敢把教育部打毁了。你们工人还要跟着起哄开什么会!”

史文彬说：“成立京汉铁路总工会，是工人的权利。我们事前已向当局备了案，得到许可。这是光明正大的事情，根本不是什么起哄。现在，代表和来宾都已经到齐了，怎能不开呢？我们坚决要求如期开会。”

吴佩孚说：“你们工人的事，我没有不赞成的。你们想，什么事我不帮助你们？不过，郑州是个军事区，岂能开会？你们不开会不行么？改期不行么？改地方不行么？我是保护你们的，岂能和你们为难？这是你们局长来的报告，我已经允许了他。我已经下了命令，制止开会。我是军官，岂有收回成命的道理？我以后保护你们的日子还多咧。”

大家看到赵继贤当面一套背后一套，一面假意允许工会开会，一面却又向吴佩孚搬兵，感到很是气愤。史文彬说：“你口口声声保护劳工。可是我们工人组织工会，按理本当保护，现在赵继贤一纸电报，你便百般阻挠，这难道是保护劳工？”

谈判出现了僵局。吴佩孚横下心来："我是军人，岂能收回成命！你们若是一定要非开会不可，那我可就对不起了。"说罢，拂袖而去。

代表们赶回郑州已经是1月31日下午，会期将到，是如期开会，还是偃旗收兵？大会筹备处召集各地代表研究对策。杨德甫提议，为了照顾吴佩孚的面子，成立大会的方式可以改变，早开早散，尽量避免麻烦。凌楚藩也提出改期开会，等和吴佩孚交涉好了再开。

一向沉默寡言的江岸分工会委员长林祥谦站起来，大声说道："吴佩孚叫我们不要开会，我们就不开会。吴佩孚不叫我们活，我们还活不活？"

林祥谦接着说："我们工人组织工会，就是要打倒封建军阀。吴佩孚高唱保护劳工，行动上从来不是这么回事。他不准我们举行总工会成立大会，难道这是保护劳工吗？我们的大会，定要按期举行。"

京汉铁路总工会总干事项英赞同林祥谦的意见。他说："总工会的牌子已经挂出来很久，事实上总工会已经成立了。根据既成事实，开个成立大会，还有什么话说的呢？"

京汉铁路总工会法律顾问施洋、武汉工团联合会主任林育南、汉冶萍总工会代表许白昊等，也赞同林祥谦、项英的意见，要求如期举行成立大会。

于是会议决定：一不换地点，二不改日期，三不变程序，京汉铁路总工会成立大会按照原定计划举行。

1923年2月1日上午8时，各地代表和来宾300多人，以及郑州地区1000多名铁路工人，浩浩荡荡地向会场走去。"庆祝京汉铁路总工会成立"的巨幅横标，由两名工人高举着，走在队伍的最前面，军乐队员高奏乐曲紧紧跟上，随后是数十面鲜红的彩旗，接着是一长串抬着八仙桌子的工人队伍，桌子上放着各地工会组织和来宾赠送的丰富多彩的礼品。纠察队员拿着齐眉棍，走在队伍的两旁。后面的工人代表队伍手执小旗，沿途高呼口号，显示了中国工人阶级团结战斗的力量。

此时郑州已全城戒严，沿街岗哨密布，如临大敌。会场普乐园已经被查封，门上贴着十字交叉的封条。项英一手把封条撕下来，代表们破门而入。就座后，郑州分工会委员长高斌走上主席台，大声说：“我宣布，京汉铁路总工会正式成立了！”顿时掌声雷动，全场的人都站起来欢呼：“京汉铁路总工会万岁！”

黄殿辰率领军警，急匆匆地赶到普乐园。他走上主席台，扯开嗓门大声喝道：“奉大帅令，禁止开会。限你们5分钟散会。不然，按军法从事！”

会场出现僵持局面，这时候张国焘提出，为了避免流血，应该宣布散会。各地代表和来宾在“京汉铁路总工会万岁”的口号声中，愤然离开会场。

黄殿辰指挥军警，捣毁了各地代表和来宾送给大会的礼品，查封了京汉铁路总工会会所，连“京汉铁路总工会”的牌子也抢走了。

当天晚上，京汉铁路总工会召开会议商讨对策。各地工会代表一致要求，举行总同盟罢工，以示抗议。他们当即成立了京汉铁路罢工委员会，杨德甫为委员长，项英为总干事，成员有张国焘、罗章龙、李震瀛、史文彬、高斌等人。

第二天，罢工委员会在郑州车站发布第一道命令，宣布京汉铁路总工会移到江岸办公，并宣布2月4日开始，全路总同盟罢工。

各地代表随即迅速返回岗位。高斌在郑州、史文彬在长辛店、林祥谦在江岸发动罢工，罗章龙回北京领导长辛店罢工，张国焘来到江岸指导罢工。

当天京汉铁路总工会发表《罢工宣言》，叙述了京汉铁路总工会成立大会被镇压的经过，呼吁：

我们要紧紧的团结，反抗我们的敌人，向我们的仇人进攻呀！工友们，无产阶级呀！为争自由而战呀！为争人格而战呀！为争我们的切身利益而战呀！弟兄们！无产阶级呀！努力呀！奋斗呀！冲锋呀！前进呀！

2 月 4 日上午 9 时，郑州分工会委员长高斌下达罢工命令。顿时，郑州机厂的 10 多台机车汽笛齐鸣。工人们立即关闸刹车，停电放水，熄炉灭火，把京汉铁路拦腰斩断。南来北往的列车，都在郑州车站停下来了。

上午 10 时，江岸分工会委员长林祥谦下达罢工命令。火车司机黄正兴用力拉响了罢工汽笛，江岸机车厂所有的汽笛同时怒吼，响彻武汉三镇。工人们纷纷涌出厂门，跳下机车。纠察队员快步跑到各自岗位，准备战斗。

11 时，长辛店分工会委员长史文彬下达罢工命令。纠察队员按照规定的讯号，举着一面白三角旗，跑到机务厂工务厂、火车房、车站，大声高呼："罢工了！"3000 名工人立即涌到娘娘宫。史文彬说："工友们！大伙受尽了千辛万苦，排除了千难万险，才组织起京汉铁路总工会。吴佩孚破坏工会成立大会，侵犯我们的自由，剥夺我们的权利。我们要与封建军阀宣战！"全厂工人齐声高呼："罢工！罢工！"

在 3 个小时内，京汉铁路全线 16 个站区全部罢工，所有的客、货、军车一律停驶。中国劳动组合书记部总部发表《通电》声援罢工：

本部素知军阀怙恶，与我工界势不两立。此次郑州事变，不过初发其端。因此，对于京汉工友宣言为争自由而战之旨，极表同情。军阀今日可施之于京汉者，他日即可施之于他处。如吾人今日饮泣吞声，不复与较，非但全国工会将悉受摧残，吾劳动界恐永无宁日。循至莽莽神州，尽变为军阀、官僚、游民出没之场，而神圣劳工永沉地狱不能自拔矣！尚望本阶级斗争之精神，切实援助，是为至要。

京汉铁路的罢工风暴，直接冲击着各帝国主义国家在华利益。各国驻中国公使团召开紧急会议，要求北洋政府采取严厉措施。黎元洪急忙发布“大总统命令”，说京汉铁路工人罢工是“越轨行为”，命令吴佩孚严加镇压。

吴佩孚得到后台老板撑腰，撕下了“保护劳工”的面具，露出了凶狠的爪牙，于2月7日出动军队，镇压罢工，屠杀工人。

镇压行动首先从长辛店开始。

长辛店工人罢工后，京汉铁路局长赵继贤在2月5日发表一道《京汉铁路管理局布告》，妄图欺骗工人复工，写得倒也是通俗易懂：

> 唉！工人们：你们仔细想想，我待你们还不好吗……你们要知道路局待你们厚，就应该忠于路事。现为路局计，与工人们约：限于十二小时内，立即照旧上工，所有以前的事情，概不追究。过了十二小时不肯回来，是你们和本路脱离关系，则本路局只有另行找人做事了。你们工人可不要后悔啊！

史文彬召集工会委员会开会，仔细研究了赵继贤的《布告》，认为他的目的是要破坏工人团结，为镇压罢工制造借口。史文彬提出，要向工友们讲清楚，这次罢工不是为了涨工钱，而是为了争自由、争人格，路局答应给我们涨多少钱也不行。

针对赵继贤的花招，罢工委员会也发表一个《宣言》，贴在赵继贤《布告》的旁边：

> 我们本着全路一致的精神，各分会什么条件都不提，专听江岸总工会的命令。总工会叫我们怎么办，我们就怎么办。在罢工事件未能解决以前，除了总工会的指挥，别的什么全不知道。这是我们至死不变的信条。

12 个小时过去了，没有一个工人去上工。

赵继贤见软的一招不灵，开始动硬的了。

一位工友急匆匆地赶到工会，向史文彬报告："北京游缉队一个营、保定陆军十四混成旅两个营，正向长辛店开来。"稍后又得到报告："各路大兵已经开到长辛店。车站上，各道口，都有兵把守，不许工人离开长辛店，也不准外人进入长辛店。长辛店已经全镇戒严了。"

6 日夜里，长辛店分工会召开紧急会议。史文彬说："赵继贤很可能要动武。在这种情况下，首先要求我们坚定不移，才能使工友们的心稳定下来，我们要向工友们表明态度，一定坚持到底。军阀要杀害我们，我们就要团结得更紧，决不能当软骨头。"

史文彬刚离开工会回到家里，军队就出动抓人了。他听到有人在问："史文彬住在哪儿?"为了不让同院住的工人和家属受惊，史文彬打开屋门，直挺挺地站在院子当中，双手叉腰，大声说："我就是史文彬!"

一个军官大声吆喝："捆起来!"

史文彬大声说："凭什么捆我?"

"别废话，还要枪毙你哪!"

"想不到吴佩孚会使出这种手段来!"史文彬说着，就被士兵押走了。

天亮的时候，长辛店一共有 11 人被捕，关在火神庙警察局。史文彬他们被押到火神庙，警察就扒去他们的衣服，痛打一顿之后，戴上手铐、脚镣，准备押往保定。

这时候，罗章龙急匆匆地赶来了。葛树贵向罗章龙报告了史文彬等 11 人被逮捕的情况后，问他下一步怎么走?

罗章龙说，军队逮捕工会的人，是毫无道理的，我们应该去火神庙，把史文彬他们要回来。

葛树贵看到工会的主要领导人全被逮捕了，就挺身而出，叫在场的人赶快分头通知工人，来工会集合。葛树贵手中紧握着一个大锤把，对聚集在工会门口的工人说："弟兄们！咱们工会的领导人都被大兵抓了。走，到火神庙要人去！"

罗章龙和葛树贵率领着工人队伍，高呼"还我工友""还我自由"的口号，浩浩荡荡地来到火神庙。奉命前来镇压罢工的十四混成旅旅长时全盛大声威胁："站住，再向前来就开枪！"葛树贵高举手中的大锤把，大声喊："弟兄们，他们有枪，我们有血。往前冲啊！"工人们跟着也冲了上去。时全盛一声令下，顿时枪声四起，葛树贵冲到火神庙的台阶跟前，中弹倒地。

时全盛调来马队，横冲直撞，工人的队伍被冲散了。这次战斗中，工人被打死打伤20多人，罗章龙也负了伤。

一时间，长辛店陷入白色恐怖之中。

1923年2月5日晚上，京汉铁路总工会郑州分会委员长高斌被吴佩孚手下的十四师师长靳云鹗"请"了去。

高斌，是郑州机务厂的镶配匠。他为人正直，在工人中很有威信。共产党在京汉铁路开展工人运动的时候，他串联了48位工人，组织京汉铁路郑州工人俱乐部。后来郑州工人俱乐部改组为分工会，他被推举为委员长。

在寒风中，他被带到靳云鹗的司令部。高斌迈步进屋，看见靳云鹗和郑州警察局长黄殿辰坐在太师椅上，对他表露出皮笑肉不笑的热情。

靳云鹗原是皖系旧将，直皖战争中兵败投了吴佩孚，此时正急于为吴大帅办事邀功。他见到高斌很是客气，说："现在临近年节，运输繁忙，有件事情，请高委员长帮助。"

"你们过年，工人过关。我是个工人，能帮你什么？"

"我们吴大帅有命令，要你们赶快复工。至于你们提出的条件，可以从长计议。"

“我们总工会也有命令，不答应我们的条件，工人决不复工。”

靳云鹗见软的不行，就威胁道：“你们聚众闹事，后果严重啊。”

高斌说：“工人罢工，完全是你们逼出来的。你们拒不答复我们的条件，全国人民都会起来反对你们!”

靳云鹗拍案大叫：“一句话，你到底下不下复工命令?”

高斌也毫不示弱：“没有总工会的命令，决不复工!”

靳云鹗吆喝一声，几个士兵冲进来，把高斌毒打一顿，就给他戴上手铐、脚镣，押到郑州车站。靳云鹗命令士兵把高斌的棉衣剥去，捆绑在电灯杆子上“示众”，逼他下令复工。高斌坚贞不屈，不为所动。

2 月 7 日，靳云鹗再度“变脸”，出面“宴请”高斌，并派出他过去的工友、郑州机厂钳工林宝弟作陪。林宝弟如今已卖身投靠，当上了靳云鹗的副官。他见到高斌，开口就劝他“莫再受人拨弄，误入歧途”。高斌对林宝弟说：“我们罢工，是为工人争自由、争人格、争地位，你为虎作伥，不会有好下场，我倒是劝你尽早回头。”

靳云鹗见高斌软硬不吃，又给他戴上手铐、脚镣，押往郑州警备司令部，投进监狱。

京汉铁路总工会移到江岸办公后，江岸就成为京汉铁路大罢工的指挥中心。江岸，也叫刘家庙，在汉口北郊，是京汉铁路的一个大站，这里聚居有 3000 多名铁路工人。

吴佩孚的屠刀，正向这里指来。

2 月 5 日早晨，一个军官来到京汉铁路总工会江岸分工会，声称受督军府的命令，要见工会的林会长谈复工的事。工人纠察队副队长曾玉良向委员长林祥谦报告，林祥谦答复他：“不答应工会的条件，复工无从谈起。”

那军官悻悻而去，临走放下狠话：“若不赶快复工，定当拿林祥谦等人问罪。”

林祥谦了解到，湖北督军萧耀南已按照吴佩孚的旨意，派参谋长张厚生带了一营军队，来到江岸车站旁边驻扎，刚才那个军官，很可能来者不善。林祥谦马上向工人纠察队作了部署，要大家提高警惕，预防吴佩孚突然袭击。

年关将近，吴佩孚利用旅客急于回家过年的心理，让人在大智门车站贴出通告，欺骗旅客说，客车已经开行，可以买票坐车了。同时，张厚生派士兵抓走司机郑永堂，用手枪逼着他升火开车。

林祥谦闻讯，也派宣传队赶到车站，向旅客散发传单，宣传大罢工的真相，争取旅客的支持。《敬告旅客》传单说：

工人等横遭军阀官僚之摧残，忍痛实深，现已忍无可忍，不得已于本月四日上午十时全路一致罢工。罢工后，旅客当然受其痛苦。但此等痛苦，并非由工人所赐，实由军阀官僚所赐，望旅客注意，并希旅客予以同情。

另一路，曾玉良集合纠察队员和工人冲向机车，抢回司机郑永堂，卸下机车的重要机件，熄炉灭火。

中午，张厚生的军队抓走3个纠察队员。林祥谦闻讯，和曾玉良一起率领工人纠察队员，把张厚生的驻地团团围住。曾玉良大声喊道："士兵弟兄们！你们吃的东西，是谁运来的？是工人。你们手里拿的刀枪，是谁制造的？是工人。你们不能拿工人制造的刀枪，对付我们这些受苦的工人啊！"

士兵们听了，低头不语。

再这样下去，连军队都要被策反了。吴佩孚、萧耀南见势不妙，马上又换了副面孔。6日下午，京汉铁路局派代表来江岸谈判，提出只要总工会下令复工，罢工的要求属于铁路局职权范围内的，都可以同意。总工会代表提出，只要启封京汉铁路总工会郑州会址，准许总工会开成立大会，赔偿损失，其他条件，可以复工后再商量。

铁路局代表声称，这不属于铁路局职权范围。谈判没有结果，双方约定下次再谈，其实这是他们的缓兵之计，吴佩孚已是磨刀霍霍，没有下次了。而此时工会由于消息不通，还蒙在鼓里。罢工委员会委员长杨德甫还以为胜利在望，心情不错。由于这次大罢工没有发动职员参加，没有掌握电讯部门，罢工委员会不能协调指挥各地，三处分工会联络断绝，各自为战。所以，2 月 7 日，吴佩孚已经在长辛店屠杀工人，在郑州“宴请”高斌，江岸方面却一无所知。

二七惨案

2 月 7 日下午 2 时，已经被萧耀南任命为镇压罢工的“刘家庙铁路警备司令”的张厚生来到江岸，他先是以谈判复工为名，请工会派人到他的司令部江岸扶轮学校。杨德甫信以为真，就派了林祥谦、项英等几个负责人去。

林祥谦开门见山，首先提出撤退军队，才能谈判复工。张厚生冷笑一声，对林祥谦说：“我是给你一个机会，让你召集全体工人，叫他们马上复工，否则你吃不了兜着走。”林祥谦说：“复工是全路工人的事，没有这样简单。”

从扶轮学校回来，项英觉得情况不妙，判断敌人可能很快就要下手了，林祥谦是分工会委员长，负责指挥江岸地区的罢工斗争，最好去一个比较安全的地方隐蔽起来。项英对林祥谦说了自己的看法，林祥谦说：“罢工斗争就是革命运动。没有不流血不流汗的革命，也没有不流血不流汗的罢工。”

林祥谦也意识到残酷的斗争即将到来。他把分工会的图章藏在家里的炭火盆里，匆匆赶回工会，坚持在江岸继续指挥战斗。

下午 5 时，张厚生下令军队紧急集合，兵分三路向江岸扑来：一路由江岸车站直扑京汉铁路总工会，一路由三道街抄总工会右侧，一路由福建街抄总工会左侧，把总工会包围起来。

工人纠察队副队长曾玉良正在值勤，看见士兵猛冲过来，大声疾呼："弟兄们，保卫总工会！"工人们冲出去和士兵展开肉搏战，怒吼声、叫骂声、棍棒碰击声、枪声混在一起。工人赤手空拳，敌不过军队的刀枪，曾玉良打倒了五六个士兵后，中弹倒下。军队冲进京汉铁路总工会，林祥谦被逮捕了。

在这场野蛮的屠杀中，江岸30多名工人牺牲，200多人受伤，酿成了震惊中外的二七惨案。

当夜，天降大雪，敌人把林祥谦绑在江岸车站站台的木桩上。张厚生逼迫林祥谦下令复工，遭到林祥谦断然拒绝。他恶狠狠地命令刽子手举刀砍向林祥谦左肩："上不上工?"林祥谦斩钉截铁地说："上工要总工会下命令。我头可断，血可流，工不可复！"屠刀砍向林祥谦右肩，他血流如注，昏死过去。醒过来，敌人再次恶狠狠地问他："现在怎么样了?"林祥谦拼尽最后的力气怒斥敌人："现在还有什么话可说?可怜一个好好的中国，就断送在你们这伙混账王八蛋手里了！"林祥谦壮烈牺牲，时年31岁。

罢工委员会总干事项英，率领100多名工人，冒死冲进车站，准备抢救林祥谦和被捕工人。可是，他们来晚了一步。

张厚生砍死林祥谦，仍不解恨，命令刽子手，把林祥谦的头割下来，挂在车站"示众"。

接下来，吴佩孚的屠刀又对准了"劳工律师"施洋。

施洋虽然没有在罢工委员会担任领导职务，但这段日子以来经常去江岸，和林祥谦、项英等研究罢工的问题。施洋深知吴佩孚非常奸诈、凶残，当吴佩孚下令禁止京汉铁路总工会在郑州举行成立大会的时候，就向工人发表演说，指名道姓声讨吴佩孚。吴佩孚听闻施洋的演说，恨得咬牙切齿。

2月7日这天，施洋去汉口地方审判厅为一个刑事案件的当事人阅卷，下午 5 点多钟刚到家，一群警察破门而入，拿着手枪对施洋说："有请先生到警察厅谈话，快走!"

警察一拥而上，使劲抓住施洋的手臂，押着就走。

来到汉口警察厅，20 多个警察把施洋团团围住。施洋质问警察："你们把我捕到这里来，我犯了什么法?"

一个警察低声说："大概是因为罢工的事。"

施洋大声说："警察厅真看得起我。罢工潮流传遍全球，我施洋是什么人，能解决得了吗?"

警察厅随即把施洋解往武昌湖北督军署陆军审判处看守所，戴上手铐、脚镣，关进监狱。

2 月 8 日，湖北督军署陆军审判处开庭审讯施洋。施洋和审判长在法庭上进行了一场舌战。

审判长问："你既然当了律师，理应安心执行律师职务，为什么参加那些各界联合会呢?"

施洋答："各界联合会是爱国组织，吴佩孚也曾发表通电，表示支持。爱国是国民的天职，我作为国民一分子，为什么不能参加?"

施洋是律师，长于辞令，逻辑严谨，滴水不漏，说得审判长无言对答。施洋又说："第一，我不是军人，不是江湖大盗，本来就没有犯法，为什么把我关进监狱？即使犯了法，也应该由汉口地方法院审理，湖北督军署要审理，就是藐视国法，逾越权限。第二，我是个文弱书生，用不着脚镣、手铐，这种天字第一号重的脚镣手铐，全世界文明国家都已废除，你们把一个文弱书生关在墙高数丈，重门叠户的监狱里，还要加上这种刑具，这是天理、人情所不容的。"

审判长对施洋说："这是军法机关，只重命令，与普通法院不同。"

施洋下了堂，回到监狱。狱吏就把施洋脚上的脚镣卸下来。送来白布草包一个，垫被一条，盖被一条，还安置了一个木板铺。施洋知道，这是法庭斗争取得的初步胜利。

施洋回想刚才在法庭上，审判长说“这是军法机关，只重命令，与普通法院不同”，他意识到，在湖北督军署陆军审判处，只要吴佩孚一个命令，不要证据，不经审讯，不经任何法律程序，就可以秘密处决。施洋知道事态严重、处境危险。尽管这样，他还是沉着镇静，在监狱中，施洋写了七天日记，这就是有名的《伯高狱中七日记》。

这本日记，是施洋在法庭上、在监狱中和敌人斗争的真实记录。施洋写了无辜被捕的经过后，写到自己对坐牢的看法，表现了他的革命乐观主义精神。

此时已夜十一时了。虽曾就寝，终夜未寐。我未寐的原因，并不是以坐牢为苦，实在是想我家弱妻、幼女、小弟、仆从六七人，均靠我谋生存，床头金尽，柜无斗米，何以为继？若就我个人说，不独不以为苦，反以为乐。我今天坐牢，正修精养锐之机会，钻研锻炼之良辰。此我所以觉其乐而不觉其苦也。

2月15日，是农历年三十。吴佩孚给施洋强加“迭次参加工团，公然演说，主使煽惑工人罢工”的罪名，电令萧耀南杀掉施洋。萧耀南在根本没有掌握罪证，没有经过任何法律程序的情况下，就命令湖北督军署陆军审判处卫队连长黄玉山，把施洋押赴刑场，秘密处决。

行刑前，刽子手问施洋有没有遗嘱？

施洋严肃地说：“我只希望中国的劳动者早日起来，把军阀、官僚和你们这班替他们做走狗的人一起，食肉寝皮！这就是我的遗嘱。”

施洋慷慨激昂地说：“我不怕人、不怕事、不怕死，堂堂做人，反对强暴。你们杀了一个施洋，还有千百个施洋。”

枪声响了。施洋仍在高呼：“劳工万岁！”

施洋英勇就义于武昌洪山脚下。萧耀南下令不准收尸。林育南当晚派人力车工人冒着危险，将烈士遗体收敛在武昌城外江神庙中。其时，各界人士致祭于江神庙者来往不绝。农历七月十五日，在严重的白色恐怖环境下，汉口人力车夫工人趁盂兰盆会的机会，在各码头设祭，数千车夫跪地痛哭，并扶施洋灵位游行，一时悲染江城。

当年7月，为纪念施洋，中共湖北党组织和湖北全省工团联合会决定将烈士的灵柩安葬在武昌城外的洪山脚下，各界群众前往洪山施洋墓凭吊者，络绎不绝。

1924年2月，为纪念施洋殉难一周年，林育南主编了《施洋先生纪念录》，上海《民国日报》出了施洋纪念号。

1957年1月，董必武题诗：

二七工仇血史留，吴萧遗臭万千秋。
律师应仗人间义，身殉名存烈士俦。

二七惨案发生后，中国劳动组合书记部发表《告全国工人书》指出，二七惨案的发生，乃是因为国家政权掌握在军阀手里，工人没有政权的缘故。工人应该赶快化除地方之见，行业之见，把工人阶级组成一个极大极强的团体，再联合农民商界学界同心协力，打倒大家的公共敌人军阀，建设真正的民主共和政治来代替军阀政治。

京汉铁路总工会发表宣言，号召全路工人"下决心誓必报仇雪恨，誓必恢复工会，誓必打倒军阀"。湖北全省工团联合会召开紧急会议，项英提出发动所属26个工团，举行总同盟罢工，支援京汉铁路工人罢工，抗议吴佩孚的大屠杀。但是张国焘认为，敌我力量悬殊，继续罢工会造成更大的损失，为了减少牺牲，以图再举，决定下令复工。

京汉铁路总工会发布《紧急通告》，开篇说："亲爱的工友们！我们全路工友被枪杀的竟有百余人，我们的总工会及各分工会均被封禁，我们的工友被杀伤的更不知多少，我们工友都被士兵捆绑上工。事至如此，我们工友当然不能不忍痛上工。"接着，《紧急通告》悲愤指出：

“我京汉工友都是有血性的男子汉大丈夫，能够让军阀随便杀死我们的弟兄么？我们两年来血汗造成的工会，能够随便让他们封闭么？我们真正就是这样上工了么？我们决不要灰心，决不要怕死，这口气是必定要争的，杀我们弟兄的仇是必定要报的。曹锟、吴佩孚、萧耀南等军阀，都是杀我们弟兄的凶犯，我们从此是要下决心打倒军阀的。”《紧急通告》强调，京汉铁路工人大罢工虽然受到残酷镇压，但是，“我们的总工会还存在！我们工友还要服从总工会的命令，维护总工会，我们工友还要团结一致，秘密组织，以图再举”。

《紧急通告》最后号召：

工友们！我们这次的耻辱，是永远不能忘记的，我们许多兄弟被杀害，更是我们不能忘记的。我们大家都要下决心誓必报仇，誓必恢复工会，誓必打倒军阀！

京汉铁路大罢工在吴佩孚的血腥镇压下失败了。

大罢工失败后，一首伤心的歌谣在京汉铁路工人中流传：

自北京来到郑州，郑州过去是汉口。
从北到南两千多里，步步都是咱们工人修。
京汉路工人像牛马，日夜血汗不住流。
工人哪个能穿暖？谁能喝饱两顿粥！
京汉路啊，变成了饥寒路，失业的工人流落在街头。
琉璃河啊，变成了流泪河，眼泪比河水还要多。
长辛店啊，变成了伤心店，伤心的事儿说不完。

京汉铁路总同盟大罢工，是中国工人运动第一次高潮中的顶点。罢工失败后，工人运动暂时转入了低潮。

安源的经验

在二七惨案中，京汉铁路沿线共有52人牺牲，60人被捕入狱，300多人负伤，1000多人被工厂开除，流亡在外。

二七惨案后，吴佩孚继续对工会运动进行血腥镇压，妄图将中国劳动组合书记部一网打尽。京汉铁路全线工会都被查封，湖北全省工团联合会及所有的工会、工人俱乐部、工人夜校一律被封闭，牌子被砸烂，财物被洗劫，职员被逮捕，工会领袖被通缉。全国各地工会组织大都被迫停止活动或转入地下，工人运动随即转入低潮。

北京卫戍司令王怀庆在大街上贴出布告，宣称："主张共产，宣传赤化，不分首从，一律处死。"赵继贤向吴佩孚提供了一份"过激党"的黑名单，军警拿着这份黑名单，到处追捕工会负责人。湖北督军萧耀南悬赏缉拿项英等17位工会负责人。湖北全省工团联合会被勒令解散，会址被封闭，机关报《真报》被加上"扰乱地方，鼓动工潮"的罪名，也被查封了。

张国焘、杨德甫被迫化装逃离江岸，只留下项英处理善后、收拾残局。他冒着被通缉的危险，抚恤受难工人家属。在江岸分工会掌管财务、负责救济经费的张连光携款逃走的情况下，为了安置林祥谦夫人陈桂贞和林祥谦的遗腹子冠康、幼女汉玉，项英四处奔走、多方联络，将他们秘密转移到孝感乡下居住。他还编写了《二七工仇》一书，讴歌二七烈士的崇高革命气节。

项英革命意志坚定，多次在危险形势下站出来支撑危局。几年后在中央苏区，红军主力长征之后，他主动提出留下来在南方打游击，坚持了南方游击战争，并创建领导了新四军。1941年，项英牺牲于"皖南事变"。1948年7月29日，中共中央在给第六次全国劳动大会的祝词中，将项英誉为"工人阶级的英雄人物"。

相比之下，张国焘则没有这般坚定的意志，他在顺境中意气风发，在逆境中消沉折节。如果这一次他像林祥谦、施洋一样牺牲，倒可能成就了他一世英名。

张国焘（1897—1979），江西萍乡人。1916 年考入北京大学。1920 年跟随李大钊参与北京共产主义组织活动，参与创建中国共产党。五四运动中，张国焘风云一时，组织讲演团到北京街道、火车站等地讲演，宣传抵制日货，经常赢得满堂喝彩。后来在红四方面军里，有老战士回忆道："张主席的战前动员是最好的，每个指战员听了都热血沸腾，斗志昂扬。"

当年在北京大学，张国焘是李大钊的得意门生，而毛泽东当时则是北大图书馆助理员。1919 年，张国焘与毛泽东在北大图书馆首次相遇，毛泽东迎上前，热情地同张国焘握手，而张国焘只是点点头，然后旁若无人地与李大钊高谈阔论。许多年后，毛泽东在陕北接受美国记者斯诺采访时，谈及这次相识，深有感触地说："他们看不起我这个乡下土包子。"

张国焘的弟弟张国庶也是革命烈士。在校上学时，他积极参加声援安源路矿工人大罢工活动。1924 年担任安源路矿工人俱乐部秘书。1927 年到苏联莫斯科中山大学学习，归国后担任中共江西省委书记。1930 年 5 月，南昌卫戍司令部司令张辉瓒破获共产党地下组织，张国庶被捕，面对敌人，不管是高官厚禄诱降，还是严刑拷打，始终坚贞不屈。张辉瓒恼羞成怒，下令处决张国庶，装进麻袋沉入赣江。

张辉瓒，也就是毛泽东诗词中"齐声唤，前头捉住了张辉瓒"的那个人。蒋介石对中央苏区的第一次"大围剿"，张辉瓒在江西吉安龙冈被红军活捉。赤卫队员和激愤的群众将其头砍下，装进竹笼扔进赣江。

然而，历史没有假设。

1924 年 5 月，杨德甫被捕叛变，供出了张国焘。张国焘也被抓捕，他在狱中自首，供出了他的恩师李大钊和北京地区的共产党员名单，使得工人运动再受挫折。再后来，他先是另立“中央”，继而叛变投奔国民党，更是尽人皆知了。

有道是西方不亮东方亮，就在北方和长江流域的工人运动由于遭到军阀镇压而消沉之时，广东、湖南的工人运动仍在继续发展。湖南全省工团联合会成立了“援助京汉委员会”，为死难者家属进行募捐，并且游行示威以抗议军阀政府的暴行。湖南全省工团联合会还发动了一系列经济罢工，在不断取得胜利的过程中，不断有工团组织加入，所属的工团组织增加到30多个。

其中最引人注目的，是被邓中夏誉为“硕果仅存”的安源路矿工人俱乐部。在工运低潮中，安源路矿工人俱乐部不仅保存了自己的组织，而且开展了很多有声有色的活动，取得了显著的成就，表现为以下几个方面：第一，对原有组织机构进行改组，实行代表会议制和民主集中制；第二，设立工人学校和图书馆，组织各种文娱活动，以提高工人的文化素质和思想觉悟，丰富工人群众的精神生活和文化生活；第三，创办了中国第一个工人消费合作社，抵制了奸商对工人的中间剥削，缓解困难工人的经济贫困；第四，积极支援外地工人的斗争，对于推动湘赣两省的工农运动、促进全国的工人运动发挥了积极作用。

在四周白色恐怖的包围中，为什么安源路矿工人俱乐部不仅能硕果仅存，进而还能蓬勃发展？

一是因为它重视党组织建设。在毛泽东的领导下，党在发动工人运动之初就十分重视发展党的组织。在第一次工人运动高潮中，安源路矿工人俱乐部就建立了党支部。到1923年，安源的党员人数比上海、北京、天津等地的党员人数都多。党员在俱乐部内部担任领导职务，保证了党组织从思想上、政治上对工人运动的绝对领导，有利于全体工人的团结一致。

二是因为工人团结斗争。在罢工中，工人认识到了团结的力量。所以每当工会危急之际，工人个个拼命保护工会。如果资本家以军队包围工会，工人即包围工厂、包围资本家职员等，誓死同仇。在安源这个小市镇上，所有各军警及重要机关，还有邮政电报电话等交通机关均有工人“内线”，资本家稍有动作，工人即刻知道，能做到知己知彼、百战百胜。安源路矿当局看到了工会组织的严密性与坚强战斗力，也不敢轻举妄动。二七斗争后，安源路矿当局接到北京交通部来电，要求其封闭工会，但考虑再三，始终不敢下手。

三是因为它所处环境相对宽松。当时，军阀之间矛盾重重，安源地处湘赣两省交界，不同于北京、郑州、汉口等大城市，算作是某种程度上的“边区”。两省军阀出于对政治时局的担忧，不愿镇压工人群众，加上资本家内部派系分歧，彼此都想凭借工人势力，推倒异己，巩固自己地位，这反而给了工人运动发展的有利时机。

四是因为它灵活的斗争策略。二七斗争失败以后，安源工会也经历过很多的危险：资本家勾结军阀、贿赂官厅、豢养工贼，想方设法破坏工人的组织。毛泽东指示安源路矿工人俱乐部采取“弯弓待发”的策略。刘少奇领导安源工会一方面对资本家的破坏斗争到底，毫不退缩，另一方面团结工人，采取守势，不要骄傲，不给敌人以破坏之机。同时，俱乐部还尽量争取地方绅商的支持，团结和争取更多的中间势力，构建统一战线，从而在工运低潮中始终立于不败之地。

安源路矿工人俱乐部在这一时期，做了不少开创性的工作。

一是打破包工制。过去，安源煤矿包工头的收入，超过工人工资一倍以上，甚至有超过三四倍的，工头每月收入有银洋七八百元者，有上千元者。工头与职员双方勾结，大搞“吃点”“买空”“做窿”“买灰”等手段，尽力剥削工人。安源罢工胜利以后，工人俱乐部废除了包工制，改为合作制，议定合作条约，工头每月工资自 10 元起至 30 元止，工人工资照罢工时条约不改，所得红利，工头占 15%，管理处占

5%，余下的80%由工人平分。这样一来，不仅使工人不受工头剥削，并且为矿局廓清积重难返的弊病。

二是建立自下而上的代表会议制度。安源工人俱乐部的基本组织是十人团，选举“十代表”一人，再由十个十人团选举“百代表”一人，每工作处选举总代表一人。总代表（51人）会议为最高决议机关，百代表（131人）会议为复决机关。再由百代表会议选举主任四人（总主任一人、窿外主任一人、窿内主任一人、路局主任一人）组织主任团，主任团下设干事会，为俱乐部办事机关。这种组织相当于议会制与苏维埃制的混合组织，把路矿全体工人组织在一个严密系统之下。

三是开展了最早的廉政建设。大罢工胜利后，俱乐部迅速壮大，成员从700多人增长到1.3万多人，上缴的部费急剧增加，俱乐部日渐庞大，常设办事机构主任团的权力也越来越大，逐渐出现了官僚习气，发生了管理混乱、侵吞挪用公款等腐败现象。

安源路矿工人俱乐部在刘少奇、朱少连等领导和主持下，开展了一系列整顿与惩处相结合的反腐倡廉工作。针对合作社的几起侵吞公款、谋取私利的典型案例，俱乐部在据实查证后，形成决议，作出处理。合作社服务股经理陈梅生挪用公款1000元，受到“房屋用具被封存，追缴所欠款项，辞退服务股经理”的处罚。合作社第二任总经理易礼容借得公款1000余元，以到湖南长沙等地购物为由，挥霍一空。俱乐部得知后，组织专人将其缉拿回安源，关押在俱乐部讲演大厅的暗室中，以儆效尤。

说起来，易礼容也是老资格了，1919年加入新民学会，1920年与毛泽东一起创办“文化书社”，1921年8月加入中国共产党，是毛泽东和何叔衡之后的湖南第三名共产党员。但不论是谁，犯了错误之后，工人俱乐部处理起来同样毫不手软。

四是加强制度建设。制定《安源路矿工人俱乐部总章》《安源路矿工人消费合作社办事公约》《安源路矿工人俱乐部办事细则》等规章制度。俱乐部的工作实行报告制和公开制，俱乐部换届、大会的工作报告等重要文件，不但全面公开，还编辑成册在全国主要工会发行和传播。对严重违反俱乐部章程和纪律的人员，经教育仍无悔改者，作出开除部籍处理，形成震慑效应。

所以安源工人在二七斗争失败后，不但没有被资本家取消已得的权益，并还争得不少的利益：矿局每月津贴工会教育经费 1000 元，每日工资在 1 元以上工人增加工资 5%，路局按月送给工会长期免票 3 张，矿局增加工人或添补工人先由工会劳动介绍所介绍等。安源工人俱乐部还设立工人学校 7 所，工人读书处 5 处，工人图书馆 1 所，有工人子弟学生 700 余人，工人补习学生 600 余人。又办有消费合作社 2 所，建筑大讲演厅 1 所，能容听众 2000 人，购买房产 3 栋。安源的工人，做完了工可以读书、可以看戏、可以听讲、可以做各种游艺。子弟读书不要钱，秩序有自己的纠察团维持，犯事有自己的裁判委员会裁判，买东西有自己工会的合作社。

安源工人在二七斗争失败后，各种示威运动仍然得以公开举行。如五一纪念、黄庞纪念、十月革命纪念，都有成千上万名工人参加。每次游行集会，群众精神振作、秩序井然，成为当时一道亮丽的风景。

安源路矿工人俱乐部的存在和发展，不仅给处于沉寂状态的全国各地工会以极大的力量和鼓舞，而且为我党领导工人运动提供了宝贵的经验。

第六章

萌动 1924

工人运动的复苏

雨后复斜阳，关山阵阵苍

——题记

1924年1月，中国国民党第一次全国代表大会召开，标志着革命统一战线的正式建立。第一次国共合作的实现，结束了二七惨案以来工人运动的沉寂，成为工人运动复兴和高涨的起点。

前页图注：

1924 年 5 月 5 日，国民党上海执行部举行庆祝孙中山就任非常大总统三周年纪念活动时合影

广州工人代表会

在革命低潮中，中国劳动组合书记部筹备建立全国总工会的活动受挫，原定的1923年五一节召开第二次全国劳动大会的计划被迫取消。中国劳动组合书记部在北京遭到查封，主要领导人被通缉和搜捕，被迫再度迁往上海。但中国共产党仍然领导工人阶级坚持斗争。中国劳动组合书记部及各地分部，特别是在二七斗争中遭受损失最严重的武汉和北方分部，在十分艰难的情况下，对被捕和殉难的共产党员、工会干部和革命职工进行营救、转移，对家属进行安慰和救济等工作。

1923年下半年，局势有所改观，孙中山领导的国民党伸出了联合之手。中国共产党领导工人阶级不屈不挠的斗争，让孙中山看到了工农的力量，中国南北多次大罢工，让孙中山认识了共产党的群众基础。特别是他这些年周旋于军阀之间，有过多次失败的教训，在其最困难的时候，中共和苏俄向他伸出友谊之手。特别是看到共产党领导的工人运动后，他曾对左右国民党高层讲，你们自高自大，自以为有军队，有广州地盘，瞧不起共产党，而实际上共产党力量比我们强的地方很多。我当年开始搞革命时，策动群众，少则百八十人，多不过几千几百人，你们看共产党发动群众斗争，动不动就是几千几万人，甚至几十万人。二七斗争就是例子。从这一点来看，我们还不及共产党。在与共产国际代表会谈之后，孙中山表示愿意同中国共产党合作，并积极进行改组国民党的准备。

1923年6月12日至20日，中国共产党第三次全国代表大会在广州召开，讨论和通过了与国民党建立革命统一战线的决定，决定采用共产党员加入国民党的方式来实现国共两党的合作。大会通过的《关于劳动运动的决议案》指出，“中国目下劳动运动方取守势”，劳动组合书记部今后之责任，为组织“天津、哈尔滨、山东、上海等处已组成之路矿等工会以外之各种工会”“省、港、澳三方面产业的及手工业的工人组织，须适用国民运动口号作统一运动”。

党的三大实现了工运方针的转变，即从党的一大确定的发动和组织工人阶级、开展工人运动，转变为使工人、农民、小资产阶级、资产阶级联合起来构建统一战线，从而进行反帝反封建的国民革命。这次会议为处于工运低潮的工人运动指明了方向。国共合作方针的提出，有利于逆转工运低潮，壮大革命的阵营，尽快恢复工人运动和工会组织的发展。

在党的三大上，王荷波当选为中央执行委员，随后增补为中央局委员，成为我党第一位工人出身的中央委员。

二七惨案之后，当全国工会运动进入消沉之时，广东的政治形势却渐趋好转。孙中山驱逐了军阀陈炯明，在广州建立大元帅大本营。再加上香港海员大罢工和第一次全国劳动大会召开在广州的影响，使广州的工会运动能够得天独厚地继续发展。

1922 年底至 1923 年初，中共广东区委阮啸仙、冯菊坡、刘尔崧等人分别深入广州酒业、米业、柴炭、碾谷、手车夫等行业，对这些行业旧工会进行了成功改组。广东省油业总工会由旧式会长制改为委员制，一批工人优秀分子被选为工会委员，刘尔崧当选为广州油业工会常务委员兼秘书，党团组织也在油业工人中逐步建立起来。1923 年 5 月，广东油业工会领导工人为增加工资、改善待遇而举行罢工。这次罢工历时 8 个月之久，终于取得了全面胜利。

但是应该承认，在广东，此时共产党领导和影响的工会还只占很少一部分，另外还有 100 多个各类工会组织，如广州机器工会，曾领导了 1921 年广州机器工人大罢工，对广州工会运动的发展起了很大的促进作用。这些工会组织派系林立，大部分都在国民党的影响之下。

我们前面提到的海员工会，同样深受国民党的影响。工会领导人林伟民、苏兆征都是孙中山的同乡，工会活动也受到国民党很多的支持。1922 年五一国际劳动节，海员工会在广州海旁街口搭了一座花牌楼，上面有一副对联：上联是“拥护三民主义”，下联是“实行五权宪法”。在庆祝大会的会场上，悬挂的是国民党党旗。在会上发表演说的前 10 名都是国民党要人，到中国劳动组合书记部的代表邓中夏发表演说时，已经是第 13 名了。

广东工会运动之所以形成这种局面，是有一定的历史原因的。辛亥革命后，军阀混战，南北分裂。1917 年，孙中山在广州召开非常国会，建立“护法政府”。国民党对工人组织工会、进行罢工斗争，不仅政治上支持，而且给予物质援助。由于孙中山的名望，国民党在工人和工会中，都有相当的影响力。

中国劳动组合书记部广东分部成立后，在开展工人运动中就遇到与国民党的关系问题。特别是书记部广东分部主任谭平山，在孙中山和陈炯明发生矛盾时，曾经违背中共中央的指示，反对孙中山、支持陈炯明，致使劳动组合书记部广东分部的活动受到限制，中共在广东地区领导的工会运动一度进展缓慢。

中共三大决定共产党同孙中山领导的国民党进行联合。会后，中国共产党积极联合国民党，促进国民党改组。这就为广东工会运动走向团结、统一，创造了有利条件。

1924 年 1 月，中国国民党的第一次全国代表大会在广州召开。大会重新解释了三民主义，并决定实行联俄、联共、扶助农工的三大政策。大会通过的章程允许共产党员和社会主义青年团员以个人身份参加国民党，选举产生了有李大钊等 10 多名共产党人参加的国民党中央执行委员会及其各部领导机构。第一次国共合作的实现，标志着革命统一战线的正式建立，结束了二七惨案以来工人运动的沉寂，成为工人运动复兴和高涨的起点。

国民党第一次全国代表大会宣言指出：

中国以内自南至北，自通商都会以至于穷乡僻壤，贫乏之农夫、劳苦之工人所在皆是。因其所处之地位与所感之痛苦类皆相同，其要求解放之情至为强烈，故国民革命之运动，必恃全国农夫工人之参加，然后可以决胜，盖无可疑者……国民党现在正从事反抗帝国主义与军阀，反抗不利于农夫工人之特殊阶级，以谋农夫工人之解放。质言之，即为农夫工人而奋斗，亦即农夫工人为自身而奋斗也。

孙中山对于组织工人十分重视。1924 年 5 月 1 日，在广州各工团纪念五一大会上，孙中山应邀到会发表了热情洋溢的演说。他在介绍了五一节的来历之后，又痛心地指出中国工人的地位，他说："要知道中国工人现在所处的是什么地位，便先要知道中国国家现在所处的是什么地位。中国现在是世界中贫弱的国家，受各国的种种压迫，所处的地位是奴隶的地位，比较各国殖民地的地位还要低得多。比方高丽是日本的殖民地，安南是法国的殖民地，高丽、安南在国际之中，有没有地位呢？简直没有他们的地位。各国都是把他们当作奴隶，象高丽是做日本的奴隶，安南是做法国的奴隶，但是高丽、安南虽然是做外国的奴隶，他们只做一个强国的奴隶。我们中国现在是做世界列强的奴隶，凡是和本国有约通商的国家，都是中国的主人。""做奴隶的人，只得一个主人的欢心，当然是很容易，要得许多人的欢心，当然是难得多。所以俗话说：'顺得姑来失嫂意。'故中国现在所处的地位是很困难的，比较高丽、安南的地位还要难得多，还要低一等。国家的地位既然是很低，我们人民的地位自然也是很低，做工人的地位当然是更低。"面对这种情形，孙中山号召工人们："要从今日起，立一个志愿，组织一个工人大团体……工人不但是对于本团体之中有责任，在本团体之外还有更重大的责任，这是什么责任呢？这就是国民的责任。

诸君结成了大团体，要担负什么责任呢？就是要担负抬高国家地位的责任……若是能够担负这个责任，把中国变成世界上头一等的强国，诸君便是世界上头一等的工人，和头一等的国民。”

国民党一大通过的政纲第11条规定：“制定劳工法，改良劳动者的生活状况，保障劳工团体，并扶助其发展。”同年11月，孙中山以大元帅的名义公布了《工会条例》21条，承认工人有组织工会和言论、出版及办教育事业等自由。如今工会的很多工作内容，都可以在这个《工会条例》中找到源流，如“工会法人”“团体契约”（集体合同），以及“会员对工会负担之经常费，其额不得超过该会员收入百分之五”，等等。

孙中山口才很好，但要落实到工作中去，国民党却缺乏动员工农的人才。这方面的工作，基本上靠加入国民党的共产党员来做。国民党一大之后，中央执行委员会设立了工人部、农民部、青年部、妇女部等机构。中央工人部长由廖仲恺担任，秘书由冯菊坡担任，刘尔崧任中央工人部干事。当时国民党各部不设副部长一职，秘书的职权实际相当于副部长，工人部的很多实际决策都由冯菊坡拍板。

与之类似的还有，北京国民党执行部工人部秘书是张昆弟，助理是王尽美；上海国民党执行部工人农民部秘书是邵力子（时为共产党员），干事和办事人员是邓中夏和王荷波等人；汉口国民党执行部长是刘劳，组织部长和干事是林伯渠、李立三和许白昊，宣传部干事是项英和林育南。在这些部门中，特别是其中的秘书、干事等负责实际工作的人员，大多是加入国民党的共产党人，他们在全国大部分地区以合法半合法的身份，积极推动了当地工人运动的恢复和发展。

冯菊坡，1899年出生，原籍广东顺德。1919年参加五四运动。1920年1月受中共党组织委派，出席了在莫斯科召开的远东各国共产党及民族革命团体第一次代表大会，受到列宁的接见。1923年回国后担任中国劳动组合书记部广东分部主任。国民党一大后，任国民党中央工人部秘书。1925 年中华全国总工会成立后，他负责招待部工作，参与领导省港大罢工。1926 年 6 月，中华全国总工会在广州创办了中国工人阶级的第一所大学——劳动学院，培养工会领导人才。冯菊坡讲授《广东工会问题》，邓中夏讲授《中国工人八大斗争》，深受工人学员欢迎。遗憾的是，冯菊坡于 1930 年脱离革命，被开除党籍。

刘尔崧，1899 年出生于广东永安县。1918 年考入广东省立第一甲种工业学校机械科，1919 年响应北京五四爱国运动，与阮啸仙等率领甲工同学参加游行示威，声讨北洋军阀政府。1921 年加入中国共产党，1922 年 5 月参与第一次全国劳动大会的筹备工作。国民党一大召开，出任国民党工人部干事，领导了广州沙面洋务工人大罢工，参与创建了广东工团军，镇压了广州商团叛乱。1925 年 5 月，参加第二次全国劳动大会，参与领导、发动省港大罢工。1927 年，蒋介石发动“四一二”反革命政变后，不幸被捕，4 月 19 日，被秘密杀害于珠江白鹅潭。

统一战线建立后，给中国共产党创造了公开组织和教育工人群众的良好环境。中国共产党因势利导，首先在广东地区积极开展工人运动，使这一地区的工人运动出现了新的局面。

1924 年 5 月，中共扩大执委会作出工会运动问题议决案，提出“党的最重要的职任，便是继续不断在产业的工人里有规划地创设工会的组织”。决议要求：“只要有可能，到处都应当努力去组织大工会”“不能组织工会的地方，应当先组织互助会俱乐部、合作社、普通教育学校或技术教育学校等”“只有这样，工会才能成真正的阶级组织，真正的阶级斗争的学校，亦只有这样，我们的党和工会运动才能有思想上的联结”。

广东的产业工人主要集中在香港和顺德地区，而广州向来以手工业和商业发达著称于世，广州工人大部分是手工业工人、苦力和店员，产业工人较少。因此，广州工会大多数带有行会色彩，加上无政府党、行帮、会党以及国民党右派的影响，广州的 160 多个工会组织都自立帮派，不断冲突，使工人阶级的统一遇到极大困难。

针对广州地区工运存在的问题，中共广东区委认为，必须统一工会组织，为此采取以下措施：

第一，建立工人运动委员会，以冯菊坡为书记，加强党对工人运动的统一领导。

第二，组织召开广州工人代表会议，加强工人组织团结。1924 年 5 月 1 日，刘尔崧以国民党广东省工人部的名义，召开了广州工人代表会，参加的代表有 160 多人，代表 70 个工会和 10 多万工人，入场旁听的工人有 2000 多人。孙中山就是在这一次会议上发表了《中国工人所受不平条约之害》的演说，勉励工人"立一个志愿，组织一个大团体"。大会决定成立广州工人代表会，刘尔崧当选为执行委员会主席。大会通过 20 多个决议案，作为工人代表会的行动纲领。

第三，整顿和改组广州工会。刘尔崧等人通过广州工人代表会，对广州地区 100 多个工会进行了整顿和改组，成立了三个支部执行委员会，分别把产业工人和手工业工人组织和团结起来，从而统一了工人群众的行动，增强了斗争的力量。但是，由国民党右派控制的广东机器工会和广东省总工会，却蓄意制造事端，拒绝出席广州工人代表会议，企图分裂工人运动。不过他们的图谋没有得逞，在共产党和劳动组合书记部努力下，参加广州工人代表会的工会日益增加，半年左右时间就由原来的 40 多个增至 70 多个。全市近一半的工会，都加入了广州工人代表会。

广州工人代表会成立后，干了两件大事，一是领导了沙面工人大罢工，二是参加了镇压商团叛乱。

沙面是位于珠江边的一个小岛，英法等国的租界地。1924 年 6 月，英法当局通过了一项新警律：从 8 月 1 日起，中国工人出入沙面，须带贴有本人照片的通行证；中国工人遇到洋人要低头站在路边；每晚 9 时以后，中国工人无证不准入境，但其他各国侨民均可自由出入。沙面工人不能忍受对中华民族的侮辱，强烈要求取消新警律，遭英法当局拒绝后，于7月15日宣布大罢工。16日，沙面中国籍巡捕也宣布罢岗，支持工人的反帝爱国罢工。

工会发出通电称："该英国领事，既视我国体如无物，又视我华工如俘虏，我华工认为不可与同生活，惟有忍痛牺牲，全体罢业相继离去沙面，倘英领事仍不觉悟取消十二条，则誓不回沙面复业。"

沙面罢工得到广东政府、广州各界人民、全国人民以及海外侨胞的热情支持。经过30多天的斗争，顶住了英法当局的威胁与压力，排除了国民党右派和右翼工会头子的掣肘与破坏，终于迫使英法当局取消了新警律，达成的协议如下："一、新警律取消，修改旧通行证，华人外人一律平等。二、通行证一年者附相片。三、临时通行证不附相片。四、每晚十时以前通行无证。五、私家雇役一律复工，补发薪水。六、公役一律复之补薪，惟巡捕许其自动的辞职。七、双方不得借故报复。"罢工获得了圆满的胜利。

这次罢工的胜利，维护了中华民族的尊严，打击了英法帝国主义的威风，在广东、香港引起了轰动，对中国北方地区的工人运动也产生了巨大的影响，成为工人运动由低潮转向高潮的信号。

邓中夏在《中国职工运动简史》中说，在沙面没有罢工以前，中国工人曾遭受三大惨剧：第一是上海祥经丝厂烧死女工100余人；第二是山东坊子煤矿淹死工人75名；第三是唐山煤矿压死工人53名。这些惨案应该激起工人的奋起，但当时工人竟无丝毫表示，可见当时消沉到如何程度。七月广州沙面发生大罢工，才表示着这种消沉状态应该中止了。

同年10月，广州工人代表会的武装工团军，协助广东革命政府一举平定了商团叛乱，再一次表现出广州工人的顽强战斗精神，显示了中国共产党领导下的工农群众的伟大力量。

平定商团叛乱

广州商团成立于1912年，最开始是广州商民维持社会治安、保护商家生命财产安全的自卫武装。随着实力不断扩充，广州商团政治倾向日趋保守，逐步演变为与孙中山革命政府对抗的武装力量。

广州商人团体敢于同官府对抗，是从清末开始的。在近代中国，珠江三角洲是工商业最发达的地区之一，广州商人有强大的经济实力。因此，无论是清朝官员，还是革命党人或者军阀，他们在广东执掌政权时，都希望得到广州商人在政治、财政等方面的支持。清末的两广总督，民国的都督、督军莅任之初，都会接见商人团体的代表；他们实行重要政策时，通常会召集商人团体领袖征询意见。政府对商人越来越倚重，商人团体领袖在社会上的威望越来越高，对地方政治的影响越来越大，自然也就越来越敢于同政府抗争。

1919年汇丰银行广州分行买办汉奸陈廉伯接任商团团长后，广州商团实力不断扩充。1924年国共合作后，陈廉伯在香港英国殖民当局支持下，大肆攻击孙中山的革命政策，煽动商民对抗革命政府。

1924年5月底，陈廉伯等人在广州召集广东全省商团联防会议，成立由陈廉伯任总长，邓介石、陈恭受任副总长的“广东省商团军联防总部”，企图以武力推倒孙中山的革命政府，另组“商人政府”。针对商团的嚣张气焰，广州工人代表会曾对商团问题作出过决议案：（一）凡商团不得干涉工会事情及有侵犯工人自由之事。（二）凡商团如有伤毙工人生命及掠夺工人财物时，须满足赔偿。（三）凡商团军伤毙工人时，由所属该团军团体负责。如有纵容团军自由行动时，政府须解散之，并惩办该负责人。（四）凡属工人，不得充当商团军，一经查出，即行驱逐出境。（五）如商团压迫工人时，凡加入工人代表会之工会及工人，须一致对付及援助。（六）工人得组织工团军自卫。

说到工团军，就不能不提及一位著名工运领导人——杨殷。

杨殷（1892—1929），广东香山县人，早年加入同盟会，1917 年起在广州任孙中山军政府卫队副官，兼大元帅府参军处参谋。杨殷学过少林拳，三五个人近不了身，他其实是孙中山和宋庆龄的贴身侍卫。

但是这位孙中山的身边人，却偏对共产主义情有独钟。1922 年秋，杨殷由杨章甫、梁复然介绍，谭平山为监誓人，加入了中国共产党。他在翠亨老家广有田产，富甲一方，在盐务处高级师爷任上也有着丰厚的薪水，后来这些财产几乎全部用来支持革命。所以党内同志开玩笑称他为“河北玉麒麟卢俊义”。

1923 年，杨殷向孙中山提出，自己想从事工人运动，先到石井兵工厂进行实践的要求，希望得到孙中山的支持。孙中山当即表示同意，欣然写了手谕给他，并鼓励他要多发动工人群众参加国民革命。

石井兵工厂有工人 2000 多名，是广州地区的一个大厂。此时担任石井兵工厂厂长的是马超俊。这个马超俊颇有来头，早年在旧金山当技工，认识了孙中山，并加入同盟会。曾奉孙中山之命回国策动革命，在汉阳兵工厂、上海制造局组织工人参加革命，组织工会等。武昌起义时，曾率领海员 100 余人，组织广东华侨敢死队参加战斗，因而深得孙中山信任。此人曾担任过国民党工人部长、劳工局长，起草过《劳动法典草案》，发起过机器工人联合会，算是国民党内的工运专家。后来当南京市长时还下令炸毁汪精卫的坟墓。

马超俊不仅有背景，同时还是广东省机器工人维持会的主任。兵工厂全部工人都被迫加入了黄色的广东省机器工人维持会，厂工会的大权都被马超俊牢牢控制着。

通过与工人的交往，拉家常，促膝谈心，杨殷很快就了解到这个马超俊不仅是国民党的右派分子，还是个以权谋私的家伙，在厂里贪污渎职、虐待工人、擅自克扣工资等。10 岁至 12 岁的童工每天要干 10 多个小时的活，而只付给 1 角 5 分至 3 角的工钱。工人们都敢怒而不敢言。

老工人庞伯一天在扛铁条进车间时，因体力不支，摇摇晃晃地把杂物撞倒了。工头说他故意损坏机器，举鞭就往他身上抽。说时迟，那时快，杨殷冲上前去，厉声斥责正在骂人的工头："你再敢欺负工人，我绝不饶你！"吓得那工头溜出了车间。

杨殷在兵工厂组织起第一个"工人十人团"，为兵工厂建立俱乐部及工会打下了基础。很快，工人们都发动起来了，成立了工人俱乐部。同时，杨殷又在兵工厂发展了一批党员，建立了秘密的党支部。

杨殷了解到马超俊经常克扣工人工资，便把他的罪行印成传单张贴出去，并带领工人代表晋见孙中山先生和工人部长廖仲恺，控诉马超俊的罪行。孙中山先生下令撤了马超俊厂长职务，并补发了所有拖欠工人的工资。杨殷在工人中树立了威望，后来成为著名工运领导人。

就在广州工人代表会通过《商团问题决议案》的同一天，广东油业工会江门支会会员参加五一游行，被江门市商团数百人围困，乱枪扫射，造成21名工人被拘困拷打，62人失踪。刘尔崧、杨殷随即以广州工代会名义通电孙中山，请国民革命政府保护工人。通电提出，务必达到下列五条最低目的：（一）赔偿损失；（二）抚恤伤毙；（三）限制商团不得干涉工人行动；（四）请国民革命政府保护工人，成立工团军，以保工人行动之自由；（五）依法严惩江门油业东行及商团，以为惨杀劳工者戒！

1924年8月10日，商团向英商南利洋行购置的一批枪支弹药被广州革命政府扣留。陈廉伯以"扣械"事件为反对孙中山革命政府的借口，大造反孙反共舆论，又纠集1000多人两次向大元帅府请愿，要求发还扣留的军火，被拒绝后鼓动广州商人罢市，拒收政府纸币、拒不纳税。更有甚者，商团头子还雇用流氓对付那些不愿罢市的商民，凡见有开铺者即用粪浇掷，用暴力强迫其罢市。一时广州局势紧张，人心惶惶。省长廖仲恺下令通缉陈廉伯、陈恭受，并严令立即取消罢市，主张武力制止罢市和严办商团。见势不妙的陈廉伯、陈恭受不得不在9

月15日发表通电，表示拥护孙中山先生、服从广州革命政府。鉴于此，胡汉民取消对陈廉伯、陈恭受的通缉令。然而，10月9日，广东政府发还部分被扣军火给商团。商团军在领到枪械后即发动武装叛乱，屠杀双十节游行民众。还在西关构筑街垒，封锁市区，张贴“孙文下野”“打倒孙政府”等标语，并与军阀陈炯明暗通款曲，请盘踞东江的陈炯明“回师救粤”。

8月12日和19日，在商团军气焰正盛之时，刘尔崧、杨殷等人召集广州工人代表会两次开会，讨论成立广州工团军。20日，广州工人代表会将《工团军组织章程》呈广东省长廖仲恺，27日获得批准。于是，杨殷在工代会所属的工会中挑选数百名青壮年工人，正式成立工团军。工团军以工会为单位进行编队，设大队、中队、小队，共500多名队员，主要任务是“辅助革命政府，镇压反革命行动，尤其注重保护工人，防御海盗之侵略”。

广东工团军是中共广东区委建立工农武装的一次有益尝试。在孙中山、廖仲恺等人的支持下，杨殷、刘尔崧等人以广州工代会的名义，发表广东工团军成立宣言，揭露商团军的罪行，宣布工团军誓将与反革命分子斗争到底。10月10日下午，中共广东区委发动工会、农会、青年团及广东工团军的五六千人召开大会，会后举行示威游行，高呼“打倒商团，拥护革命政府”等口号。当工农学生群众的游行队伍至太平路时，商团军竟武装冲击游行群众。工团军即与之激战，结果工团军第二分队长黄驹等20余人被屠杀，伤者100多人。商团军还残忍地把黄驹等剖腹剜心，陈尸街头。

目睹工友惨死，杨殷恨上心头，他说：“壮士的血不能白流！商团军只是一支少爷兵，我们只要敢拼，定能取胜。”于是，他亲自率领工团军，联合郊区自卫军，向大元帅府请愿，要求讨伐商团军，血债血偿。在工农群众的支持下，孙中山坚定了解除商团军武装的决心，马上召开会议，部署军事行动计划。孙中山电令蒋介石、廖仲恺、胡汉民、许崇智等人火速平定商团叛乱，还令北伐军一部回师广州戡乱。

杨殷负责摸清敌情，他安排饼业工会主席欧阳峰以挑担沿街卖饼作掩护，到西关一带刺探情报，还通过盐船工人和盐务处的朋友，很快弄清了商团军的兵力、驻扎调防以及军事工事等。10 月 15 日，工团军与革命政府军队攻占西关商团总部，商团军溃散。陈廉伯逃回香港沙面，副团长陈恭受投降，至此，广州商团叛乱被荡平。

除掉心腹大患，广东革命政权得以初步稳定。

归来的革命者们

1924 年 10 月，第二次直奉战争激烈进行之时，直系将领冯玉祥率部从前线倒戈，回师北京发动政变，并把所部改称国民军，直系势力被赶出北京。吴佩孚仓皇下台前，对幕僚和亲友声称，今后将不问政事，饮酒吟诗，度此余生。谢觉哉当时正在主编《湖南民报》，仿照王昌龄诗写成打油诗一首讥讽吴佩孚：

白日青天意倒吴，炮声送客火车孤。
洛阳亲友如相问，一片雄心在酒壶。

吴佩孚败走后，张作霖、冯玉祥和段祺瑞三派在北京成立联合政府。中共北方区委正确分析当时的形势，利用冯玉祥在一定程度上同情革命的有利时机，由李大钊亲自出面，多次做冯玉祥的工作，将二七惨案以来被捕入狱的工会领袖和骨干营救出来。史文彬在 1924 年 11 月获释出狱。北方各铁路的工会组织也恢复到二七惨案以前的局面。工会领袖出狱和工会组织的恢复，推动了工人运动的发展。此后，胶济铁路和北京、武汉、广州、唐山、沈阳等城市相继爆发了多次罢工。这些罢工表明，全国工运已由低沉逐渐走向高涨。

这一年，国际运输工人代表大会在莫斯科召开，林伟民以中国香港海员身份应邀出席，中共旅莫支部领导人罗亦农邀请林伟民到东方大学，作关于香港海员罢工的报告。林伟民文化程度不高，演说却十分精彩，参加报告会的王若飞、萧劲光、黄平等人对他十分赞赏，罗亦农与林伟民更是惺惺相惜。林伟民早在香港海员罢工期间就与新生的共产党有所接触，中国劳动组合书记部对罢工的支持也使他们获益良多。林伟民此番听了罗亦农关于共产党的介绍，深受鼓舞，当即向中共旅莫支部提出了入党申请，决心跟着共产党干革命。于是，经罗亦农介绍，林伟民在莫斯科毅然加入了中国共产党。

“以前种种，譬如昨日死；以后种种，譬如今日生。”孙中山在国民党一大首日发表演讲时，曾这样形容国民党改组的重要意义。富有进取精神的共产党人的加入，使国民党日渐老化的肌体焕发出青春的活力和朝气，轰轰烈烈的反帝反封建反军阀的大革命由南向北迅速开展了起来。

随着革命形势的发展，革命干部紧缺。中共在 1923 年 6 月党的三大时仅有党员 400 多名，到 1925 年 1 月召开四大时也只有不足 1000 人的规模，急需大批党员干部参加到现实革命斗争中来。为此，李大钊、陈独秀急电共产国际，要求旅欧、旅莫支部派干部回国工作。很快，在国外留学的一批共产党人相继回国。

周恩来从法国回来了。1924 年 7 月他从法国启程，9 月抵广州，10 月任中共广东区委委员长兼宣传部长，11 月任黄埔军校政治部主任。此时，距他高吟“大江歌罢掉头东，邃密群科济世穷。面壁十年图破壁，难酬蹈海亦英雄”回来参加五四运动，已经过去了五年。自此以后，他便开始了“险夷不变应尝胆，道义争担敢息肩”的革命生涯。

1924 年 7 月，赵世炎与任弼时等同志一起离苏回国。

赵世炎（1901—1927），笔名施英，重庆市酉阳土家族苗族自治县人。1915 年考入北京高等师范学校附中，1919 年经李大钊介绍加入中国少年学会，参加过五四运动，1920 年赴法勤工俭学，1921 年春，与张申府、周恩来等发起成立旅法中国共产党早期组织，成为中国共产党党员。

赵世炎学生时代，曾深受地理教师王勃山的影响。王勃山出身当地有名的书香门第，思想进步，1905 年加入同盟会。其女王剑虹为瞿秋白第一任妻子。

有一天上地理课，王勃山将一幅地图挂在墙上，用手在地图上轻轻地抚摸着，一会儿眼圈便红了。他说这就是我们伟大祖国的版图，我们的祖国山河壮丽，物产丰富，人民勤劳，历史悠久……而今，那些卖国求荣、认贼作父、投靠列强的走狗，背离同胞，出卖河山，丧权辱国，让洋人的铁蹄任意践踏祖国母亲的胸膛，亡国亡种的危险，随时都在威胁着我们的民族……

王勃山气愤难平，他告诉同学们，希望你们能成长为顶天立地的中华男儿，有良心的中国人要挺直腰杆站起来，恢复中华，驱逐列强。这时，学校校长带着两个差役冲进教室里来，强行要将“传播激进思想”的王勃山带走。王勃山发指眦裂，一头撞向黑板上挂着的那幅地图……

王勃山血溅中华版图，在学生中引起很大反响，强烈地震撼了赵世炎的思想和人生。

1923 年，赵世炎和陈延年、王若飞等人带领一批青年从法国前往莫斯科东方大学学习，1924 年回国，先后任中共北京地方执委会委员长、中共北方区执委会宣传部长兼职工运动委员会主任，协助李大钊领导北方各省的斗争。

1924 年 10 月上旬，陈延年回国。

陈延年（1898—1927），陈独秀长子，血脉中继承了他父亲的刚烈。1913 年，陈独秀追随讨袁军总司令柏文蔚，在芜湖兵败被捕，当地军阀准备就地枪决。陈独秀毫无惧色，还催促道：“要枪决，就快点罢!”陈延年的性格，和他父亲一样刚强。留法期间，陈延年接受了共产主义思想。1922 年 6 月，他与赵世炎、周恩来一起创建旅欧共产主义组织——中国少年共产党，被选为执委。同年冬，中共旅欧总支部成立，陈延年等人转为中共党员。

陈延年回到上海，在旅店刚住下，就立即卸下行装，前往中共中央机关接头。不久，陈延年被任命为社会主义青年团中央驻粤特派员，派往广州。到广州不久即参加广州双十节警告商团大会。10 月 15 日又参加剿灭广州商团的武装斗争。次年 2 月，任中共广东区委书记，接替周恩来主持区委工作。

据赖先声回忆："记得1924 年秋间，延年同志到广州之初，我曾奉命到文明路一间小楼上接引他去开会，这是我和他第一次的会面。望见他是魁伟而不高的躯干，体质非常坚实，浓眉、粗脸、阔口，两眼闪闪有神光，身穿黑色粗绒苏联式工人服装，头戴列宁式便帽，足登黑统皮鞋，步度沉着稳重；与我在画报中所看见的苏联工人一模一样。我问他：'你是陈延年同志吗?'他回答说：'就是我。'他和我亲切握手，但觉他的手厚，热，有劲。"

在广东，为争取和团结人力车工人，陈延年不仅去他们家里家访，还向他们学习拉人力车。陈延年体格魁梧，穿着工人服装，看上去就像个熟练的黄包车夫，谁也想不到他是个留过学的知识分子，共产党的"广东王"。他把拉车所挣的钱全部交给工人，工人们亲切地称他为老陈。广州人力车夫在陈延年、周文雍等人发动下，很快组织起来，成立了手车夫工会，会员达数千人，参加了广州工人代表会，在后来的省港大罢工和广州起义中，发挥了骨干作用。

不久后，陈乔年也回国了。

陈乔年（1902—1928)，陈独秀次子，1915 年入上海法语补习学校学习，两年后进入震旦大学学习。1919 年底赴法勤工俭学，1922 年发起成立旅欧中国少年共产党，同年转为中国共产党党员，是中共旅欧支部领导成员之一。1923 年 4 月到苏联莫斯科东方大学学习。1925 年初，奉中共中央之命，离开莫斯科回国，被派到北方帮助赵世炎工作。先后任中共北京地委组织部长、北方区委组织部长。与在广州的陈延年兄弟俩一南一北，天各一方，此后直到牺牲，他们再也没有见上一面。

1924 年 10 月 13 日，李启汉在党组织营救下出狱。邓中夏、李立三、刘少奇前往陆军监狱迎接，并一同在监狱前合影留念。看到李启汉受到那么大的折磨，他们都禁不住掉下了眼泪。当夜，邓中夏作《启汉同志出狱》诗三首，并写了自序："启汉出狱，喜极而泣，诗以志之。"其中一首写道：

阴森黑暗的囚狱，
冰冷沉重的镣铐，
粗沙巨细的牢饭，
哦哦，我们的战士，
苦了你了！
屈指数来，
已是两年四个月了。
…………
哦哦，我们的战士，
准备迎战！准备厮杀！

坐牢两年，李启汉还有了另外一个名字——李森。两年多的监狱生活，使李启汉形容枯槁，发蓬如草。邓中夏说："你从狱中出来，头发长得像森林一样，不如改名李森，同时也表示我们工人阶级像森林一样，无限众多和无限生长。"

出狱后，李启汉革命斗志更加旺盛。他和邓中夏一起在上海工人中继续传播革命火种，宣传革命真理，发动上海各界人士援助香港海员，帮助浦东日华纱厂工人建立工会，并领导日华纱厂和上海邮局工人举行罢工，同广大工人结下了深厚的友情。

1925 年 3 月 4 日，罗亦农与王若飞等 7 人从莫斯科启程回国。

罗亦农（1902—1928），出生于湖南省湘潭县，是毛泽东的同乡。1916 年考入美国人在湘潭创办的教会学堂——益智学校，并加入该校的“学生自治会”。在校期间参加捣毁焚烧日货的斗争，受到校方的严重警告，于 1917 年愤然退学。1920 年，正在上海法租界一家小报当校对工人的罗亦农，看了《新青年》之后十分兴奋，对陈独秀崇敬有加，他慕名找到陈独秀门上，对陈独秀说：“自从我看了《新青年》杂志，特别是读了您的文章，我的思想开朗多了！”

陈独秀见到这位比他小 23 岁的年轻人，心里也很高兴。这年，在共产国际代表维经斯基支持下，上海党的早期组织开办了一所培养革命干部的学校——外语学社，目的是输送革命青年赴俄学习。陈独秀亲自介绍罗亦农到这里学习，同期来学习的还有刘少奇、任弼时、萧劲光、汪寿华、许之祯、李启汉等 30 多名学员。在这里，罗亦农加入了社会主义青年团。1921 年春去莫斯科东方大学学习，罗亦农、刘少奇、任弼时等 20 多名外语学社学员，分别化装成裁缝、理发匠等手工劳动者，登上一艘日本邮轮，取道海参崴前往莫斯科。莫斯科东方大学专门设立了中国班，罗亦农等人入学后即成立了旅俄中国共青团，罗亦农当选为书记，当年冬天成立了中共党组织，罗亦农由团员转为党员，并当选中共旅莫支部书记。

罗亦农回国后，即参加了第二次全国劳动大会，参与领导了五卅运动、省港大罢工和上海工人三次武装起义。先后任中共中央长江局书记、临时中央政治局常委、中央组织局主任。

四方豪杰风云会，要听春雷第一声。这一批最早的“海归”共产党员，回国后担任党的重要领导职务，成为中国工人运动的中坚力量。

党领导下的工人运动，再一次蓄势待发。

第七章

诞生 1925

中华全国总工会成立

唤起工农千百万，同心干
——题记

1925年5月，在各地工人运动相继复兴的基础上，中华全国总工会宣告成立。在席卷全国的五卅反帝爱国运动中，工人阶级主张最为急进、奋斗最能坚持、力量最为伟大，以事实证明了中国工人阶级是中国革命中的领导阶级。

前页图注：

1925 年 5 月 1 日，中华全国总工会成立，会址位于广州市越秀南路 89 号原惠州会馆

全国铁路总工会成立

国共合作以后，北方工人运动在以李大钊为首的中共北方区委领导下，开始艰难恢复。

1924 年 2 月 7 日，二七惨案一周年的日子，中国共产党在北京秘密召开了全国铁路工人第一次代表大会，京汉、京奉、胶济、正太、京浦、京绥、粤汉等铁路代表 20 多人出席会议。会上选出孙云鹏为委员长、郭恒祥为副委员长，张国焘为总干事，杨殷被聘为全国铁路总工会顾问。

早在 1922 年 10 月，开滦五矿罢工时，全国各铁路工会代表就曾在北京集会，除商议援助开滦矿工外，还产生了全国铁路总工会筹备委员会，筹备正式成立全国铁路总工会。不幸二七惨案发生，京汉工友大遭屠杀，京汉和各路工会多被捣毁封禁，筹备委员会委员及工会重要领导人，有的死伤、有的被监禁、有的逃亡失业。铁路总工会的筹备工作被迫中断。经过一年多的时间，在各路工会的艰苦努力下，铁路总工会终于筹备告成。

全国铁路总工会发表成立宣言，明确表示宗旨是：“一、改良生活，增高地位，谋全体铁路工人之福利；二、联络感情，实行互助，化除地域界限，排解工人相互争端；三、增高知识，促进工人阶级的自觉；四、帮助各路工人组织各路总工会，并与全国各业工人和全世界工人建立密切关系。”

宣言指出：“这次成立大会已经制定了一个全国铁路组织计划，务使已经组织好了的各路工会，团结更加严密，各路工会被封禁了的，设法恢复，还没有组织的，从速成立团体。死伤被捕失业诸工友，总工会当力图救济，各路工会互相关系，总工会当力谋密切。从前各路罢工已要求之条件，总工会当力争实行……并决定加入万国运输之联合会，实现全世界工人联合之目的。”

宣言要求：“各路工会代表都抱定坚强的志愿，牺牲的魄力，大家约定非实行互助不可，非组织坚固的总工会不可，非奋斗以解除痛苦谋到幸福不可。这种全体代表一致的精神，便是全国铁路工人万众一心的表示，也就是总工会团结坚固之保证。如果我全铁路工友能以代表之精神为精神，那我们前途的希望就很远大了。”

宣言最后呼吁：

全国铁路工友们！全国铁路总工会是我们全体铁路工友的，全体铁路工友务必拥护我们的总工会，务必依照总工会宗旨和办法做去，并须在总工会指挥之下，一致团结起来奋斗！只有这样，我们才可能解除痛苦、获得幸福呢！全国铁路工友们！我们总工会已经成立了，从此一致团结！一致奋斗！并一致庆祝全国铁路总工会万岁！

中华全国铁路总工会成立后，对北方铁路工会进行了恢复和整顿工作，会员迅速发展到近3000人。正当北方工运出现新的转机之时，1924年5月，张国焘被捕叛变，使刚刚恢复的北方工运又遭到突然打击。被捕和受到通缉的工会领袖和骨干达40多人。李大钊也在通缉之列，被迫出走河北昌黎五峰山。北方工人运动再次受挫。

不过很快，工人运动再度从挫折中奋起。

1925年2月7日，全国铁路总工会召开第二次代表会议。两年前没能开完的会议，如今终于在郑州又隆重举行，带有强烈的象征意义。代表到郑州者有京汉、粤汉、京奉、京绥、津浦、中东、南满、正太、胶济、陇海、道清、粤汉南段、广三等铁路代表41人。其中曾参加罢工者32人，因罢工入狱者14人，济济一堂，均为各铁路工会优秀领袖。

会议召开之前，代表们先在车站后面广场开追悼二七烈士大会，纪念两年前喋血于江岸、长辛店以及病毙于保定狱中的烈士，他们是：施洋、林祥谦、曾玉良、陈年伯、徐言发、李开元、吴海发、柳成有、陈道忠、陈端炳、林开广、吴彩贞、邵承鹰、朱仁斌、梅才咏、晏佑来、张福狗、梅启发、姜和顺、王起鹏、刘文银、武把、王先瑞、李玉、陈芝槐、丁道启、龚德咏、胡兴顺、刘长发、杨庆寿、叶志松、叶青山、林元成、钱惠和、胡如树、刘耀亭、刘寿真、葛树贵、杨诗田、辛克名、郑成、高斌、秦君、高顺田等。

参与追悼大会的除郑州全体工人外，还有市民约二万人。广场中央置高台一座，简朴而庄重。鲜花丛中，供着诸烈士姓名。9点10分开会后，群众静立唱哀悼歌。词曰：

你们为着阶级而牺牲了，
开中国阶级斗争第一声！
你们将一切交与国民了，
生命，幸福和自由！
你们长埋在地狱的墓中了，
万恶的军阀和帝国主义！
我们踏着你们的碧血而前进，
继你们的事业以慰你们！
我们踏着你们的碧血而前进，
继你们的事业以慰你们！

歌声悲壮，听者动容。全体向烈士行礼毕，多位代表相继登台演说，各诉其当年罢工遭遇、鏖战情形及亡命生涯。三秋党锢，九死余生，慷慨淋漓，可歌可泣。现场万众高呼“打倒军阀！”“打倒帝国主义！”“工会万岁！”“无产阶级革命万岁！”

下午一时，铁路总工会正式开会。大会开了四天，通过了各项报告和决议案，选举执行委员18人，推定正副委员长3人，选举总干事1人，执行委员会秘书1人。王荷波当选为委员长，张昆弟为总干事和党团书记。

铁路总工会执行委员会报告中说，1923年二七惨变后，工会领袖多在通缉之列。1924年全国铁路总工会正式成立后，工会运动才见转机。

报告中分析了“现在风起云涌的国民革命运动，其第一个目的就是打倒帝国资本主义。这个运动由孙中山先生及其创造的国民党所领导，很受被压迫各阶级之拥护。我工人阶级亦是被压迫阶级之一，而且我们相信国民革命若没有大多数的工农阶级援助，就不会成功”，提出“我工人阶级应当参加国民革命运动，以达打倒帝国主义、打倒军阀的目的，并且要求将来的国民革命政府，应当是一个能保护大多数工人农人利益的政府”。

报告宣称：“我们工人运动的目标，是为谋工人的利益……中国工人阶级历年来奋斗的勇猛，表现这个责任是要担负的，这个目标是能达到的。中国工人阶级决不害怕军阀之横暴，更不害怕洋人帝国主义者的威风。曹锟、吴佩孚横行一时，现在也倒台了。军阀目前内部的状况，也是四分五裂，将来自行杀伤，都会归于灭亡。洋人帝国主义者方面，几年以来，也是分成派别，利益冲突，互相排挤，不能补救，其势力日趋崩坏。我中国人民正应趁此时机，速起革命。我工人阶级也应趁此时机，速起组织，引导革命。胜利是由战斗得来。中国工人阶级必然的要参加这个战斗，以尽其责任，并继续努力，完成本阶级最后的使命。”

1925年2月10日，全国铁路总工会第二次代表大会发表宣言：

我们所受的压迫越大，我们的精神越奋发。去年今日，只能在密室中开会，现在我们于第二次“二七”纪念日又到郑州开会了，我们因此愈觉阶级势力的伟大。这是历史的教训，鼓舞着我们无限的勇气。我们的工会运动从此又到一个新时期了。

固然我们并不过分的乐观，我们也知道我们的敌人，在最短期间内将有很凶猛的反攻，这是不可免的，我们只有坚强我们的组织，严密防守。全国铁路总工会，他便是中国铁路工人防守的武器。

全国铁路总工会是谋全体工人阶级的福利，是现代中国产业工会的中心。他的任务不只是为“二七”复仇，也不单是防守敌人进攻。他的中心工作，乃为工人阶级日常生活的利益不断作经济和政治的奋斗。他为实行这个任务起见，所以号召全国铁路工人建立一个统一的阶级性的工会。“二七”这一日，是他产生的日子，他便充满“二七”的全部精神。

我们更要告诉全国工友的：最近国内战争和民族革命运动的发展，一方面证明中国军阀快解体了，一方面又表示国际资本主义的末日来到，这正是工人阶级解放自身第一步工作的时候到了。你们要解除重重的枷锁么？只有组成你们的工会，不妥协的奋斗，才有最后的出路！全国铁路总工会在这里将尽他的能力，实行他应有的使命。

全国铁路总工会万岁！

中国工人阶级万岁！

为了总结国共合作以来的经验和教训，1924 年 5 月，中国共产党在上海召开了第一次中央执行委员会扩大会议。会议特别强调发展工人运动的重要性，为了加强党对工运的领导，决定在中央委员会和各地方委员会的工农部，分别设立工会委员会。会议还决定抽调一批得力干部，加强军阀统治区重点城市和产业部门的工运领导力量。会议通过的《工会运动问题议决案》指出，“纺织业工人的组织不能再缓了，这是数量最多的一种产业工人，尤其集中在上海，我们的党在纺织工人里曾经进行组织，都失败了。当然是因为种种困难的情形，不能进行工会的工作，第一便是大多数是女工。然而纺织业内的屡次罢工，往往有很激烈很一致的行动，可见我们的工作的基础已经有了”。

纺织工人的斗争

上海是中国工业的最大中心，以纺织业、造船业、铁工厂、香烟工厂为最多，有三四十万新式工人，工会组织很少，除机器工会、海员工会外，还有一个南洋烟草职工会。上海工会不发达的原因有：一是由于租界侦探密布，压迫很严，而且他们从本国的工人运动中已总结出一套成熟的应对工人运动的经验；二是由于帮会势力较大，如青帮、红帮等，包含了巡捕、侦探、工人、流氓等，许多工人要找工作得由帮会首领介绍，组织工会相当困难；三是由于纺织业技能简单，很多失业人员从各地投奔上海，劳动力市场供大于求，工人处于弱势，行动有所顾忌。

中央执委扩大会议后，中共中央先后派李立三、项英、杨之华等人到上海，充实干部力量，开展工人运动。他们与先期来到这里的邓中夏认真研究上海工运状况，迅速开拓上海工运的新局面。

如同前面所提到的，如果说项英意志坚忍、长于收拾局面的话，李立三则是冲劲十足、善于开创局面，他被同志们称为“坦克”不是没有理由的。他们来到上海后，上海的工运形势很快为之一变。

早在 1923 年春，邓中夏应国民党元老于右任之聘，出任上海大学教务长，先后聘请蔡和森、恽代英、萧楚女、张太雷、安体诚、李达、任弼时等人来校授课。国共两党联合开办的上海大学就成为党培养革命和工运干部的基地。1924 年春，上海大学增设平民夜校，迈出了教育和发动工人的重要一步。同年 5 月，在共产党的建议下，国民党上海执行部决定成立工人运动委员会，于右任为主任，李立三、杨之华等人为委员。于是，共产党以上海大学为根据地，运用长辛店和安源工运的成功经验，派出大批共产党员到工人集中的地方办平民学校或工人补习夜校，组织和教育工人。随之以这些学校中涌现出的先进工人为核心，逐渐向建立工人团体过渡。1924 年 9 月起，先后在上海创建了小沙渡“沪西工友俱乐部”、杨树浦“工人进德会”。半年时间，沪西工友俱乐部在许多工厂中建立了组织，发展成员近 2000 人，成为上海工人运动在第一次大革命时期的重要策源地。

经过努力工作，上海工人运动开始摆脱沉寂状态，出现恢复和发展势头。1924 年，上海共发生罢工 23 起，参加人数 3 万余人，罢工次数明显增加。

沪西工友俱乐部是由共产党员刘贯之、孙良惠等人在纺织工人集中的小沙渡办起来的，自从李启汉被捕后陷入沉寂的小沙渡，再次热闹起来。俱乐部办有识字班、补习班，入学的人不限定会员，凡是工人均可入学，一律不收学费。俱乐部的宗旨为：“互相帮助，共谋幸福”，规定会员互相保密，不对外公开姓名。俱乐部还经常组织演讲，项英、刘华等人都到这里给工人上课。很多工人陆续前来打听，有的询问俱乐部的作用，有的询问参加识字班或补习班的手续，有的想找俱乐部的人谈天。工人要求参加识字班的非常多，因为房子太小，虽然按一小时一班分成好几个班，仍难满足工人的需要。刘华经常从清早忙到深夜，每天忙得吃饭时间都不易空出来，休息就更不用说了。

俱乐部的名声越来越大，请求加入俱乐部的工人一天天增多。不到 40 天，同兴纱厂工人秘密加入俱乐部的就有 300 多人。内外棉三厂、四厂、九厂和日华纱厂等日本纱厂，还有几个中资纱厂也有工人秘密参加了俱乐部组织。在短短的 3 个多月时间内，俱乐部会员发展到将近 2000 人。

刘华演讲水平很高，工人都喜欢听他讲话。有一次刘华讲一个女工遭受资本家虐待的故事，讲得有声有色，不少听讲工人落下眼泪。又有一次刘华讲述某工厂洋人监工如何辱骂工人，毒打工人，把工人不当人看待，一位听讲工人当场怒不可遏，高声喊道："我们去打死这个狗腿子！"许多工人连说："对！对！"

在俱乐部活动过程中，刘华、项英等人注意培养会员中的积极分子，分批集合骨干分子谈话、开会，耐心教育，灌输爱国知识和斗争经验，启发了工人的阶级觉悟。

沪西工友俱乐部很快引起日本资本家注意，同兴纱厂的监工警告工友，不要到俱乐部去玩耍，同时派人到俱乐部识字班和讲演会捣乱。但是，由于俱乐部宣传有方，工作得力，在工人中的影响不但没有降低，反而逐渐增加。

当时，上海日商纱厂资本家残酷剥削压迫工人。小沙渡的这些纱厂属于一个名叫"内外棉"的日本公司。这家公司资本雄厚，在日本、青岛、上海共有15家工厂，在上海小沙渡就有11家。资本家对工人非常刻薄，工人每天要做12小时的工，一个班是一天站到晚，或是一晚站到天亮。工人实在疲倦不过，稍有打盹，"拿摩温"（监工，也有人译为"那么浑"——显然这个更为传神）不容分说抬手便打。有些厂里甚至于上厕所都要领木牌，五六千人的工厂，木牌却只有两块，工人大小便偶然多几次，或是多耽搁些时候，也是拳脚交加，还要随口乱骂"亡国奴""贱种"。对于女工则是任意侮辱，随心打骂，对漂亮的任意调戏。至于工资，不但没有随物价的高涨而增加，反倒还随意克扣。上海的柴米一天比一天贵起来，工人实在不够养家糊口，生活在水深火热之中。

即使这样，资本家还不满足。他们养了一批男女幼童，叫作"养成工"，从小施以奴隶教育，等到长成之后，便一批一批地将他们调换成年男工女工，把那些"不安分"的分子开除出去。资本家之所以有恃无恐，一则因为中国工人生活程度低；二则中国劳动力供过于求；

三则中国工人都是初从乡下进城的失业农民，没有职工运动的经验；四则军阀压迫，禁止民众的政治自由。所以中国工人工资既低，工作时间又长，这些日本资本家可以安然地在这里榨取工人的剩余价值。

现在，在中国共产党的启蒙之下，劳动者已经不再“驯服”了，同兴纱厂工人首先起来斗争。1925 年 2 月 1 日，同兴纱厂老板没有任何理由，便一次辞歇成年男工 30 多名，代之以养成工 。这件事情发生之后，愤怒的工人们向厂方提出抗议，而资本家不容分说，将粗纱间全体工人 80 余人尽数开除。别的车间工人睹此情形，甚为气愤，忍无可忍之下开始反抗。

项英召集俱乐部会议，决定 2 月 4 日实行全厂罢工，俱乐部作出布置：先设法让发电机停止送电，以停电为信号，各车间的机器一旦停止运转，工人就立刻实行摇班（罢工）。

在同兴纱厂的西边，租界之外，隔着苏州河有一片很大的荒地，地名叫作“潭子湾”。刘贯之向俱乐部建议，这是个罢工工人集合的好地方。项英、刘华前往察看之后，决定把这里当作集合场所。

1925 年 2 月 4 日，同兴纱厂照例应发放工资，但是厂方借故拖延时间，这就更加激怒了全厂工人。上午 11 时，刘贯之暗地潜入动力车间，关闭电闸，割断电线，用木棒打坏发电马达。电源一断，各车间的机器停止运转，全厂电灯熄灭，各车间的负责人发出信号，宣布摇班（罢工）。各车间工人们随即捣毁机器，割断纱组，纷纷离开车间，成群冲出工厂大门。下午 1 时左右，全厂的日班工人都到达潭子湾空地上集合完毕。

刘华对工人们发表演说，说明沪西工友俱乐部完全同情同兴纱厂工人朋友们的遭遇，完全赞成工人朋友们举行的罢工，沪西工友俱乐部决心全力支持同兴纱厂的工友们，直到罢工胜利。工人中上过俱乐部听讲演或识字班的都认识这位刘先生，热烈拥护刘华的演说。随后，李立三和杨之华也向工人发表演说，博得很多掌声，尤其是女工，因为杨之华以妇女身份的演讲，说到了她们心坎里。

最后，刘华向到会群众说，工人必须有自己的组织，现在俱乐部仅仅是一个文化服务机关，工会才是工人的领导机构，征询大家对组织工会的意见，工人群众一致高呼赞成组织工会。当天下午，同兴纱厂工会即宣布成立。工人刘贯之、韩阿四、李振西、郭尘侠等人为干事，并推举刘贯之为总干事。

2 月 5 日，工会在潭子湾举行第二次大会，刘华代表工会向资本家提出 6 项要求，包括不准殴打工人，不得无故开除工人，不得延期、无故克扣工资，加工资十分之一，罢工期间工资照发等，同时规定工人每天都来潭子湾开会。散会后，派刘贯之为正式代表，将工人的 6 项要求送交同兴纱厂。

同兴纱厂日本资本家起初瞧不起工会和工人，认为这些穷棒子们闹不出什么花样，翻不了天，所以不仅不接受工人的要求，还以关闭工厂相威胁。鉴于同兴纱厂日本资本家态度顽固，于是工会决定闹出个样子来给他们瞧瞧，先是派出联络人员到其他日本纱厂进行鼓动，寻找机会发动工人，争取支援，又到各学校进行呼吁，争取学生的同情和支援。

内外棉第三厂首先起来响应同兴纱厂的工友。2 月 9 日，日本领班用脚踢伤了一名童工，激起工人的愤怒，于是这天中午工人就踢伤童工的事件提出抗议，并实行摇班。全厂工人纷纷响应，各车间很快都停止了工作，工人蜂拥出厂。资本家见势不妙，急忙关上工厂大门，致使一小部分人冲出厂外，而大部分工人被困于厂内。冲出厂外的工人跑到潭子湾，向俱乐部报告罢工的情况，请求支援困在厂内的工人。正在开会的同兴纱厂工人群情激昂，决定前去援助。刘贯之率领四五百名工人，渡过苏州河直接进入租界，转往内外棉三厂；孙良惠率领一部分工人从新闸桥进入租界，邓中夏也随队伍前进，队伍走近租界时，淞沪警察厅早已派出大队警察，禁止工人进入租界。工人向前行进时，双方发生冲突，有四五十名工人被捕，邓中夏、孙良惠也被捕了。

刘贯之的队伍从渡口利用渡船进入租界，所以警察没有拦住。他带领队伍一直冲到内外棉三厂大门口，厂内的工人听到厂外有队伍来接应，齐声高喊："打出厂去!"双方里应外合，厂外的工人们把看门的日本人和狗腿子打走了，厂内的工人打毁了门锁，并且把机器捣毁，冲了出来。全体罢工工人集合在潭子湾广场，举行罢工大会，表示全体工人愿意与同兴纱厂工友一致行动，坚持到底，不获胜利决不终止。

他们一致通过决议，决定成立工会，当场推举李瑞清、陶静轩、孔言南等十余人为内外棉三厂工会干事，工会办事地点暂时也设在潭子湾。

罢工的消息传入上海各工厂，引起了工友们的共鸣。几天之后，工潮迅速扩大。2 月 10 日早晨，内外棉第九、第十三、第十四厂的工人罢工，支援同兴纱厂工友；2 月 11 日，内外棉第四、第五厂的工人罢工，表示响应。两三天之内，许多工厂都采取"打厂罢工"的办法，把厂内机器捣毁后，相率出厂集会。小沙渡地区的日本纱厂大半都卷入工潮之中。2 月 12 日，工潮影响到了曹家渡，丰田纱厂的工人自动罢工。随后，杨树浦地区的大康、裕丰、公大、东华等日本纱厂的工人也都相继罢工。到 2 月 18 日，罢工的日本纱厂共有 22 家，几乎所有上海日本纱厂工人都加入了罢工阵营。

罢工工人集合于潭子湾举行大会，各工厂都先后成立了工会。经各工会联席会决议，成立各纱厂工会联合办事处，公推刘华担任联合办事处总干事。这个工会联合办事处，实际上就是沪西工友俱乐部原班人马。

内外棉纱厂工会、裕丰纱厂工会、日华纱厂工会、大康纱厂工会、同兴纱厂工会、丰田纱厂工会、东亚制麻厂工会发出《泣告同胞书》：

中国处处受东洋人的欺侮，各界同胞没有不知道的。我们都是在上海日商纱厂里做工的，受的苦更是说不尽。东洋人在中国开办工厂，已经是侵犯我们中国的权利。大家可知道，他们是怎样对待我们中国的工人啊！中国还没有亡，我们已经比亡国奴还苦了；东洋人办的纱厂里百端虐待，比地狱还苦。我们这次罢工，实在是迫不得已，罢亦是死，不罢亦是死，穷人除了拼命还有什么法想呢？

…………

诸位同胞呵！快快救我们，救我们便是救自己。诸位同胞呵！快快起来替中国争些面子，替中国争主权！诸位同胞呵！国快要亡了，大家一致反对东洋人，一致起来救国吧！

罢工工人每天在潭子湾集中，刘华、杨之华等人轮流向工人群众宣传罢工的意义，号召大家团结一致、斗争到底，争取最后的胜利。与此同时，工会加强了纠察工作。成立纠察队维持工人秩序，防止破坏分子捣乱，如遇工厂老板指使流氓混入工人队伍进行破坏活动，立即加以制裁；遇到个别工人私自复工，上前加以劝阻，对他们说“大家要抱义气，你们若去上工，对得住捕房中工友吗？”私自复工的工人都接受了劝告，决心团结一致，共同奋斗到底。

罢工以后，少数工人因为没有收入，生活发生了困难。刘华发动上海大学学生向社会各界募捐筹集救济款。适值上海各界组织国民大会促成会之际，工会派刘贯之参加会议。刘贯之在大会发言后，引起广泛同情，首先有女学生刘清扬（共产党员）表示支持，接着有人附议，在座的资本家也认为刘贯之说的有道理。上海各界成立了罢工后援会，捐募了一笔钱款。工会获得捐款后，对生活困难的罢工工人每天每人发给生活救济费，赢得了群众的信任，对稳定群众情绪起了重要作用。

2月9日在苏州河西岸新闸桥附近与警察的冲突中，邓中夏、孙良惠等五六十人被淞沪警察厅捕去。刘贯之代表工会前往警察厅交涉，向警察厅说明工人罢工是为了反对东洋人虐待中国工人，凡是有良心的中国人都应该同情工人、援助工人。同时向警察说明，工人罢工后并未扰乱社会秩序，也未妨碍警察职权，警察厅没有理由逮捕罢工工人。经过几次交涉，罢工的工人又一天一天地增多，警察厅对工会的要求不敢置之不理，所以从2月13日起，将被捕的工人陆续释放，只留下邓中夏、孙良惠仍被扣押。刘贯之又会见了淞沪警察厅长常之英，要求立即开释邓、孙二人。常之英说，邓、孙两人不是工人，而是学界中人，他俩带领工人闯闹租界，好像有“赤化”嫌疑。刘贯之又前往上海各马路商界联合会，访晤该会长潘东林，要求潘东林出力援助。经过几次交涉，潘东林也是出于自身利益考虑，答应接受工会的委托，代向警察厅交涉。潘东林对警察厅提醒说：“假如不立即释放邓中夏、孙良惠二人，闸北几万工人就要暴动，那样的话局面就不好收拾了。”警察厅权衡之下，不得不把邓中夏、孙良惠二人释放。

罢工工人每天在潭子湾开大会、搞演说，因为没有进入租界，租界巡捕不能进入闸北镇压。资本家就指使淞沪警察厅故意发难，几次派大队警察包围潭子湾，试图冲入工人集结地区。刘华、项英等人看到了警察厅的软弱卖国行为和警察多数具有爱国心、民族自尊心的矛盾，派代表向警察交涉，同时组织工人群众向警察做“思想政治工作”：“我们罢工是反对东洋人压迫中国人，中国人应该帮助中国人，上海警察是爱国的，是有良心的，是会同情和支持我们工人的。”警察见此情形，始终不敢对工人动手。还有一些警察被工人感动，对工人说：“我们虽然奉命而来，但绝不愿意危害工人。”

资本家一计未成又施一计，收买工贼、青红帮、流氓、把头等社会渣滓，挑拨工人群众反对工会，唆使工人打架破坏秩序。工会则见招拆招，约请青红帮头目饮酒吃饭，同他们讲义气、交朋友，向他们讲道理、讲交情。许多头目受了感动，表示愿意约束他们的徒弟不再施行破坏活动，有的还由破坏转为支持。对于少数流氓分子继续进行破坏，工会采取强力手段，命令纠察队驱逐。

从前毫无组织的工人，一旦组织起来，就显出革命性与团结性。工潮不断扩大，资方终于计穷。资本家意想不到工人有如此的能力，不得不改变了态度，表示愿意进行谈判，双方互相来往商谈了许多次。资方起初还想敷衍拖延，工会则通过上海各界罢工后援会，公开提出口号："抵制日货，日本纱厂搬回日本去。"日本资本家认识到，这次的工潮已不是从前年代里的工潮，工人已经有组织、有纪律、有力量，同时工人得到社会各界的同情和援助。假如不从速解决，激起上海各界甚至中国全面实行抵制日货是很有可能的。日本资本家这才表示愿意认真进行谈判，并主动要求上海总商会出面调解。经双方多次协商和斗争之后，签订一项"修正案"，达成如下条件：一、不许无故打工人；二、酌量增加工资；三、不许无故开除工人；四、废止储蓄制度，发还工人原有储蓄金。资方基本上答应了工人的大部分要求。

1925 年 3 月 8 日，工会代表声明同意修正案。淞沪警察厅也当场宣布释放被扣押的罢工工人。日本纱厂代表声明保证 22 个纱厂完全履行总商会所提出的 4 个条件。于是工会代表宣布，工会决定命令工人于 3 月 9 日正午复工。

这次的大罢工坚持 35 天，宣告胜利结束。

一波初平，一波又起，1925 年 4 月，青岛日商大康纱厂也发生了工人大罢工。

日本经营山东，已非一日，在青岛创办的纱厂共六个，有大康、内外棉、隆兴、钟渊、宝来、富士等，约有工人一万二千余人，其中以钟渊纱厂之规模最大，有工人八千余人。这里资本家对于中国工人的压迫，和上海别无二致，甚至更加无法无天。

大康纱厂的厂主，在济南招募了一班练习生到厂内工作。这班练习生大半都有高小文化程度，具有强烈的爱国思想。他们内感资本家苛待压迫的痛苦，外受胶济铁路工人同盟罢工的影响，于是在厂里暗中联络工人，组织工会。资本家察觉后，马上搜查没收工会名册，开除参加工会的工人，并逮捕工会组织者。工人怒不可遏，于1925年4月19日宣布罢工。

和上海一样，大康纱厂工人向社会发出《泣告书》：

先生们：

俺纱厂工人一天做十二点多的工，得一毛多工钱，日人要打就打，要骂就骂……我们怎么活？十三岁以下的童工多吃不饱，喝不足，少一合眼就劈脸使拳猛打，常常打得鼻子出血，还得罚两天工钱……大工人少有不慎，即时拳足交加，少一招架，就拿出手枪示威。

所以我们组织一个工会，互相扶助，互相解愁，无非是穷人帮穷人。不想日人按着手枪挨宿舍搜查了好几遍，门上的锁都砸烂了。并且把我们的工友拿了三个去，连打带拷问，追问我们这些奴隶，怎么还要组织工会？

先生们啊！青岛是我们中国的地方，我们是中国人民，让不让组织工会，是中国地方官的责任，日本人有什么权搜中国地方，押中国的国民呢？这就是欺负我们国家，侵略我国主权！……

我们的工会就此成立了！大家都来帮助呀！被扣留的工友妻子还哭的不能吃饭呢，四五千工人的性命，眼看都送到几个日本鬼子的手里，四万万同胞都被他们欺负煞了！

大康工人罢工后，日本资本家对于工人要求，只承认少许无关紧要的条款，遭到工人拒绝后，一方面调动中国警察，准备镇压工人，另一方面断绝工人饮食。工人也针锋相对，一面派代表见厂长交涉，一面又派代表向警察厅说明日本人之恶劣手段，争得同情。

在大康附近的内外棉及隆兴两厂工人，听到大康工人罢工后，早已跃跃欲试，两天之内相继罢工。罢工的工人达到了一万三千余人。各工厂均相继成立工会，又组织罢工委员会，成立了纠察队、调查队、宣传队，全体工友都服从工会命令，秩序严整。此外，罢工还得到了各处援助，上海各日本纱厂工会派代表前来慰问，全国铁路总工会亦发布宣言，号召各路工友实力帮助，青岛学界、商界也对罢工表示同情。

资本家用了许多如收买、利诱、威吓、离间、压迫等种种手段。工人则坚持到底，不为所惑。在斗争22天后，外强中干的日本厂主，不得不同意接受“调停”。工人提出14条要求，包括承认工会为正式代表工人的机关、日工加薪大洋1角、包工加薪25%、夜工饭钱加倍，工人因公致伤工资照发，日人不得打骂华人、不得借故开除工会代表等。经过斗争，日商承认了其中的大部分条款。

5月10日下午3点，工会开全体大会纪念罢工胜利，宣布晚上复工。到会的人数约万人左右，每人手中执小旗一面，上书“罢工胜利”“打倒日本帝国主义”“打倒资本主义”“拥护工会”……工人们高呼“工会万岁！”“工人团结万岁！”“工人胜利万岁！”“工人自由万岁！”等口号，欢呼之声，响彻大地。会后进行游行活动，工人们簇拥着工会的牌子，队伍衔接，长逾数里，高唱胜利纪念歌，一时爆竹震天，欢声雷动。

召开国民会议促成会

1924年9月，第二次直奉战争中，冯玉祥临阵倒戈，杀回北京，软禁了总统曹锟，把溥仪赶出紫禁城，接着电邀孙中山北上主持大计，共商国是。

孙中山早就对北方的“猪仔国会”心存不满。自从发生了曹锟贿选等丑闻后，国会在百姓眼里的形象一落千丈。孙中山接电后，应邀离粤北上，并于1924年11月10日发表《北上宣言》，提出了废除不平等条约和召开国民会议的政治主张：

> 本年九月十八日，本党对于出师北伐之目的，曾有宣言，其主要之意义，以为国民革命之目的，在造成独立自由之国家，以拥护国家及民众之利益。十三年来，军阀本身有新陈代谢，而其性质作用，则自袁世凯以至于曹锟、吴佩孚，如出一辙。故北伐之目的，不仅在覆灭曹吴，尤在曹吴覆灭之后，永无同样继起之人；换言之，北伐之目的，不仅在推倒军阀，尤在推倒军阀所赖以生存之帝国主义。
>
> …………
>
> 本党致力国民革命，于今三十余年。以今日国内之环境而论，本党之主张，虽自信为救济中国之良药，然欲得国民之了解，亦大非易事。惟本党深信国民自决，为国民革命之要道。本党所主张之国民会议实现之后，本党将以第一次全国代表大会宣言所列举之政纲，提出国民会议，期得国民彻底的明了与赞助。
>
> 本党于此，敢以热诚告于国民曰：国民之命运，在于国民之自决，本党若能得国民之援助，则中国之独立、自由、统一诸目的，必能依于奋斗而完全达到。凡我国民，盍兴乎来！

但是皖系段祺瑞、奉系张作霖却各有自己的小算盘。

段祺瑞结束了天津的寓公生活，回到北京当上了“中华民国临时执政”之后，即于12月6日发表《外崇国信宣言》，表示尊重各帝国主义在华的既得利益，对抗孙中山提出的废除不平等条约的主张；又决定召开御用的善后会议，以反对孙中山提出的召开国民会议的主张。根据《善后会议条例》规定，参加会议的人员有四类：（1）有大功勋于国家者（系指孙中山与黎元洪）；（2）此次讨伐贿选及制止内乱之军事最高首领；（3）各省区及蒙、藏、青海军民长官代表；（4）有特殊资望学术经验者，由临时执政聘请或特派，其人数不得超过30人。根据这些规定，段祺瑞电请了123人参加会议，其中除孙中山等极少数人有资格以外，主要是全国各地的军阀头目、官僚买办、政客及其御用文人，却根本没有人民群众推选的代表。由这个代表官僚、军阀利益的会议讨论、决定国民会议组织法、召开国民会议、产生新政权，显然只能产生军阀官僚专政。

孙中山本来是想开一个类似于美国费城制宪会议的国民会议，不想被段祺瑞这个老狐狸给忽悠了。1925年1月17日，抱病赴京的孙中山发表了《为反对包办善后会议事致段祺瑞电》，指出善后会议的谬误，提出会议应容纳人民团体代表，如现代实业团体、商会、教育会、大学、各省学生联合会、工会、农会等。为了搪塞孙中山，段决定聘请省议会议长、教育会会长、农会会长、商会会长为专门委员出席会议，根本没有允许广大工人、青年学生代表参加会议，而且这些被邀请的专门委员不由人民推选，而由各地方军阀实力派推荐，产生的委员也是仅能列席会议，并无表决权。

孙中山识破了段祺瑞的骗局，决定国民党员拒绝参加善后会议。不仅如此，连特邀的黎元洪、岑春煊、梁启超、章太炎、唐绍仪、朱启钤也不领情，来函谢绝参加。与此同时，全国各地人民更是纷纷通电，抵制善后会议。

早在1923年8月，中国共产党就提出召开国民会议，反对军阀政权。但由于直系控制北京政权，使这一正确的主张不得实现。此时中国共产党更是看得清楚：

在这种情形之下，挽救此迫在目前的危机之方法，不是各省军阀的和平会议或国是会议，也不是几头元老的善后会议，乃是本党去年北京政变时所主张的及中国国民党现在所号召的国民会议。只有这种国民会议才可望解决中国政治问题；因为他是由人民团体直接选出，能够代表人民的意思与权能。

1925年1月22日，中国共产党在“四大”发表的宣言中，号召“全中国的劳动群众，起来制止段氏这种恶劣的计划”。在中国共产党的号召下，全国各地群众团体纷纷通电揭露善后会议的虚伪，并积极努力，成立国民会议促成会，争取召开国民会议，以抵制善后会议。

段祺瑞召开善后会议的目的，一方面想借此欺骗人民，另一方面则企图借此产生御用的国民会议，选举他做正式总统，以便重新维护北洋军阀统治。所以他不顾各界的反对，一意孤行，于1925年2月1日在北京召开了善后会议。会议原定出席总人数为166人，可是开幕式到会者仅86人，不足法定人数，所以推迟到13日才召开第一次会议。至4月21日会议闭幕，总共开过22次大会，7次座谈会，最终一个军政重要问题也没有解决。这次会议名为善后，却未得善果。善后会议的召开，反而激起了群众的强烈反对。

1925年初，孙中山北上到达天津，李大钊曾专程去天津和孙中山会晤。1925年2月，孙中山到达北京，李大钊率领北京群众亲往车站迎接。双方深入交换意见后，孙中山完全同意共产党提出的召开国民会议促成会的主张，即决定于3月1日如期正式召开。

1925年3月1日，中国共产党和国民党共同发起的国民会议促成会全国代表大会，在北京大学三院礼堂隆重开幕。到会代表200多人，代表20多个省区内120多个地方的国民会议促成会，共代表数十万以上的民众。代表的成分十分广泛，有工农群众、学生、教职员、专家、新闻记者、律师、民族资本家等，还有不少国民党左派人士和著名的共产党人，如李大钊、恽代英、邓颖超、王尽美、赵世炎、朱务善、刘清扬等人。各铁路和各地的工会、农会具有声望的领袖，如王荷波、史文彬、邓培、孙云鹏，上海总工会领导人郭景仁，以及各地学联等社会团体的领导人都参加了大会。苏兆征代表省港工人团体出席会议，在开会期间，赵世炎曾与他深谈数次，十分融洽投缘，苏兆征也极感兴奋。在会议期间，苏兆征就由李大钊和赵世炎介绍入了党。

中共北方区委宣传部长兼职工运动委员会书记赵世炎作为会议党团书记，组织领导了这次大会。赵世炎口才好，又有很高的理论水平，分析问题透辟。在大会上发生争辩时，以他为首的党员代表的发言和提出的主张，对右派分子所发表的谬论严予驳斥，不断获得大多数出席代表和列席旁听人士的掌声与喝彩。

会议期间，孙中山病势沉重，国民党右派分子都相继北上麇集北京。林森、邹鲁、谢持、冯自由等人，大肆叫嚣反共，企图分裂国民党。但孙中山对国共合作态度坚定，对李大钊十分敬重和信任，并委以重任。孙中山病势垂危之际，李大钊曾两三昼夜守在孙中山寓所，团结陈友仁、宋庆龄等左派，同国民党右派进行了坚决的斗争。1925年3月12日，孙中山先生在北京病逝，逝世前签署了《国事遗嘱》《家事遗嘱》和《致苏俄遗书》三份遗嘱，发出了“革命尚未成功，同志仍需努力”的号召。国民会议促成会的代表专门举行了悼念活动。

大会着重揭露了段祺瑞善后会议的反人民性质，并且否认了段祺瑞向善后会议所提出的国民代表会议的条例；会议对中国革命的一些基本问题进行了认真、广泛的讨论，通过了国际、国内、财政、宪法等问题重要决议案，强调“废除不平等条约”和“打倒帝国主义”“打倒军阀”的主张。

这次会议虽然未能达到改组政府的目的，但是在宣传中国共产党和孙中山的革命主张、组织和引导人民群众进一步参加反帝反封建的政治斗争方面起了积极的作用，有力地推动了国共领导的国民革命的发展。在全国人民的反对声中，善后会议议定的国民会议条例没能实施，而以国民会议为口号的群众运动，却更广泛、深入地开展起来。

中华全国总工会诞生

1925年4月8日，上海《民国日报》刊出一份《关于召开第二次全国劳动大会的通告》：

全国各工团公鉴：

我工人阶级为谋全国大团结起见，曾于一九二二年五月一日在广州开过第一次全国劳动大会，并由大会委托中国劳动组合书记部于次年召集第二次大会。嗣因二七惨变后，全国工团皆在严重压迫之下，第二次大会竟不能召集，各处工团无不引为遗恨。敝会等以中国各工团，应即本阶级互助精神，谋全国一致之团结，特发起于本年五月一日在广州召集中国第二次全国劳动大会，业由敝会等各派代表在广州设立筹备处，望全国各工团派遣正式代表出席（会员百人以上至一千人者派一人；以上每超过一千人得加派一人），须于四月二十七日以前赶到广州，并须携带正式证书及报告、会员名册等到会为荷。恐通知未周，特登报宣布。

发起者启

中华海员工业联合会、汉冶萍总工会、

全国铁路总工会、广东工人代表会

这是一份迟来的通告。

第二次全国劳动大会的召开，可谓一波三折。自从第一次全国劳动大会召开以来，整整三年过去了。第一次全国劳动大会召开的时候，正是中国工人运动第一次高潮，大会影响所及，震撼中外。中国劳动组合书记部本拟次年也就是1923年五一节，召开第二次全国劳动大会并成立总工会，不料京汉二七惨案发生，许多工会骨干牺牲在反动派的屠刀之下，工人运动转入低潮。直至孙中山改组国民党，确立“联俄联共，扶助农工”的政策，实现国共合作，加之第二次直奉战争后，直系军阀下台，工人运动方才进入复兴时期。上海纱厂罢工，胶济铁路罢工，北京印刷工人罢工，武汉人力车夫罢工和烟草工人罢工此起彼伏，第二次工人运动高潮势头萌动，召开第二次全国劳动大会的时机成熟，呼之欲出。

在此前的1925年1月，中国共产党在上海召开了第四次全国代表大会。大会对革命形势、社会各阶级在革命中的地位和作用、无产阶级在革命中的领导权和工农联盟等问题，作了深刻的分析和论述。大会通过了关于职工运动等多项决议案，分析了全国工运所处的形势，详细制订了进一步开展工人运动的计划。决议案指出，工人阶级当前最重要的任务，就是发展“自己独立的职工运动，同时参加民族革命以取得其领导地位”。为此，各种产业工人“尤其要力求其完全在我们共产党指导之下，成为纯阶级性的独立组织”。中国工人阶级不仅要参加民族革命运动，而且必须进行党领导的职工运动，把职工运动与民族革命运动结合起来，把政治斗争与经济斗争结合起来。

为加强对工人运动的领导，中共中央和各地方党组织的工农部内设立了职工运动委员会，同时向各重要产业地区派巡视员，以加强对职工运动的领导。中共四大的这些决定，对全国正在复兴并即将进入高潮的工人运动发挥了重要的指导作用，也为即将在第二次全国劳动大会上成立中华全国总工会在思想上和政治上做了准备。

这次劳动大会与上次不同，在共产党领导下，已经有了团结有力的工会组织，所以决定不用中国劳动组合书记部的名义，而以中华海员工业联合会、汉冶萍总工会、全国铁路总工会、广东工人代表会四家全国最大的工会组织联合发出通告，召集第二次全国劳动大会。大会虽由四家工人团体发起，但实际上一直在中国共产党领导下进行。

国共合作以来，革命形势高涨，工农运动迅速发展。陈独秀致信中共旅莫支部，“急需派得力同志能负责指导独当一面者回国工作”。中共中央与共产国际商定，派遣罗亦农等19位同志分三批陆续回国。1925年3月12日，罗亦农、王若飞等7人从莫斯科启程回到了国内。回国伊始，罗亦农即前往广州，参加第二次全国劳动大会，作为中共党团成员之一，自始至终参与了对大会的指导。

在会议期间，罗亦农写下了《今年五一之国际状况》《今年五一广州之两大盛会》《中国第二次全国劳动大会之始末》等文章，热情讴歌了第二次全国劳动大会和广东全省第一次农民大会的盛况以及在中国革命史上重大深远的历史意义。他说，工农兵三种被压迫的群众，同在一块向帝国主义、军阀、资本家游行示威，不仅在中国革命运动史上有更深远的历史意义，而且是中国目前革命运动积极爆发的表征和中国被压迫的劳苦群众谋求达到自己完全解放、实行大团结的征兆。

当时的《广州民国日报》连续报道了会议盛况，节录如下：

五一节原为劳动者争八小时工作制纪念的日子，亦即工人阶级向资本家示威的日子。各国工人无不于此日举行大运动。本年五一节广州市工人亦同样举行。当日上午十时，即纷纷整队齐集广东大学操场。适值第二次全国劳动大会及广东全省农民协会正在广州开会，两会共有代表五百余人，又加上青年军人联合会、黄埔军官学校、湘军讲武学堂、滇军干部学校、铁甲车队、飞机掩护队，亦整队参加。学校及各市民团体参加者也不少。到会人数总计不下十万人，赤旗飘扬，金鼓喧天。于严整中表现壮烈气象。

会场门首悬以生花砌成红底白字大横额曰“农工大联合”，场内一演说台，高可两丈，占面积约半亩，左为全国工人代表席位，右为全省农民席位。台前悬红底白字大横披“五一大示威”，台之正中高插铜质镰斧模型的大赤旗，其四围满插旗帜，书“我们目前的要求：集会、结社、言论、出版、罢工自由权”“我们目前的要求：八小时工作，最低限度的工资”“检阅我们的力量向敌人进攻”“民国革命万岁！”“中华民族万岁！”等标语。

会议开幕，唱国际歌，全体起立高呼“农工兵大联合万岁！”“民族解放万岁！”“全世界无产阶级联合万岁！”

会议推邓少山（邓培）、苏兆征、梁子光、杨其珊、蔡德昌、廖仲恺等六人为主席。邓少山宣布开会理由，他说，大家纪念五一节，大家都知道它是世界工人第一次战胜资本家的日子，但是尤应知道我们劳动者为什么要争？并且要怎样去争？然后这种纪念才有意义。劳动者同是一个人，且为一切的生产者，何故要受人家的剥削压迫，沦为牛马一样的生活呢？明白这一层，那就自然会知道要争的缘故。我们怎样去争？只有我们自己团结起来，并且要工农兵大家联合起来，才能得到胜利。中国民族欲求解放，只有实行革命，只有农工兵联合起来共同革命。

谭平山讲话中说，今天纪念五一节，有几个重大意义，第一是工人阶级原应不分职业界、省国界一致团结起来，今到会有17省的工会代表，可见是可以统一工人运动了；第二，今天不仅有工人，并有农民、兵士，农民所受的压迫与痛苦是和工人一样，兵士也是由工人、农民中失业出来的，所以他们是天然的同盟者，所以工农兵要联合起来向前进攻；第三，中国工农阶级的敌人除了军阀、资本家、大地主之外，还有帝国主义，军阀是专靠帝国主义而存在的，所以打倒军阀，必先打倒帝国主义。

赤色职工国际代表奥士脱洛弗斯基说：我们无产阶级是不分国界的，中国的目前工作，自然是国民革命，打倒帝国主义与军阀，这个革命不仅是中国民族解放运动，而且也是世界革命。近年世界起了变化，第一是欧洲大战，帝国主义自身起了惨杀，第二是俄国大革命，无产阶级夺取了政权。东方各国在大战前都是睡觉，中国所以号称“睡狮”，然而却被欧洲大战及俄国大革命惊醒了。此次工人、农民在广州开会，实行携手，实行联合向敌人进攻，不但保证中国革命之成功，而且促使世界革命之成功。今天五一节，就是我们无产阶级阅兵的一天，恭祝工农联合万岁！劳动解放万岁！中国革命成功万岁！。

廖仲恺在演讲中说，现在中国遍地都是被压迫者，所以我们工农想组织起来，图谋我们利益及改良社会制度。革命要成功，就要工农大联合共奋斗，若是分离，革命便不能成功，只有这样一致奋斗，才能达到革命的成功，得到我们利益的保证。帝国主义、军阀及一切压迫者不许我们革命，然而我们必要革命，所以工农联合是有很大意义的。我代表国民党恭祝农工联合万岁！中国革命万岁！

俄国人加伦将军演说称，我不是以军官资格来说话，我是代表无产阶级的俄罗斯来庆祝你们的工农大联合。我们都知道俄国工农是夺得政权了，现在是这样一个工农国家，我们相信你们这个工农大联合，是可以保证革命成功的，象俄国一样，以后一定可以夺得政权。今天以后，时时如此结合，如一个人一样，将来中国民族解放不愁不成功，自己阶级解放亦不愁不成功。

演说完毕，全体出发巡行。由会场左出越秀北路，经惠爱东路、转西行至永汉路，南行出南堤，西行至西濠口，折北行至太平路之西瓜园散队。领队者手托大赤旗，其余工农手执赤旗，兵士枪插赤旗。全国工团代表、省农民代表为头一队，沿途均高呼："八小时工作""打倒帝国主义""打倒军阀""工农兵联合万岁""全世界无产阶级联合万岁"等口号。声震全市，观者途为之塞，水上大小轮船及各工会门首，均停摆燃炮，相为呼应，市面乃现壮伟激昂气象。

5 月 2 日上午，第二次全国劳动大会及广东全省农民协会共同在广东大学大礼堂行开幕式礼，参加劳动大会代表共 277 人，代表 165 个工会，54 万有组织的劳动者。此外还有青年军人联合会代表、赤色职工国际代表、国民党代表及各界来宾合计约 1000 多人。宣布开会，推出主席。劳动大会方面为刘少奇、苏兆征、邓少山。

奏乐、唱国际歌毕，由秘书长邓中夏报告工农死难诸先烈死难事实。全体起立纪念诸先烈及孙中山先生，静默五分钟。主席宣布开会理由，说今天是中国第二次全国劳动大会、广东第一次全省农民协会正式开幕，这种大团结，就是表示工农阶级为本身利益开始向帝国主义军阀资本家和地主进攻了。在这次大会里，第一要统一全国工人组织及普遍全国农民组织；第二要促成工农紧密联合；第三要联合革命的军人，及一切被压迫的民众；第四要联合世界无产阶级。这就是今天开会简单的理由。

接着宣读祝词，有共产党、各农会及各官厅团体等，共计一百余之多。

劳动大会张特立报告“工农联合会的意义”，他说，工农联合会的意义是很简单的，就因社会分成两大阶级，一是压迫阶级，一是被压迫阶级。帝国主义、军阀资本家、大地主是压迫阶级。工人、农民以及一切劳苦人民是被压迫阶级。工农同为被压迫，我们农工的经济地位与痛苦是没有两样；我们工农的敌人是没有两样；所以我们是天然同盟军。我们要共同起来打倒我们的敌人。

邓中夏报告“中国劳动运动状况”，他提出，中国劳动运动分五个时期：民国十年以前为第一时期，叫做原生时期。那时候虽发生一些运动，然而他们对于罢工的方法、工会的组织是不知的，完全是一种原生的状态。民国十年至翌年一月为第二时期，叫做勃兴时期。此时的运动颇有蓬勃之观。如上海纺织、烟草、陇海、湘鄂铁路、汉口车夫发生的罢工，比第一时期进步了，我们略知罢工及工会的方法，所以我们有相当的胜利。民国11年1月至12年1月为第三时期，叫做进攻时期。这是从香港海员罢工开始，这期中发生的罢工不下四五十次，组织在工会中的工人计有27万有余。劳动潮流弥漫全国，什九是工人胜利。民国12年2月至去年11月为第四时期，叫做退守时期。京汉路大罢工不幸被直系军阀帝国主义之勾结而破坏了，造成二七惨变，杀死我们40余人。从此以后，中国工人改攻为守，然而我们并不放弃工作，仍然进行秘密组织。去年11月至现在为第五时期，叫做复兴时期。去年北京政变，直系军阀倒了，所以我们用我们的经验又起来了。北京各工会皆恢复，上海纱厂、胶济铁路、武汉人力车夫及烟草、北京印刷以及现在未决的青岛纱厂等种种罢工，乃是第二次高潮的潮信到了。

邓中夏说，我们的组织，决不是什么同乡的组织，也不是什么帮口的组织，他是一个阶级的组织。只要是卖劳力赚饭吃的工人，便是同一阶级，便应该不分籍贯性别老少，都组织在一起。因为同一阶级的人，所受的痛苦是一致的，要求的利益也是一致的。并且这个组织是一个斗争的组织，它是为了工人阶级的利益，向资本家作战的组织。只有我们的组织发展与坚固，才能战胜资本家，才能使我们的利益之获得并保障。

中国共产党给第二次全国劳动大会发来贺信：

亲爱的全国劳动大会代表诸同志：

中国国民革命潮正在高涨的时候，你们于全世界劳动节“五一”在革命根据地广州，召集了全国工会的代表开第二次劳动大会，这是有重大意义的。

…………

亲爱的全国劳动大会代表诸同志！你们所代表的力量是伟大的，你们所负的责任也是重大的，你们的敌人虽然众多而且强有力，只要你们团结起来不断地奋斗，不但中国国民革命的胜利终属于你们，全世界工农专政的胜利也必然属于你们。祝你们团结！祝你们奋斗！

中国国民党也发表“重要通电”：

全国工农同胞均鉴：

第二次全国劳动大会、广东全省农民协会，五一同在广州开会，工代表二百余人，代表有组织工人五十余万，议决各种重要议案，并组织全国总工会。农代表一百二十余人，代表有组织农民二十余万，全省农会，即日成立。五一、五七巡行示威，青年革命军人亦全体参加，高揭工农兵大联合旗帜，决议一致加入革命战线，与本党共同奋斗。本党除向本大会表示谢意外，并希望全国农工加紧组织，扩大革命力量，以促国民革命之成功。本党亦当训令党员，依据政纲扶助工人农民团体之发展，以付全国工农之望，特此电闻，并希察纳。

所以，邓中夏称："这个第二次大会，确实是一个中国最神圣最光荣超越一切的会议，比之军阀分赃丑声四播的什么善后会议，真是有一朵金花和一团狗屎之别了。"

然而，大会并非一帆风顺。张德惠、杨德甫、谌小岑等国民党右派和工贼拼凑了一个"全国工团联合会"，企图控制全国工会运动。他们四处活动，企图阻止各地工会派代表参加劳动大会，甚至盗用海员工会、铁路总工会、湖北工团联合会等名义，通知各劳工团体，要他们切勿委派代表去广州参加劳动大会。他们说，该会是由布尔什维克影响的中国劳动组合书记部所召开的，有被急进派操纵之嫌疑，"不能令其代表全中国之无产阶级"。

与会各代表听后非常愤慨，尤其是被他冒名的各个工团更为愤恨。京汉铁路代表徐宽说，杨德甫、张德惠等人，背叛工人阶级，勾结段祺瑞、张作霖、叶恭绰图谋个人活动，我们铁路上革命的工人，谁都知道叶恭绰是一个万恶的政客。在他做交通总长时，想利用工人作他巩固地位的武器，所以各路中至今尚有交通系一派的走狗工贼。诸位想想，张德惠现在是长辛店的监工，杨德甫是张作霖的军事侦探，这样的人，能做工人的领袖吗？

粤汉路总工会代表徐玉堂郑重声明，该工会未加入官僚雇用的各省区工团联合会；上海 13 工团代表孙良惠报告，该 13 工团也并未加入各省区工团联合会，并主张彻查造谣及冒充工人的工贼；上海代表刘明一还揭发了工贼王光辉、郭寄生、徐锡麟在纱厂罢工时，冒充工人代表签字领钱，被工人发觉驱逐的事实。

海员工会专门发表声明指出：工贼谌小岑、马超俊、陈天、杨德甫等，丧心病狂，甘作帝国主义走狗，胆敢捏造敝会名义，加入各省区工团联合会，淆乱视听，自欺工人，敝会誓不承认，特电声明。

为此，会议专门通过了《铲除工贼的议案》并列举罪恶最著的工贼姓名如下：

王光辉，徐锡麟，郭寄生，童理璋，宾步程，李彤，杨德甫，张德惠，郭聘伯，张櫜，刘伯勋，余友文，冯自由，马超俊，谌小岑，张恩荣，苗凤鸣，何东，黄焕廷。

在这个名单里，我们看到了叛变的京汉铁路总工会委员长杨德甫，曾被工人驱逐的粤汉铁路工贼张恩荣、苗凤鸣。

劳动大会要求：（一）将工贼罪恶编成小册子，宣告全国各工会，使工人明白，对于工贼加以防御及攻击，务使工贼无立足之余地；（二）各工会均应组织工人自卫团，如工贼来破坏时以武力对待之。

大会通过了30多个决议案，其中主要有《工人阶级与政治斗争的决议案》《经济斗争决议案》《组织问题决议案》《工农联合决议案》《铲除工贼决议案》《中华全国总工会总章》《加入赤色职工国际决议案》等。

第二次全国劳动大会在组织上的硕果，是中华全国总工会的成立。大会通过了《中华全国总工会总章》，《中华全国总工会总章》中总纲规定：本会以团结全国工人，图谋工人福利为宗旨。大会决定中华全国总工会总会设在广州，并选举了中华全国总工会第一届执行委员会，推选林伟民为委员长，刘少奇、邓培、郑绎生为副委员长，邓中夏为秘书长兼宣传部长，李森为组织部长，孙云鹏为经济部长。

大会还决定中华全国总工会加入赤色职工国际。

当总工会的章程通过和执行委员会选出时，“全国总工会万岁”

"工人阶级大团结万岁"之声不绝于耳。

中华全国总工会的诞生，标志着全国工人阶级在中国共产党的领导下，正式实现了全国工会在政治上和组织上的团结与统一，揭开了中国工人运动新的篇章，为全国工人阶级和工会组织在即将到来的大革命高潮中发挥先锋和骨干作用，作了重要的准备。

对此，罗亦农兴奋地欢呼："结果既然如此，将来的成绩一定很可乐观。中国的工人运动从此另开一新纪元，缩短军阀帝国主义资本家的寿命。"

第二次全国劳动大会结束之际，大会向全国发出宣言，宣告了中华全国总工会的成立。

全国工友们！

大会为满足全国工人的要求起见，为统一战斗力起见，已正式组织中华全国总工会，从此中华全国总工会便是指挥全国工人奋斗的总机关。

全国工友们！

全国工人都觉悟起来了，都纷纷起来组织团体了，都知道为自己的利益奋斗了；现在中华全国总工会又组织起来了，从此全国工人须在中华全国总工会旗帜之下，一致团结，提携着贫农，联络着全世界无产阶级，共同奋斗！

决议案的细节

翻阅本次大会的文件，我们发现一个有趣的现象，即所有的决议案，几乎没有一句文言文，没有一点八股腔，全是白话文——也难怪，这些文件，本来是写给工人看的。

例如在经济问题决议案中，提到增加工资、减少工作时间时说：

中国工人的生活，真是苦到万状了。我们试拿上海和日本的纺织工人的工资一相比较，两地的生活程度相差甚微，而工资竟为一与三之比，即中国工人每日所得，不过日本工人所得的三分之一。年来生活用品日见提高，而工资之所增极少，工人待遇，苦不堪言。因此，要求按照各时生活情形规定最低限度的工资一事，应成为我们目前应进行的主要工作之一。

对于八小时工作制，则这样表述：

欧西各国工人，数十年来为要求此制度之实现，不知经过了几千百万次的运动，流了几千百万工人的血，但是中国工人还是做12点以至18点的工，难道中国工人就不是一样的血肉构成的人么？我们现在应与各国的工人共同争这八小时的工作制的规定；同时我们又要注意必须在工作时间缩短之下，不影响于工资的低落，而反应该增长或照旧。

在提到反对虐待工人时说：

在欧美各国的工人，资本家尚表面尊重他人格的独立，雇佣的自由；而在中国则资本家视工人直与牛马无异，动辄任意拳打脚踢，私刑拷打，杀死无罪。最近日商纱厂罢工，发出反对日本打人的口号，我们试想这是一种什么呼声；又加工作中屎便之限制，下工时遍体之搜索等，以及许多不可胜数的事实，无异对付盗贼囚犯，我们应当坚决反对。

说到女工童工问题，则是声情并茂：

在中国的资本家特别喜欢女工童工，他们是看中了这两种人较为柔软，容易欺负，容易加他们以惨无人道的压迫，因而女工童工的生活遂愈苦不堪问了。女工的工资，是不能与男子相等的，她们的身体，是可以任意侮辱的；至于童工呢！许多6岁未满的小孩，终日站着做12小时以上的苦工，这还是人的生活么？

说到工会工作，简直到了事无巨细的程度，在组织问题的决议案中指出：

工会是工人阶级最广泛的群众组织，它必须设法使所有的工人加入。职工运动的组织形式，须特别灵便，不仅要适合本国工业发达的程度，并且要适合本国政治的环境、文化的程度以及历史的特点（有时连工人阶级的习惯和特点都要注意）。工会组织形式，至少须有几种不同的形式。

最好的组织是产业工会。产业工会的主要原则，是在每个工厂或作坊内，所有的工人，不论他们的职业是怎样，都要按照该工厂或作坊是那种产业性质，就都组织那一种产业工会，比方一个纱厂，不论是粗纱间，细纱间，打包间，电灯间……的工人，都是纱厂工会的会员。又比方一条铁路，不论是机务处，工务处，车务处，养路处……的工人，都是铁路工会的会员。这种制度的益处，就是每个产业机关是整个的奋斗单位。当工人与资本家冲突或罢工时，他们就可以马上很坚决的起来奋斗。

再有一种是职业工会。这种制度，是按照工人的职业加入工会。譬如机器匠是一种职业，轮船上的机器匠，铁路上的机器匠，纱厂里的机器匠，自来水厂的机器匠……都组织在一个工会里做会员。这就是说，一个大工厂内的电灯工人就加入电气工会，机器工人就加入机器工会，木工就加入木匠工会，一个大工厂内有各工会的会员。

无论工会组织的形式有各种的不同，但工会组织的性质是阶级的，工会工作的内容是阶级的，工会的教育同样也是阶级的，少了这些条件，中国工人组织工会就失了它本来的意义。所以工会会员，不宜包含雇主、高等职员及包工头等与工人利益相反的分子。

…………

要利用许多公开的名义，如办夜学校，协作社等，去做职工运动的工作，只要办得到，我们就要利用这些工作，秘密发展工人的组织。时常在工人的家庭里，与工人见面，宣传工会利益，动员工人加入工会。

工会每月要征收其会员会费。每月至少为1小时平均工资，工会不宜收太高的入会费。

在《工农联合决议案》中，则如此表述：

（一）工人在其回乡村时，或在其工作附近地之农村，均应向农民宣传并帮助他们组织农民协会。

（二）工会农会之间，得互派代表；工会应设法提携农会进行，并助其发展经济的组织，如合作社等。

（三）农民如发生经济上或政治上的斗争，工会应领导工人为实力的援助。

在关于工人教育方面，详细到了如此程度：

我们的教育方针，一面虽是注意工人日常生活的需要，如识字常识等。但最重要的是要用这些日常生活知识材料说明其原因结果，引用他们生活困苦之根源及现社会之罪恶，以唤醒其阶级觉悟，这是我们无产阶级教育的极重要的原则，可说这是我们教育的生命。

工会的开会是教工人学习处理本身问题的绝好机会。在可能的时候，还当在非工会会员的工人群众中去开会，去吸引他们参加讨论，吸引他们入会。其余如化装演讲游艺等项是一种最方便最普通的教育，因为可以引起听者之兴趣，而使宣传之意义能深入于一般工人的群众。

这是一百年前工人阶级最高领导机关发布的文件，如今读来，仍有一股清新之气。

会后，邓中夏在《中国工人》创刊号上，兴奋地写道：

回想起来，三年前我们是何等幼稚啊！三年前我们曾在广州开过一次全国劳动大会，但是那时候得到些什么呢？那时候我们也议决了九个议案，究其中只有四个议案颇有重要的意义。第一个是“罢工援助”；第二个是“八小时工作制”；第三个是“组织原则”；第四个是“惩戒工界虎伥”（即现在所谓工贼）。老实说，这四个议案都不完全，不能满足我们工人阶级全部的要求。然而那时候我们的知识经验，实在太缺乏，所以我们也只能得到那样的成绩。

现在却不同了，并且是大大的不同了。我们历年从种种的斗争中，得了许多正确的知识和丰富的经验，所以此次全国劳动大会，各地代表把所有得来的知识经验汇合起来，于是便成功了一个光华灿烂的好成绩，比之第一次大会，真是有天壤之别了。

此次大会又通过一个组织“中华全国总工会”的章程，并且选出了二十五位同志组织了一个执行委员会，为大会闭会后全国最高指导机关。我们的各路司令部（各业工会）完成了，从此又有了总司令部的大本营（全国总工会）了，我们的队伍更是严整，步骤更是一致，战斗力更是伟大无比，这样，我们工人阶级要达到最后的解放，不是可以计日而待吗？

说起来中国劳动运动的进步，总算是很快啊。欧洲劳动运动已经有一百年的历史了，然而有近代意义的革命的劳动运动，还不过近十年来的事。中国劳动运动历史很短，但是中国工人阶级之觉悟，革命之要求，奋斗之猛勇，组织之进步，恐怕还有为各国所梦想不到的。第一次大会时，到会代表一百五十人，代表有组织的工人群众仅只二十七万，此次大会，到会代表二百七十人，代表有组织的工人群众已超过五十四万了。曾几何时，而有如此的进步，而且是经过政治压迫很盛时期得来的进步，这不能不使我们对于前途抱无限的乐观了。

从此之后，工会在共产党的领导之下，团结带领工人阶级进行革命，更有组织，更有力量了。

似乎是要检验中华全国总工会的力量，第二次全国劳动大会刚刚结束，在中国最大的工业城市上海，爆发了五卅运动，在香港和广州爆发了为声援五卅运动而继起的省港大罢工，显示了中国工人阶级联合起来后的巨大力量，推动了中国大革命高潮的到来。

五卅运动

五卅运动的直接导火线是顾正红惨案。1925 年上海日商纱厂的二月罢工结束后，工会组织迅速扩大，引起日本资本家的恐惧和仇视。工人复工后，资方不仅不履行协议，还变本加厉虐待工人，各厂工人的抵制和抗议连绵不止。1925 年 5 月 15 日，日本资本家宣布内外棉工厂停工，不准工人进厂。该厂工人冲进工厂，要求复工和发工资。日本人不仅不允许，反而用铁棍乱打。共产党员、工人顾正红带领工人挺身自卫。内外棉七厂副总大班元木和七厂大班川村穷凶极恶，掏出手枪向工人肆无忌惮地射击，顾正红身中 4 枪，不治而亡，年仅 20 岁。

顾正红惨案发生后，中共中央和中共上海地委决定号召工农商学各界社会团体，掀起一个群众性的反对东洋人杀害中国人的运动。在顾正红惨案第二天，由工商学界35个团体发起，有40多个团体参加的“日人惨杀同胞雪耻会”宣告成立。雪耻会吁请全国各界援助纱厂工人，号召各界抵制日货，募款救济被难工友，并举行了声势浩大的顾正红公祭活动。面对日益高涨的群众运动，日本帝国主义继续采取高压政策，并勾结公共租界的工部局，逮捕参加反帝运动的工人和学生，扬言要对被捕学生举行公审。这更激起了广大工人和学生的愤慨。中国人民的反帝怒涛汹涌澎湃，一浪高过一浪。

5月28日晚，中共中央和上海党组织召开联席会议，陈独秀、瞿秋白、彭述之、恽代英、李立三、蔡和森等人出席。经过讨论，一致通过了扩大反帝运动和组织大示威的决议。因租界当局的会审公堂定于5月30日审判被捕学生，中共决定发动群众在这天下午去租界演讲示威。

5月30日，上海工人和学生2000多人在中共领导下，进入租界演讲示威，散发反帝传单，控诉帝国主义枪杀工人、逮捕学生的罪行，高呼“打倒帝国主义!”“废除不平等条约!”“收回租界!”等口号。帝国主义出动大批巡捕，逮捕讲演的学生、工人，南京路老闸巡捕房关押了上百名学生和听众。下午两点多，近万名群众会集老闸巡捕房门口，要求释放被捕学生，英帝国主义捕头竟然下令向手无寸铁的人群开枪。刹那间，南京路上血肉横飞，当场打死上海大学学生何秉弊、同济大学学生尹景伊等13人，重伤数十人，轻伤无数。南京路上血色弥漫，酿成震惊中外的五卅惨案。

当天深夜，中共中央召开紧急会议，决定由瞿秋白、蔡和森、李立三、刘少奇和刘华等人组成行动委员会，把运动扩大到各阶层人民中去，组织全市民众实行罢工、罢市、罢课斗争，抗议帝国主义者屠杀中国人民的罪行。

中国共产党发布《告全国民众书》，悲愤地说：

血肉横飞的上海，现在已成为外国帝国主义的屠场了！这是偶然的事么？不是的，这是资本帝国主义统治下的必然现象。资本帝国主义存在一天，被压迫民族和被压迫阶级每日都有被屠杀的可能呵！

国民党中央执行委员会也发表通电，号召全国人民一致抗议，要求惩罚行暴巡捕，抚恤死伤，表示谢罪，保证此后永无此等至无人道之行为。

5月31日晚，中共召集上海各工会代表举行联席会议，决定公开成立上海总工会，选举李立三为委员长，刘华为副委员长，刘少奇为总务主任。上海总工会成立后，立即发动和领导上海工人阶级投入到反帝爱国斗争中，成为上海五卅运动的组织者和指挥者。

上海总工会一成立，便发布《告全体工友书》，宣布从6月1日起举行总同盟罢工，指出，“我们中国受外国帝国主义的侵略压迫，真是到了极点，土地被他占去了，银钱被他抢去了。上海本是我们中国的上海，但是住在上海的人，都要受外国巡捕房的管辖，那么，我们上海的人，便都成为亡国奴了！尤其是我们工人，更是苦不堪言！”号召“上海全埠各业工友，全体一致罢工！报仇雪耻，反抗残暴杀人的外国强盗！”

6月1日，上海掀起了声势浩大的反对帝国主义的总罢工、总罢课、总罢市。公共租界中的华洋德律风（电话公司）接线生率先罢工。接着，内外棉三厂、四厂、九厂，英商老公茂纱厂、华商恒丰纱厂、中华书局等中外企业的工人也纷纷投入罢工。

6月2日，工部局所属的工程处、总铁厂、电灯厂以及英商电车公司的工人也相继罢工。

6月3日、4日，罢工斗争继续扩展，达到高潮。浦东英美烟厂万余工人，面对巡捕镇压，“不为所慑，仍坚持罢工”。

6月8日，海员、外轮货栈工人、驳船工人和码头工人也投入罢工。青年学生纷纷罢课，绝大部分英租界的华捕罢岗，侍候洋人的厨师、佣工也愤然辞工，加入罢工行列。

在上海总工会的领导下，上海工人的五卅反帝大罢工迅猛发展。据调查，到6月13日止，上海共有107处外资企业、13万余工人参加了大罢工；另据当时报刊和其他史料记载，到7月21日，参加罢工的共计206处，达20余万人。

随着罢工斗争的不断扩大，上海总工会抓紧有利时机，加快各厂工会组织的发展。罢工期间，上海工会组织进入一个蓬勃发展时期，每天都有新的工会成立。到6月7日，上海总工会所属基层工会已由五卅前的20个增加到44个，到7月28日，猛增到117个，会员从2万人增加到22万人，上海总工会在工人中的威信大大提高。在上海总工会领导下，工人阶级成为“三罢”斗争的主力军。上海工运形势的发展势头之猛，连国民党右派工会头目马超俊也不得不承认：“李立三等轻凡的攘得上海总工会地位，自此叱咤风云，踌躇满志，全上海工人几乎尽入囊括。工人把共产党视为天神而听其驱遣，这时受命组织，服从号令，乃成必然之势。”

中共在号召和发动“三罢”斗争时，正确估计到工人罢工和学生罢课容易实现，唯有商界罢市，许多资本家出于本身利益不会轻易答应。于是，5月31日，上海总工会动员了几千工人、店员和学生齐赴天后宫上海总商会会所，召开各界联席会议，一致敦促总商会发布罢市命令。大会派出了四个代表去邀请总商会副会长方椒伯，方椒伯起初躲起来不肯下楼，刘华、刘贯之在一间抽鸦片的小屋里找见他，把他从鸦片灯下拉起来，一个捉着左膀，一个捉着右臂，连挟带拖地搀下楼来。会见群众时，他吓得脸色苍白，但是仍然不肯答应罢市。群众这时实在忍耐不下去了，齐声喊道，如果方椒伯不签发罢市命令，就立刻打死他。在群众胁迫之下，方椒伯不得不勉强答应罢市，并签发了一个措辞简单的通知：

鉴于我国同胞惨遭枪杀，本会决定实行总罢市。

在上海总工会的推动下，罢工、罢课、罢市的“三罢”斗争终于实现了。“三罢”斗争实现后，上海总工会又积极推动反帝联合战线建立。6 月 4 日，由上海总工会发起，与全国学生联合会、上海学生联合会和上海各马路商界联合会共同组成全市性的反帝统一战线组织——“上海工商学联合会”。

“三罢”斗争使帝国主义者在各个方面都遭到了空前沉重的打击。在经济上，据工部局统计，上海总罢工使外资企业损失了 1200 万余个劳动日，每日损失几百万元；在政治上，帝国主义者惊呼：这次罢工就规模而言，“是工界翻天覆地的大变动之一”“在整个欧洲近代历史过程中，找不到与当前危局相类似的事例”；在生活上，十里洋场上向来威风十足的洋人，一下沦落到饭菜没人做、面包无人买、电话不灵、电灯不明、交通停顿的境地，帝国主义往日颐指气使、养尊处优的生活秩序，一下全被总罢工冲破打乱。

6 月 10 日，大资产阶级操纵的上海总商会单独组织了“五卅事件委员会”，与上海工商学联合会相对抗，竟不顾民族利益，宣布于 6 月 26 日开市，退出“三罢”斗争。中小资产阶级参加的各马路商界联合会也跟着总商会跑，同意开市。上海总工会于 6 月 19 日召开代表大会，在刘少奇主持下，大会一致通过决议：“商界开市与否，工界决不依赖，工界要坚持到底，决不上工。”大会向全市罢工工人发出号召：“不得总工会命令，不达完满目的，则头可断，工不可上！”充分表现了工人阶级坚持罢工的革命精神，是反帝斗争最坚决的力量。

鉴于形势的日趋恶化，刘少奇向中共中央提出逐步收缩罢工，以保存革命力量的方针。刘少奇和李立三分别主持了上海总工会召开的日本纱厂、华商纱厂、英国工厂代表会，耐心说服工人在取得厂方一定承诺的条件下，自动有秩序地复工。他们告诉工人：“只要工会存在，我们可以慢慢地解决，因为我们的痛苦是不能一次解除的。”在上海总工会的领导下，经过交涉、谈判，在争取到部分经济要求的条件后，于8月25日首先实现了日商纱厂的复工。8月28日实现了日轮海员的复工。9月4日达成了租界工部局电气处工人复工条件。最后，最顽固的英资企业也于9月26日接受了工人复工条件。

五卅惨案激起了全国各阶层人民的反帝怒潮。北京、天津、青岛、南京、武汉、长沙、大连等各地都举行了声势浩大的抗议集会和游行示威活动，许多地方开展了罢工、罢课、罢市和抵制英货、日货的斗争，到处响起“打倒帝国主义!”“废除不平等条约!”和“打倒军阀!”的怒吼。全国各地约有1200万人直接参加了这次运动，其中工人约50万人。“此时的工人阶级，几成全国总罢工形势”，据不完全统计，全国各地为援助上海人民而起的罢工达135次之多。

首先起来响应的是北京的工人和学生。1925年6月3日，北京举行了有5万人参加的示威游行；10日，在天安门广场举行了有20万人参加的国民大会；14日，5000名长辛店工人又在天安门前举行集会，表示坚决支持上海人民的斗争。

1925年6月3日，南京召开大会，工人罢工、学生罢课、商人罢市。6月5日，南京英商和记蛋厂工人5000余名，为抗议帝国主义在上海的屠杀，举行罢工，并成立了工会。罢工坚持40多天，胜利复工。

1925年7月8日，备受英国资本家压迫的焦作煤矿万余工人，为援助上海工人举行了大罢工。这次罢工到1926年3月才结束，坚持了8个月之久。

在天津，五卅惨案发生后，各界人民决定由“天津学联”“国民会议促成会”“反帝大同盟”等爱国群众团体组成各界联合会。6月5日、14日和30日，天津学生、工人等各界民众连续三次举行大规模的集会和示威游行，抗议英日帝国主义的暴行。

在青岛，各界人民纷纷响应，立即召开雪耻会，参加者共3万人，群情激昂。6月14日，5000名胶济铁路工人，冲进青岛市区大街，游行示威。青岛的日本和英国企业的工人相继罢工，码头工人拒绝装卸英国货，人力车夫、理发工人拒绝为英日帝国主义者服务。

1925年6月3日，共产国际和赤色职工国际发表宣言，号召全世界工人阶级和东方被压迫民族人民，支援中国工人阶级。苏联人民在莫斯科举行有50万人参加的声势浩大的示威游行。法国劳动同盟、捷克工会分别捐献5万法郎和2000美元。印度共产党发表宣言，强烈抗议英帝国主义在中国犯下的野蛮罪行，并劝告在华的印度巡捕，不要帮助帝国主义镇压中国工人。

随着五卅运动的发展，全国工会组织也在五卅反帝爱国运动的高潮中，出现蓬勃发展的局面。全国有组织的工人，从第二次全国劳动大会时的54万人，增加到90多万人，形成工会运动蓬勃发展的局面。

1925年8月4日，天津市工会代表大会隆重召开，天津总工会宣告成立。到1925年8月底，天津纺织、印刷、地毯、码头、铁路、油漆等行业相继成立了工会。

河南工人运动迅速复兴。1925年8月，在恢复京汉、陇海、道清等铁路工会的基础上，还相继成立了焦作煤矿、郑州豫丰纱厂、开封铜元局、兵工局、打蛋厂、电灯厂、信阳人力车夫、厨业等19个大的工会组织。1925年9月18日，在郑州成立了河南全省总工会，张昆弟为主任。

北京工会运动也得到迅速发展。在五卅运动中成立的“北京工人雪耻会”逐步发展为北京总工会。1926年1月1日，北京总工会正式宣布成立。

在厦门，建立了中华海员工业联合总会厦门分会，并且与省港大罢工采取一致行动。

浙江奉化、慈溪、镇海等地都建立和扩大了工会组织，仅绍兴一地，就出现了数十个工会，拥有会员近万名。

此外，江西九江、南昌和四川重庆、成都等地工会组织也有较大发展。

帝国主义不甘心失败，面对五卅运动及其全国工人运动的蓬勃发展，帝国主义和封建军阀疯狂反扑，不断进行残酷镇压和血腥屠杀，上海、青岛、武汉、南京、天津、安源……到处都有流血惨案的发生。

1925 年 6 月 11 日，武汉罢工工人在太古码头聚会，决定三天后，也就是 6 月 14 日举行全市总同盟罢工和示威游行，遭到英国巡捕的枪杀，重伤 21 人，轻伤不计其数，造成武汉“611”惨案。惨案发生后，直系军阀萧耀南派出大队军警，封闭学生联合会，严禁工人自由行动，拘捕 6 人，遭到通缉的有 80 多人。

在帝国主义凶相毕露之时，各地军阀也撕掉面具，对工人运动进行残酷镇压和屠杀。

1925 年 10 月，直系军阀孙传芳封闭了上海总工会。上海纱厂总工会等 117 个单位，联合致函驻沪联军第二司令部，要求启封上海总工会。12 月 6 日，工人群众自动启封总工会，当天又被淞沪警厅封闭。上海总工会副委员长刘华在公共租界被捕，12 月 17 日被秘密杀害。

1925 年 9 月 21 日，安源煤矿资方勾结江西军阀，派出军队突然袭击了安源工人俱乐部，逮捕了俱乐部负责人黄静源等 70 多人，不久黄静源等人惨遭杀害。工人群众把黄静源的遗体运到长沙，长沙数万工人、学生接灵，并举行了抬棺大游行。

到 1926 年 4 月，在军阀的势力范围之内，所有工人团体概被封闭，各种自由均被剥夺。工人领袖被惨杀者有刘华、黄静源、李慰农、高克谦诸人，受伤残疾不能工作者百数十人，被监禁于军阀、帝国主义牢狱者数百人，被通缉逃亡者千余人，被开除失业者万余人。

在帝国主义和封建军阀高压之下，工人运动受到重创，一时间万马齐喑，低回不前。

省港大罢工

挫折绝不代表屈服，低潮往往是高潮的蓄势。在国民党统治下的广东，在声援上海五卅运动中，正在酝酿掀起规模最大、影响最深、时间最长的反帝怒潮——省港大罢工。

这次罢工主体是香港的中国工人和广州沙面租界洋务工人。因广州是广东省的省会，广东人简称它为省，故称这次罢工为省港大罢工。

上海五卅惨案的消息传到广州后，中共广东区委和全国总工会在陈延年、周恩来、罗亦农等人的策划和指导下，联合广州市工人代表会、广东省农民协会、商民协会、学生联合会等团体，于6月2日举行了抗议帝国主义暴行的群众大会和示威游行，出席会议的工、农、商、学群众达1万多人。李启汉主持大会，罗亦农代表中共广东区委在集会上发表演说。他愤怒地谴责了日、英帝国主义屠杀中国人民的罪行，号召广东的工、农、商、学、兵联合起来，共同反对日、英帝国主义，坚决抵制日货、英货，援助上海工人、学生，誓做他们的坚强后盾。

罗亦农的演说，极大地鼓舞了与会群众的革命斗志，会场上不断高呼“打倒帝国主义!”“打倒军阀!”“收回租界!”“援助上海工人、学生!”等革命口号。

全国总工会决定，立即举行广州、香港工人的反帝大罢工，响应上海工人的反帝斗争。

中共广东区委和全国总工会派邓中夏、杨殷和苏兆征到香港，派李启汉和刘尔崧到沙面，分别联络两地的工会，进行大罢工的酝酿准备。

1925年6月13日，全国总工会设立省港罢工委员会临时办事处，负责办理有关罢工准备的一切事宜，由邓中夏、林伟民、苏兆征、李启汉等组成罢工领导核心，负责领导发动这次大罢工。

邓中夏、杨殷到港后，会同中共香港支部书记黄平和苏兆征、杨匏安等组成中共党团，动员组织香港工会，为即将到来的大罢工做好准备。

黄平，1901 年生，广东人，1924 年由赵世炎、陈延年介绍加入中国共产党，后留学苏联。回国后奉命在香港开展工人运动。后来还担任过中共广东区委工人部长，参加过广州起义，后来被捕变节。

当时香港工会有 100 多个，大都是旧式行会或黄色工会，而且分为三派：一是工团总会派，有 70 多个工会，除海员工会外，多属手工业，且受黑社会头目的控制。二是华工总会派，有 30 多个工会，多系香港公用事业工会，中共所领导的电车工会是这一派的骨干。三是无所属派，即独立于上述两派之外的工会，有 20 多个，都是比较大的工会，如洋务、起落货、煤炭及华人机器会。其中华人机器会是香港英国当局的御用工会。根据香港工会的现状，邓中夏等人同中共香港党团支部，一方面到群众中做宣传组织工作，把群众发动起来；另一方面争取那些行会组织的头面人物。

香港的洪门、三合会不像上海的青帮、红帮那样统一，没有联合的总组织，支派很多，各立门户，如“全”字头的俗称“尖顶”，“和”字头的俗称“歪嘴”，“联”字头的俗称“单耳”，“东”字头的俗称“高脚”，彼此活动以地区为界限，组织遍布港九地区。

由于第二次全国劳动大会有香港各工团的代表参加，全总代表邓中夏等人在香港工人中有很高的威信，使大罢工的发动、进展颇为顺利。杨殷凭着自己在会党和工人中的声望，利用帮会的反侵略反压迫的民族主义思想，把组织发动工人参加省港大罢工的意图迅速地贯彻到香港的大部分工会中去，甚至连英国人掌握的大东电报局的工人组织，也被共产党组织起来。

在全总代表召集的两次香港各工团联席会议上，通过了罢工宣言，成立了统一指挥机构——全港工团联合会。

攘外必先安内，这时广东革命政府正在平定刘、杨叛乱。

1922 年的时候，以滇系军阀刘震寰、桂系军阀杨希闵为首的一支滇桂军投向孙中山，驻在广州地区。1925 年刘、杨在英帝国主义和北洋军阀段祺瑞策动下，乘广东革命军东征之际，于 5 月中旬发动军事叛乱，占领了广州电报局、车站等处。广东革命政府调回东征军，在工农群众支援下回击叛军。

中共广东区委决定发动工农群众协助革命军平叛。此时正兼任全国铁路总工会广东办事处主任的邓培和杨殷等人领导工人组成广三、广九、粤汉三路联合罢工委员会，发动铁路工人罢工，阻止叛军增援广州，粤汉、广三、广九铁路的工人同时罢工，使铁路运输道全部瘫痪，结果滇桂军无法调遣，运输全部中断。杨希闵急了，即到香港出 10 万元重金雇聘工人开车，但无一人应聘。与此同时，铁路工人们又在广九沿线快速干线装机，在石龙迎接东征军回师广州，待各军一到铁路沿线，铁路工人马上复工，抢运军火，使广州革命政府的东征部队能及时赶回广州。当周恩来等人率领革命军回师广州时，铁路工人迅速把火车开到东莞、清远、三水等地，将革命军运载回广州。

杨、刘坐困一隅，迅速崩溃。12 日，杨殷领导的工团军与黄埔军校学生及农民军，配合革命军向叛军发起总攻。在群众的支持、配合下，革命军势如破竹，迅速突破了滇桂军防线，攻入广州市区。滇军师长赵成梁被当场击毙，桂军师长陈天泰则成了俘虏。杨希闵、刘震寰见大势已去，只好逃往香港。广州局势转危为安，广州革命政权得到巩固。

平定了刘、杨叛乱后，省港大罢工继续向前推进。经过一番细致的准备工作，罢工的条件日臻成熟，邓中夏、杨殷立即返回广州，向周恩来、罗亦农、陈延年等中共广东区委领导人汇报情况，并研究决定了总罢工的日期和具体的组织工作。

与此同时，中共广东区委和全总为解决香港罢工工人回广州后的食宿问题，罗亦农、邓中夏、陈延年同国民党中央工人部长、广东革命政府财政部长廖仲恺取得联系，获得了广州革命政府对罢工斗争的支持。廖仲恺坚决支持罢工，广东革命政府封闭赌馆、烟馆，征集一些空屋、公共场所，作为罢工工人的临时宿舍、食堂，并答应由财政部每月拨款1万元作为罢工工人的经费。

6月15日，中华全国总工会发布《为五卅惨案致香港各工团的信》，号召立即举行全体罢工：

自上海日本纱厂资本家惨杀工人顾正红案发生之后，日、英、美帝国主义者，更蝉联不断屠杀我同胞……可知帝国主义者已在我国境内下全体动员令，向吾人进攻，吾人若不急起一致反抗，则国将不国矣！我工人阶级在民族革命中，本负重大使命，对此更应敌忾同仇，为民族独立之先锋，引导全国同胞，一致动员，向帝国主义者反攻……特此函达贵工团等，立即通令全体工友一致罢工，以制帝国主义者死命，并希提出要求条件，不达目的不止。

6月19日，香港海员、电车、印务等工会响应全国总工会的号召，率先宣布罢工，其他工会随即一体响应，香港10多万工人罢工。全港工团联合会发表声明，拥护上海工商学联合会的17项条件，并向香港政府提出本身的6项条件。

6月20日，全国总工会发表《为什么罢工?》的传单，在参加省港大罢工的工人中广为散发，传单历数了帝国主义者在上海、青岛、汉口、九江屠杀工人的罪行，然后重点阐明了广东、香港的工人为什么一定要起来援助上海工人的理由，极大地鼓舞了罢工工人的斗志。

6月21日，广州沙面的洋务工人和广州市内各洋行的工人罢工斗争也呼啸而起。至6月底，省港两地参加罢工的工人人数达25万之多。香港各工会联合会还向港英政府提出了政治自由、法律平等、劳动立法等6项条件，具有鲜明的争取民族独立的政治斗争性质。

省港大罢工开始后，广州工人代表会率领各工会在全市分8个区设立招待站，热烈欢迎和招待罢工工人。罢工工人一到招待站报到，就可以拿介绍信到指定地点住宿，凭饭券到任何罢工工人食堂吃饭。

省港大罢工的爆发，使盘踞香港和广州沙面租界的帝国主义者又惊又怒。英、法、日、葡、美等国，先后增派军舰驶进广州白鹅潭，共达八九十艘之多。他们还在沙面增兵布防，高筑堡垒，炮口指向市区。

6月23日，参加省港大罢工的工人和广州市的工人、农民、学生、青年军人及其他群众10余万人齐集东校场，举行上海惨案追悼大会。会后举行游行示威。游行队伍人人手举写有标语的红绿小旗，愤怒高呼："收回租界！""收回海关！""取消一切不平等条约！"中共广东区委负责人罗亦农、周恩来、陈延年等人都走在游行队伍中。当游行队伍行至沙基大马路时，预先埋伏的英法军队，突然用机枪向游行队伍分段扫射，停在白鹅潭的外国军舰也向游行群众开炮。结果，游行群众当场被打死52人，重伤170多人，轻伤无数。

沙基惨案后，7月11日，省港大罢工工人和广州各界100多个团体10万人，在广东大学操场举行公祭，邓中夏宣读祭文：

呜呼烈士，人胡不死。死有重于泰山，或轻于蝼蚁。烈士为民族，民族或因烈士之死而不死。吾等不哀烈士之死，实壮烈士之死。吾等不忍全民族之将死而偷生，实愿继烈士之为民族而死。吾等誓以赤血激荡太平洋之怒潮，以湮灭彼野蛮凶暴之一切帝国主义！

全体与会者宣誓：

我等省港罢工工人诚心在死难烈士之前泣血誓词：我等被压迫工友誓与全国一致行动，抵抗帝国主义之强暴，谋达中华民族之完全解放，坚持到底，始终不渝，如有反悔，神明鉴之。此誓。

沙基惨案发生后，广州革命政府当即照会英、法、葡等国，提出强烈抗议，并宣布同英国经济绝交，同时封锁出海口。

1925 年 7 月 3 日，中共广东区委发动香港、沙面罢工工人选出代表，在广州举行省港罢工工人代表大会。大会选举苏兆征、李启汉等 13 人组成省港罢工委员会，苏兆征任委员长，何耀全、曾子严为副委员长，李森为干事局长，邓中夏为罢工委员会中共党团书记。在罢工委员会之下设有干事局，处理罢工委员会日常事务；设立财政委员会、工人纠察队、审计局、会审处等机构，负责筹措及管理罢工经费，指挥、保管、拍卖工人纠察队截获的仇货，审核各部门开支账目，处理破坏罢工的案件；还设立拘留所，关押破坏罢工的犯人。此外还设立劳动学院，培养香港、广东的工会干部；设立工人医院，给罢工工人治病，罢工委员会还出版了自己的机关报《工人之路》（特号）。

为了在政治上、经济上打击英帝国主义，1925 年 7 月 9 日，省港罢工委员会正式宣布封锁香港，并整编一支武装的工人纠察队执行封锁任务。在封锁过程中，罢工委员会采取了“单独对英”“特许证”和“善后条例”等正确策略，规定不是英国船又不经香港者，准其直接来广州。这样就孤立了英国，而广州的对外贸易却得到相当发展，广东革命政府的税收迅速增加，经济状况获得明显的改善。对香港的封锁，使香港殖民当局在经济上、政治上受到空前未有之打击。香港变为“死港”“臭港”“饿港”，经济损失严重，导致香港总督史塔士被撤职。英帝国主义哀叹：1925 年英国尊严之堕落，实为中英通商百年来所未有。

邓中夏在《一年来省港罢工之经过》中写道：

香港罢工后，做饭和洗衣都要自己动手，固不待说。街上垃圾类秽，堆积如山，楼居者以纸裹粪，抛掷街中，加以炎日蒸天，臭气熏天，故群呼香港为“臭港”。交通既绝，内地肉食菜蔬，无从运至，猪肉涨至一元余，鸡蛋涨至五角多，牛肉几乎绝迹，街市等于虚设，故又呼香港为“饿港”。轮船阻滞，船坞停废，商店歇业，银行挤兑，一时社会秩序，纷纷大乱，孤悬海中，呼救不至，故香港又变为“死港”。

邓中夏以一件小事，反映了全体中国人民同心协力，同仇敌忾的斗志。

为民族利益而不掺杂自己利益，这是世界之上少见罕闻的事。我们举一件很小的事，便可见罢工工人觉悟之普遍与深入了。有一次在某罢工宿舍门前，两个工人的儿子，八九岁，不知何事起了争端，先则口争，继以扭打。问何以打架？一个说，他骂我的爹娘，骂我的妹妹，都不要紧，但是他骂我是帝国主义，我不打他？一个说，他骂我是地痞，骂我是兔子，都不要紧，但是他骂我是反革命派，我不打他？

在省港大罢工中，担任中华海员工业联合会秘书的罗登贤表现突出。五卅惨案发生后，他协助苏兆征发动海员和金属业工人参加省港大罢工，并率领香港罢工工人回到广州，成立了省港罢工委员会。

罗登贤（1905—1933），广东南海人。1925 年入党。中国工人运动早期的著名领袖，参加领导省港大罢工，曾任中共香港市委常委、广东省委常委、江苏省委书记，中共六大被选为中央委员和中央政治局候补委员。1931 年 1 月任中华全国总工会代理委员长兼党团书记，在上海等地指导开展工人运动。他还是东北抗日武装的主要组织者、创建者。

罗登贤自幼父母双亡，由在香港做工的姐姐抚养长大。11 岁时在香港的太古船厂当学徒，目睹资本家对工人的无理欺压，非常气愤。1922 年参与发动厂里工人成立维护工人权益的太古船厂工会，接着又发动工人成立了香港金属业工会，成为该会的领导人之一。

在省港大罢工中，罗登贤是海员工会秘书，跟着大名鼎鼎的工运领袖苏兆征工作，学习和积累了许多工人运动方面的知识和经验，对他此后的工运道路产生了重大影响。

省港大罢工在中国共产党的领导和广州革命政府的有力支持下，从 1925 年 6 月开始，至 1926 年 10 月停止封锁，共坚持了 16 个月之久。1926 年 6 月，广东国民政府宣布出师北伐。为了集中力量支持北伐战争，10 月 10 日，罢工委员会宣布取消对香港的封锁。

省港大罢工是中国和世界罢工史上坚持时间最长的罢工。它给当时的英帝国主义以沉重打击，并在中国工人运动史上留下了扬眉吐气的豪迈记录。就其组织之严密，制度之健全，规模之巨大，持续时间之长，影响之深远，在中国工人运动史和国际工人运动史上都是罕见的。此次罢工在经济上、政治上给了英帝国主义以沉重打击。过去从不把广州革命政府放在眼里的港英当局，也被迫不得不承认它是一个独立的政治实体，而以平等地位与它举行谈判。日、美、葡等帝国主义国家，也不得不表示服从罢工委员会的规定，遵守广州革命政府的法令，继续往来广州进行贸易。这就促进了广东革命根据地的统一和巩固，并为准备北伐战争作出了重要贡献。

省港大罢工的爆发，推动了广州工会组织的深入发展。到 1926 年初，广州工人代表会的基层工会发展到 138 个。为了实现广州工会的联合统一，邓中夏建议，广州工人借鉴省港罢工代表大会的组织办法，成立代表大会，以开展统一的工人运动。1926 年 4 月 1 日，广州工人代表大会正式召开，报到工会 145 个，代表 2561 人。

但是大会刚开始不久，广东机器工会和广东省总工会的代表，就借故相继退席。这是国民党右派对广东工人运动统一团结的公然破坏，他们的阴谋遭到大会多数代表的一致谴责。在他们退出以后，大会照常进行。大会选举了25个工会代表为执行委员，15个工会代表为候补委员，正式建立了广州工人代表大会。会后，又从当选的各工会中推选了17个工会的代表组成常务委员会，作为常设机关。

广州工人代表大会的成立，对广州工人运动产生了很大的影响。在代表大会的推动下，先后建立了全国铁路总工会广州办事处、广州火柴总工会、广州洋务总工会、广州织造业联合总会等十几个产业工人联合组织。

1921年中华海员工业联合总会成立后，先后在上海、天津、广州、厦门等地设立分会。但全国海员没有召开过一次代表大会，下属组织极不健全。省港大罢工开始后，香港、广州及汕头、上海的部分罢工海员齐集广州。林伟民、苏兆征等海员工会领导人决定利用这个时机，在广州召开第一次全国海员代表大会，将该会改组为中共领导的全国海员的革命群众组织。

1926年1月5日，全国海员代表大会在广州举行，出席代表122人。大会通过了组织问题、打破帮口、运输工人联合、政治斗争和教育宣传等决议案，决定将会长制改为民主的委员制，改组中华海员工业联合总会为中华全国海员总工会，选举苏兆征、林伟民等15人为执行委员，苏兆征为委员长，邓中夏、黄平被聘为顾问。

1926年4月16日，香港各工会在广州举行代表大会，到会代表600余人。邓中夏到会作《政治报告》，刘少奇作《全国职工运动报告》，黄平作《世界职工运动报告》。大会通过了关于政治报告、经济斗争等决议案，并选出21名执委委员，7名执委常委，冯敬为总干事，陈权为组织部长，成立了香港总工会。从此，香港工会走上统一。

省港罢工委员会宣布停止封锁后，多数罢工工人陆续回原单位要求复工，或另谋职业，但还有约3万名罢工工人滞留广州。因此，省港罢工委员会及其各种机构依然存在，并继续坚持工作。滞留广州的罢工工人继续坚持反帝爱国革命斗争。工人纠察队经过整编后，一部分到农村帮助农会组织和训练农民自卫军，一部分由中共秘密输送到国民革命军，还有100多人改编为缉私工商委员会保卫队。这些滞留广州的省港大罢工工人和武装纠察队员，在后来的广州暴动中发挥了重要作用。

附篇

成长 1926—1949

与党同行的中国工会

北伐战争，工人运动的高涨与低落

第三次全国劳动大会既是一年来工运经验的总结大会，也是动员全国工人援助北伐革命的誓师大会。大会结束以后，大批工运干部，根据大会决议的精神，纷纷返回各个地区，在工人群众中紧张地开展工作，积极动员工人群众起来准备迎接和支援北伐战争。

第四次全国劳动大会在中国革命处于危急的时刻，立场鲜明地声讨了蒋介石等国民党反动派背叛革命、屠杀工农的罪行，进一步使工人阶级认识到建立工农小资产阶级的联盟、援助农民实行土地革命及加强工人武装的重要性。

第五次全国劳动大会根据中共中央对形势的过高估计，认为革命高潮就要到了，提出工人阶级目前阶段最根本的任务是“准备武装暴动，积极推翻帝国主义与国民党的反动统治”。为了实现这一任务，大会要求各地赤色工会要根据全国工人斗争纲领，系统地组织本产业、本地区的同盟罢工，进而把全国的工人斗争“联系汇合起来，形成总的进攻形势”“与敌人作坚决的死战”。

支援北伐

1926年5月1日至12日，中华全国总工会在广州召开第三次全国劳动大会，出席大会的代表502人，代表全国699个工会组织、124万会员。毛泽东、苏兆征、李立三、刘少奇、邓中夏、彭湃等人出席并参加了大会的领导工作。中共中央致大会的祝词中，强调“必须努力扩大及巩固全国工人农民及一切劳苦群众的联合战线”。刘少奇代表全总在大会上作了《一年来职工运动发展》的报告。大会总结了五卅以来的斗争经验，通过了《中国职工运动总策略决议案》等18个报告和决议案，大会选举执行委员35人，候补执行委员17人，组成以苏兆征为委员长、项英为副委员长、刘少奇为秘书长的全国总工会新的领导机构。

这次大会根据当时的革命形势，强调中国工人阶级是国民革命的领导阶级，提出了工人阶级当时的中心任务是：巩固和扩大自己的组织，切实联合农民、小商人、学生及社会上一切国民民众，督促和援助广东国民政府北伐，消灭封建军阀，以期早日完成国民革命，统一中国。大会发表了《为促进北伐向国民政府请愿书》，要求国民政府出师北伐。

广东国民政府决定出师北伐之后，中华全国总工会发表了《对国民政府出师宣言》，号召工人参加和支援北伐战争。《对国民政府出师宣言》提出，在国民革命军胜利的地方，要求启封被军阀封闭的工会，释放被捕工人领袖，恢复被通缉和失业工友的工作，使以前罢工胜利的条件得以履行，被惨杀死伤的工友得到抚恤和救济。在政治上，要求颁布保护劳工的劳动法，发展工人运动的工会条例，要求工人有集会、结社、言论、出版、罢工的自由。

1926年7月9日，广州隆重举行国民革命军北伐誓师阅兵典礼，各界群众5万余人参加。省港罢工委员会成立了北伐运输委员会，组织罢工工人成立3000多人的运输队，还组织了宣传队、卫生队、交通队等随军出征。

北伐战争一开始，在全国总工会“极力地赞助国民革命军，作国民革命军的后盾，使之得到胜利”的号召下，全国工人阶级就立即投入到了全力支援北伐军的热潮中去。

广东工人组织运输队、卫生队、宣传队等随军出征。3000多名罢工工人组成的运输队冒着烈日，跋山涉水，北伐军进到哪里，就把军需物资送到哪里。由粤汉、广九和广三铁路总工会和香港金属业罢工工人联合组成的铁路交通队，沿途修复铁路交通，确保铁路军运。

随着北伐战争的胜利进军，国民革命军所到之处，工农群众迅速掀起了热烈支援北伐军的活动。在湖南，工人学生组成的“平民救国团”和“农民自卫军”直接参加了醴陵、平江和汀泗桥等战役。粤汉、株萍铁路总工会联合组成援助北伐临时委员会，下设运输队、破坏队、交通队、侦察队、向导队和冲锋队等，割电线、扒铁路、炸桥梁，破坏敌人军需物资运输。北伐军攻克湖南后，湖南工团联合会在长沙又组织4000余人的运输队，为北伐军运输军需物资。

在湖北，当北伐军攻打武汉时，汉阳兵工厂工人宣布总罢工。工人打开仓库，取出武器，配合北伐军敢死队里应外合，一举夺取了兵工厂。国民军攻占汉阳后，武汉工人代表队到汉阳慰劳北伐军，工人迅即修复筏子、浮桥，使北伐军顺利开进汉口。汉阳兵工厂工人则立即复工，加班加点，赶造枪炮支援北伐军。

当北伐军兵临萍乡城下时，安源工人及时破坏了由萍乡至宜春的电话、电报等通信设备，并组织起来赶走了驻守县城的军阀部队，使北伐军未放一枪就占领了萍乡城。广大煤矿工人迎接北伐军时，在俱乐部门口扎了四个大字：“也有今天”，并把总监王鸿卿抓来示众。

正是由于工农群众的大力援助，北伐军才所向披靡，长驱直入，在不到半年的时间里，打败了吴佩孚，赶走了孙传芳，占领了半个中国。

正如当时《革命军日报》所评论的："革命军所以得到许多特殊利益，全靠了民众热心帮助，所以我们这次的胜利，完全是军人与民众合作所得来的。"

同时，北伐战争的胜利进军，又促进了工人运动的迅猛发展。在北伐军所到之地，工会组织的建立和工人经济政治斗争的发展，都达到了空前的高潮。北伐军饮马长江，长驱奏凯，政治版图得以改变，革命工会浴火重生。一位美国记者这样评论武汉工潮："一个笼子里的鸟，脱离了它的牢狱，是要向天空飞的。一个野兽，扯断了束缚它的绳子，是要拼命向自由路上跑的。一棵久旱之树，忽经甘霖之润泽，定要迅复其茂盛的。此种天性，在人类中更甚。"

在湖南，北伐军入湘前，有工会76个，会员约11万人；北伐军攻克长沙后，1926年9月1日，长沙总工会即宣告成立，到1927年春，基层工会发展到120多个。1926年12月1日，湖南全省工人代表大会在长沙召开，选举产生了湖南省总工会，郭亮当选为委员长。湖南全省县级以上总工会和各大产业工会共49个，会员已达18万人。

在湖北，北伐前武汉只有13个工会；从1926年9月6日国民军攻占武汉，到9月14日武汉总工会成立时，已有基层工会30多个。9月17日，全国总工会在汉口设立办事处，由李立三为主任，刘少奇为秘书长，刘尔崧、项英为组织部长和宣传部长，负责指挥两湖、江西等地工人运动。9月21日，湖北全省总工会筹备委员会成立。1926年10月10日，在北伐军攻克武昌当天，湖北全省总工会成立大会在汉口召开。会议决定将湖北全省工团联合会改名为湖北全省总工会，选举向忠发为委员长，许白昊为秘书长（不久由刘少奇继任），刘尔崧、吴明、朱宝庭、刘少白、周兆秋分别担任庶务部、宣传部、交际部、指导部和组织部主任。到1926年11月底，全省工会已发展到158个，会员人数达20多万。

在北方，受革命形势的鼓舞，全国铁路总工会1926年2月7日在天津召开第三次全国代表大会。大会通过了宣言和28项决议案。大会选举执委13人，候补执委7人，委员长为邓培，总干事（党团书记）为罗章龙。

上海工人三次武装起义

为了配合北伐战争，从1926年10月至1927年3月，中国共产党领导上海工人阶级，先后举行了三次武装起义。

北伐战争开始后，中共上海区委和上海市总工会根据中共中央的指示，着手进行工人武装起义的准备，秘密建立了一支约有2000人的工人纠察队，设法在北洋军阀驻沪海军中建立了共产党的秘密组织，策动部分海员配合武装起义。与此同时，广东国民政府也派钮永建为驻沪军事特派员，策动推翻上海军阀。他策动浙江省主席夏超，准备倒戈反对军阀孙传芳，并与中共约定，待夏超在浙江宣布独立，派部队向上海进军时，共同举行武装暴动。1926年10月23日上午，中共上海区委根据钮永建提供的夏超独立的情报，决定当天下午举行武装起义。但是，当时夏超独立其实已遭失败，缺乏武装又无外援的工人纠察队进行了零星的起义战斗，很快就被敌人镇压下去。

失败之后，纠察队指挥罗亦农表示，我们决不能因为失败而失望。暴动的第一幕已经完了，第二幕马上要发生，所以我们要准备第二次暴动。

1927年2月中旬，北伐军在浙江取得了决定性进展，有利形势开始到来。2月16日，中共上海区委召开全体会议，决定举行以工人为主体的第二次武装暴动。2月18日晚，得知北伐军先锋已进抵距上海仅80公里的嘉兴，上海市总工会决定于19日举行总同盟罢工，“以罢工响应北伐军，罢工打倒孙传芳”。上海总工会发布《总同盟罢工令》：

全上海工友们！民众革命势力日强，北伐军战争胜利，军阀孙传芳抵抗失败，唯有由民众起而行动，以推翻军阀势力。本总工会特宣告全上海总同盟罢工，以完全消灭军阀残余，表现革命民众权力。今到之时，即刻行动，全体工友总罢工。罢工之后，须有组织的有秩序的听候总工会指挥，无复工命令，不得复工！切切此令！

罢工响应北伐军！

罢工打倒孙传芳！

民众政权万岁！

工人自由万岁！

工人团结万岁！

从1927年2月19日至22日，参加总同盟罢工的工人达到36万名。2月22日，中共上海区委决定将总同盟罢工转变成武装起义。但是，驻守嘉兴的白崇禧所部北伐军按兵不动，使工人的起义行动陷于孤立，第二次武装起义又失败了。上海总工会于24日发出复工命令，要求工人“养精蓄锐，准备更大奋斗”。

1927年2月24日，中共中央发表《中国共产党为上海总同盟罢工告上海全体工友书》：

上海全体工友们！

你们是为全上海市民争自由的先锋军，并且是为全中国民族争自由的先锋军，你们有过五卅反帝国主义伟大运动的光荣的历史，有过斗争的经验，这次总罢工更证明了你们的伟大，更丰富了你们的经验，你们努力向新的斗争中去！

第二次武装起义失败后，随着东西两路北伐军的继续向上海逼近，中共中央和上海区委、上海市总工会加紧了对第三次工人武装起义的准备，并由陈独秀、周恩来、罗亦农、赵世炎、汪寿华等人组成特别委员会，领导上海工人第三次武装起义。周恩来制定了《武装暴动训练大纲》，加强了对工人纠察队的武器使用和战术训练，同时设法购买枪支弹药，加强了纠察队的武器准备。

诚如恩格斯所言：“罢工是工人的军事学校，他们就在这里受到训练，准备投入已不可避免的伟大斗争中去；罢工是工人阶级各个队伍宣告自己参加伟大工人运动的宣言。”1927 年 3 月 20 日，北伐大军兵临城下，军阀统治势力已成惊弓之鸟，上海工人第三次武装起义的时机已到。3 月 21 日清晨，上海市总工会发出全市总同盟罢工的命令，中午 12 时，有 80 万名工人参加了罢工，并随即开始武装起义。按预定计划，起义工人在武装纠察队的带领下，分头攻占了警察署、警察所、巡逻队等反动机关和电话局等要害部门。起义的工人群众分别在南市、虹口、浦东、吴淞、沪东、沪西、闸北 7 个区域与敌作战，经过 30 个小时的英勇战斗，共歼敌 5000 余人，缴获 5000 多支枪等大量武器弹药。上海工人第三次武装起义终于取得胜利。

上海工人第三次武装起义的胜利，把上海工会运动的发展推向了新的高潮。1927 年 3 月 24 日，长期遭到军阀封闭的上海市总工会宣布公开办公。3 月 27 日，上海市总工会召开全市工人代表大会，选举了新的执行委员，汪寿华被选为委员长。会后，全市共成立 16 个产业总工会和 8 个地区工会联合会。到 3 月底，向总工会登记的工会组织达 502 个，会员人数猛增到 82 万人。同时，工人纠察队经过整顿，充实了武器装备，建成了一支精干的共 2700 多人的武装纠察队，于 4 月 6 日举行了隆重的授旗典礼。

汉口九江收回英租界

北伐军占领武汉不久，又收复江西，至此，湘、鄂、赣三省广大地区都已纳入国民党政府范围。1926 年 11 月 26 日，国民党中央执行委员会决定，国民党中央党部和国民党政府从广州迁驻武汉。

随着全国革命的中心转移到武汉，全国总工会继续在广州办公已不能适应形势发展的需要。1927 年 1 月 3 日，全国总工会在汉口召开执委会议，决定在本年二七斗争纪念之前，完成全国总工会机关北迁武汉的工作。北迁后在广州设办事处，以李森（李启汉）为主任，负责指导粤、桂、闽、港等处职工运动。2 月 11 日，全国总工会在汉口歆生路义成里原华扬旅馆临时办公，正式对外公开。

为此，中华全国总工会发布关于北迁武汉的通电，电称：

本总工会自民国十四年第二次全国劳动大会成立后，领导全国工人参加国民革命，奋斗经年，成绩略著；现以革命中心转至武汉，长江各省，工人之一切奋斗，影响中国革命前途至为巨大，本会为指挥有加，使工人阶级更勇敢参加革命起见，特由广州迁来武汉。自后更当领导全国工人，以为全国各界同胞努力，奋斗一致，求得革命即速的成功，与民族的阶级的永远解放。现各委员及各地代表陆续来汉，定于二月廿日开扩大执行委员会议，择定汉口义成里旧华杨旅馆为临时办公处。尚望各界同胞时赐南针，以匡不逮。临电神驰，不胜盼切。

中华全国总工会在北迁武汉告全国各工会书中，回顾了五卅运动、省港大罢工的光辉历程后，说："此吾人所引为欣慰者也。凡此种种，皆我全国工人所团结一致在本会指导之下努力之结果。吾人回顾过去之光荣,更觉将来责任之艰巨，尤应益励勇气，完成吾人历史之使命。"

湖北全省总工会为欢迎全国总工会迁鄂，发布《告全体工人书》：

工友们！我们全国工人的最高机关——中华全国总工会，已经迁到湖北来了。这是我们中国工人、尤其是湖北工人应该欢迎庆祝的事啊。

全国总工会，是指导全国工人运动的最高机关，他成立虽然只有一年多的历史，他指导全国工人，为自己阶级利益及国民革命的争斗，已有很伟大的勋绩。从这些斗争上面，已确实证明了工人阶级是中国革命的主力军。现在，全国总工会随革命环境的需要，而迁到湖北，这是与国民政府迁鄂的意义一样，表现革命的势力，已到中国的中心，革命势力已成为全国的中心势力了。

全国总工会既迁到全国的中心地，自然，此后更能用力的指导全国工人运动，尤其亲切的指导我们湖北工人运动。因此，我们湖北工人，一方面因为接近全国总工会，受他亲切的指导，必然能得更快的发展与进步，同时，湖北既成为全国总工会的所在地，所以我们更应服从他的指导，统一我们的组织，集中我们的力量，竭诚拥护全国总工会，使他在全国中心地树立崇高伟大的威信，为全国工人的真正的最高机关。

1927年1月，湖北全省总工会在汉口召开第一次全省工人代表大会。出席大会的代表588人，代表全省30余万会员。大会听取和讨论了项英的中国职工运动报告、李立三的政治报告、刘少奇的组织报告、许白昊的经济斗争报告，通过了《全省总工会章程》和组织问题、工会经济问题、宣传及教育问题、经济斗争、女工童工问题、纠察队、工农联合、省民会议等27项决议案。大会选出了全省总工会执行委员35人，候补执委9人；向忠发当选为委员长，李立三、刘少奇、项英为副委员长，李立三兼任外交主任，刘少奇兼任秘书长，项英为党团书记。

就在北伐军攻克武昌的当天，湖北全省总工会在汉口宁波会馆召开成立大会。与会代表5000多人，代表80多个会组织和10余万会员。会场红旗招展、群情激昂。“热烈庆祝湖北全省总工会成立！”“打倒军阀除列强！”“工农兵联合起来！”的口号此起彼伏。

林育南坐在主席台上，望着这沸腾的场景，感慨万千。他回忆起三年来的艰难奋斗岁月，仿佛看到了林祥谦、施洋等战友仍坐在他的身边。当天，他写下了一首纪念施洋的长诗《不要忘记了我们的施洋——为双十节省总工会成立纪念而作》：

兄弟们！静默着！
不要忘记了我们的施洋！
他死了三年半了，
他的尸骨还埋在洪山的战场！
他为什么死了？
我们每一个工友都已知道，
他为我们：牺牲幸福，抛弃自由；
衣食不顾，奔走不休。
在帝国主义军阀和资本家的围攻中奋斗，
一直到他生命的尽头！

1927 年1 月1 日至3 日，武汉工人阶级和各界人民举行庆祝国民党政府迁都武汉和北伐胜利大会。大会之后，各团体分别走上街头讲演。下午2 时，中央军事政治学校宣传队在汉口江汉关前面的广场向群众发表演说。这时，英帝国主义租界当局从停在长江的军舰上调集大批水兵上岸，驱赶宣传队和群众，用刺刀向人群乱刺乱戳，当场刺死海员1 名，重伤五六名，轻伤30 余人。

英帝国主义的暴行，激起了全市工人和各界人民的愤怒。大批群众包围英租界进行抗议。正在举行的湖北全省第一次工会代表大会当即休会，李立三、刘少奇等人赶到现场了解情况。当晚，中共湖北省委、全国总工会汉口办事处和湖北全省总工会召开联席会议，决定领导各界人民开展废除不平等条约和收回英租界的斗争。

同时，武汉国民政府外交部长陈友仁召见英国驻汉口领事，提出抗议，限他在24 小时内撤退水兵。英领事采取拖延战术，但英租界外愤怒的群众越聚越多，迫使英领事于1月4日凌晨撤退英水兵和义勇队，由卫戍司令部派兵3个连，省总工会派工人纠察队300多人，进入租界驻防。

1927年1月4日上午，湖北全省总工会第一次代表大会在《汉口民国日报》上发表《为反对英水兵惨杀同胞通电》，强烈要求收回英租界，提出对英斗争6项条件。同日，武汉工农商学各界200余个团体召开联席会议，在省总工会提出的6项条件基础上，形成了对英斗争的8项条件。会后，刘少奇、李立三等人代表全国总工会和湖北全省总工会前往国民党政府请愿，要求政府按8项条件与英交涉，限英领事72小时内答复，否则，即请武汉国民党政府封锁、收回英租界，并收回海关，不负责在华英人治安。当晚，武汉国民党政府正式宣布，“此次对英交涉，政府与人民完全一致”。

在国民党政府的支持下，武汉工人和革命群众掀起了声势浩大的反英高潮。1927年1月5日，湖北全省总工会号召全市实行罢工、罢课、罢市，抗议英帝国主义的暴行。中午，武汉工人和各界群众30万人举行了武汉市民追悼“一三”惨案死难同胞暨反英示威大会。会后，群众冒着大雨进行声势浩大的游行示威，从四面八方涌向江汉关，在“收回英租界”“收回海关”的强烈呼声中，李立三、刘少奇等人率领工人纠察队，突破了英帝国主义设置的沙包、电网，冲入英租界，赶走了英国巡捕，扯下了英国国旗，把中国国旗升在巡捕房屋顶上。

1927年1月6日，九江又发生了英帝国主义枪杀中国工人的惨案。

1926年12月26日，九江太古（英）、怡和（英）和日清（日）码头工人，因要求承认工会、增加工资、改善待遇举行罢工。日清码头接受了工人的要求，工人于1927年1月4日复工。英属太古、怡和码头拒不接受工人的要求，还雇用工贼搬运货物，企图破坏罢工。6日，有工贼为外人搬运行李上船，破坏罢工，工人纠察队队员上前阻止，被英水兵打死，另有12名工人被打成重伤，英国军舰还鸣炮示威。

惨案发生后，中共九江市委和九江市总工会立即组织了以工人为主体的数万群众，高呼“收回英租界！”“打倒帝国主义！”的口号，冲进英租界，把英国巡捕和英国水兵赶上英舰，一举占领了九江英租界。

武汉、九江人民要求收回英租界的斗争，得到了全国各界人民和国际无产阶级的极大同情和支援。北京、上海、西安等地各界团体和人民群众纷纷发表通电，支持武汉和九江人民的正义斗争。1927 年 1 月 14 日，南昌召开了 10 万人参加的群众大会。16 日，长沙举行了 20 万人参加的“湖南人反英示威运动暨追悼死难烈士大会”，决定实行对英经济绝交，声援汉口、九江人民的示威斗争。

共产国际向全世界工人发出通告号召全世界无产者团体，“在勿侵略中国之旗帜下而奋斗”。英国共产党也号召英国劳工团体起来要求政府撤回军队战舰。在强大的反英斗争潮流下，英国政府代表被迫于 2 月 19 日和 20 日，与武汉国民党政府先后签订了《关于汉口租界的协定》和《九江英租界协定》，同意无条件将汉口、九江英租界还给中国。至此，汉口、九江人民收回英租界的斗争取得了完全胜利。

在反革命的镇压下

上海工人第三次武装起义的胜利是大革命高潮和工人运动发展的顶峰。起义胜利不久，以蒋介石为首的国民党右派就发动了反革命政变，轰轰烈烈的大革命和工人运动遭到破坏。

1927 年 2 月 16 日，全国铁路总工会在汉口召开第四次代表大会，有 15 条铁路的 50 余位代表出席。全总代表李立三在大会上讲话。大会选举王荷波、刘文松、李涤生、袁达时、叶云卿 5 人为常务委员。大会发表宣言，号召全国铁路工人参加北伐战争。

就在各地工会兴高采烈迎接北伐时，蒋介石已在暗地里举起了屠刀。

其实事件早有端倪。1926 年 10 月 7 日，中共赣州特别支部成立，陈赞贤任特支书记，兼赣南17县工农运动指导员。11月，赣州市第一次工人代表大会开幕，决定正式成立赣州总工会，陈赞贤被选为委员长。12月30日，赣州发生“二女师”事件，起因是几个店员工人去赣州二女师看戏被拒绝，发生争吵，蒋介石手下新一师国民党党代表倪弼，指使该校校长欧阳魁制造事端，叫嚷要“打倒共产党”“解散工会”等。1927年1月26日，倪弼以“二女师”事件为借口，派兵包围赣州总工会，搜捕陈赞贤。

陈赞贤化装离开赣州，前往南昌参加全省第一次工人代表大会，并向北伐军总司令部请愿，总政治部副主任郭沫若接见了他，并三次呈报蒋介石要求把倪弼调离，全国总工会也多次函请总司令部查办倪弼。蒋介石虽然口头答应，但就是拖着不办。

倪弼心里没底，也跑去见蒋介石打听虚实。蒋介石见面即大骂：“你还有脸来见我，还不赶快回赣州去！”倪弼劈头盖脸挨了一顿臭骂，却听出了弦外之音，增加了底气，回到赣州后，反动气焰更加嚣张。3月6日，陈赞贤在赣州被倪弼杀害。

“三六”惨案发生后，赣州工人实行总同盟罢工3天以示哀悼和抗议，并派200多人的请愿代表团分赴南昌、武汉请愿，提出惩办凶手、恢复工会组织等要求。而蒋介石竟不予理睬。这个时候，蒋介石正在上海与帝国主义、买办、流氓等勾结，布置反革命政变。1927年3月26日，由流氓头子黄金荣等组织“中华共进会”，收买一批流氓打手对付上海工人纠察队。另由一些工贼走狗成立了所谓“上海工界联合会”，来破坏上海总工会。

如同一面“训斥”倪弼，一面又放纵其破坏工会，蒋介石反革命两面派手法玩得纯熟。在1927年3月28日接见上海市总工会代表时，还假惺惺地答称：“至纠察队本应武装，断无缴械之理，余可担保不缴一枪一械。”在4月6日上海工人纠察队授旗典礼上，蒋介石还派人送来一面“共同奋斗”的锦旗。

然而，4 月 11 日夜，黄金荣、杜月笙就秉持蒋介石的旨意，以邀请赴宴为名，骗杀了上海市总工会委员长汪寿华。

汪寿华（1901—1927），曾用名何今亮，浙江诸暨人。1917 年秋考入浙江省立第一师范学校，开始接受马克思主义，1920 年加入中国社会主义青年团，1923 年加入中国共产党，1925 年参加中共四大，后在上海组织领导工人运动，是五卅运动的主要领导者之一，1927 年与周恩来等人成功组织了上海工人第三次武装起义，当选为上海临时市政府委员和总工会委员长。

话说杜月笙邀汪寿华去其府上赴宴，汪寿华即向组织作了汇报。中共上海区委书记罗亦农等人劝汪寿华不要去，即使去也至少要带一个排的人去。汪寿华不以为然，他过去常和青红帮流氓打交道，在青帮中有一定的地位和威信，也正是这一点让他丧失了警惕。不过为安全起见，组织上还是决定由李泊之陪同前往。在两人即将到达杜宅时，汪寿华要李泊之在附近等他，如果两小时他还不出来，即有意外，立即报告组织。进入杜宅后，汪寿华即被杜月笙指使手下流氓芮庆荣、高鑫宝、马祥生和叶焯山等人打昏后装入麻袋，残忍活埋于沪西枫林桥。汪寿华是上海反革命政变中牺牲的第一位共产党人，牺牲时年仅 26 岁。

4 月 12 日清晨，中华共进会流氓数百人，袭击了工人纠察队驻地，占领了上海市总工会会所，打死工人 60 余人，打伤 220 余人。次日，上海市总工会召开工人抗议大会。大会结束后，工人前往宝山路二十六军二师司令部请愿。根据蒋介石、白崇禧密令，该部军队突然用步枪、机关枪袭击手无寸铁的请愿群众，当场打死百余人，伤人无数，制造了残暴的“宝山路血案”。

4 月 14 日，国民党反动派宣布成立“上海清共委员会”，残暴地镇压上海工人运动。据统计，从 4 月 12 日至 6 月初，上海工人被杀者近 200 人，被捕 1200 人，失业者 5000 余人。

在严重的白色恐怖下，上海市总工会、各区工联及各产业总工会等工会领导机关，都被迫转入地下活动。“四一二”反革命政变后的两个月，上海市总工会领导下的工会会员，从82万人锐减到28万人。

1927年4月15日，广东国民党反动派在广州发动“四一五”反革命政变，包围了省港罢工委员会和苏联顾问住宅，解除黄埔军校和省港罢工委员会的武装，搜查和封闭了中华全国总工会广州办事处、省港罢工委员会、广州工人代表会、铁路工会、海员工会以及其他革命群众团体，并大肆逮捕革命同志。反动的广东总工会和机器工会，也帮助反动军队行凶。粤汉铁路工人和反动军队、机器工会的反动武装激战3小时，终因寡不敌众，悲壮失败。在这次反革命政变中，共产党员和工人积极分子有2100多人被杀害，2000多名铁路工人被驱逐。广东工人领袖刘尔崧、李森（李启汉）、何耀全、张瑞成、邓培等人被捕，随即被害。

“四一五”政变之后，共产党被迫转入地下活动。中共广州市委委员罗登贤与吴毅、周文雍等人发动海员、印刷和人力车等行业工人，于4月23日举行了反抗国民党反动派血腥屠杀的罢工斗争。

1927年4月27日，中国共产党第五次全国代表大会在武汉举行。会场的布置仍然洋溢着国共合作的时代感。玻璃镜框装起马克思、列宁、孙中山画像，披上红绸扎成布球飘带，由上而下挂在主席台正中，斧头镰刀旗、青天白日旗斜挂在两边。国民党人谭延闿、孙科应邀参加了开幕式，汪精卫应邀列席会议并讲话。

中共五大是在蒋介石发动了武力“清党”、革命遭受沉重打击的形势下进行的。大会批评了陈独秀的右倾机会主义错误，提出了无产阶级在革命中的领导权问题。但仍选陈独秀为党中央的总书记，实际上没有解决当时革命面临的危机问题。

中共五大虽在政治路线上建树不多，但在党自身建设方面却卓有成就。大会第一次选举产生了中央监察委员会，并在党章中规定了监察委员会的地位、职责和运行规则。王荷波当选为党的第一个纪律检查机构——中央监察委员会的首任主席，许白昊当选为监察委员会委员。在后来的革命、建设和改革开放实践中，特别是进入新时代中国特色社会主义后，纪委、监委发挥了越来越重要的作用。

1927 年 5 月 17 日，武汉政府所属独立第十四师师长夏斗寅叛变，勾结四川军阀杨森进攻武汉。叶挺部队将夏斗寅击退。当时曾有人向共产党建议立刻武装工人 1500 人，但陈独秀害怕造成“工人阶级与国民党的对立”，没有采纳。

5 月 21 日，驻长沙的武汉政府所属第三十五师三十三团团长许克祥发动反革命政变，是为“马日事变”。许克祥将湖南全省总工会、省农民协会及其他革命团体解散，将工人纠察队 1000 余人和农民自卫军解除武装，在长沙昼夜戒严，连续屠杀了七八天，用砍手足、剜眼、割耳、腰斩、剥皮等极端野蛮残酷的办法屠杀工人、农民等革命群众。

我们在民国史书中经常看到诸如“马日事变”，还有“文夕大火”以及在皖南事变前夕，国民党给新四军发来限期北迁的“皓电”，汪精卫 1938 年逃到越南河内后，发出向日本投降的“艳电”等，往往一头雾水，不明所以。其实这是民国年间使用的一种电报纪日方法，叫韵目代日。开通电报之初，按字论价，十分昂贵，所以节约用字非常重要。清朝外交家洪钧发明了一种纪日方法，以《平水韵》的韵目表示日期，从韵目表中挑选出来表示日期的韵目，总共有 30 个，分别代表 30 天。“马日”即为 21 日，“文夕”是指 12 日晚上，“皓”代表 19 日，“艳”是 29 日，等等。

许克祥叛变后，中共湖南省委领导人郭亮和柳直荀等人在长沙附近等县组织了 10 万工农武装，手执梭镖、大刀、木棍、步枪等武器，从四面八方包围长沙，准备向许克祥叛军进攻，但被陈独秀下令制止。

在黑云压城的气氛中，1927 年 6 月 19 日，第四次全国劳动大会在武汉血花世界开幕。这里是一处综合文化娱乐场所，初名为新市场，后名为民众乐园。“血花”二字，取自廖仲恺的“烈士之血，主义之花”两句题词，此时此地，却有一种强烈的象征意味。出席会议代表420人，代表全国290多万有组织的工人。虽然先后发生夏斗寅叛乱、许克祥叛乱，国民党与武汉政府正在加紧脱离革命，但大会仍然洋溢着热烈的气氛。美国女记者斯特朗报道：“大厅里面挂满了红旗和各色纸花、彩条。国民党的青天白日标志到处都很显眼，其间也插有不少苏联的镰刀斧头旗。工人们一直排坐到楼厅最远的角上，他们穿着蓝色的白色的中国工人的服装，显得精神抖擞。我们能够感受到，在汉口持续的高温炎热中，丝毫没有影响代表们的热情。”

大会在苏兆征的主持下开幕。全体起立，为各地死难烈士默哀。苏兆征在开幕词中说：“在蒋介石叛变、帝国主义干涉中国革命的形势下，我们要保障革命胜利，第一便要反对帝国主义武力干涉中国；第二便要反对蒋介石屠杀民众；第三就要与国民政府同生死；第四就要帮助农民打倒封建势力。”

大会通过了关于政治报告、国民革命前途及工会的任务、组织问题、经济斗争、反对法西斯主义及对法西斯工会斗争、女工、童工等10多个决议案。

这次劳动大会的中心议题是如何挽救中国革命。大会通过的决议案和宣言着重强调，蒋介石叛变革命以后，工人运动的主要任务是“联合农民、小资产阶级和一切革命人士，向反革命的中心英勇进攻”。在各种反革命势力联合进攻工人阶级的情况下，必须巩固和发展工人组织，加紧组织工人武装纠察队和秘密工人武装。农民是工人阶级最可靠的同盟军，工人阶级必须“援助农民实现土地革命，以扩大革命的基础”。

但是，由于党的五大没有彻底纠正陈独秀右倾投降主义的错误领导，四次劳大提出的挽救革命的思想和主张也未能实现。大会期间，又传来了要解散工人纠察队和交枪的消息。林育南按捺不住内心的怒火，拍案而起说道：“枪决不能交，这一千多条枪是我们的家底，怎能交给人家！”

在广东，陈延年和中共广东区委的许多人都纷纷指责陈独秀向右派投降。陈延年说：“老头子（陈独秀）不相信工农群众的力量。我们共产党人如果不依靠工农群众的力量，不仅不能团结更多的革命左派，而且会使现有的革命左派不敢跟共产党走，不敢同国民党右派进行斗争。”他还说：“我和老头子是父子关系，但我是共产党员，我坚决反对妥协退让的右倾机会主义错误。”

陈独秀的决定，很大程度上来自共产国际的指示。应该说，共产国际关于国共合作的设计就存在着先天不足，相当于把两套互不兼容的程序放到一台主机上运行，经常发生冲突。共产国际不熟悉中国革命实际情况，也就经常发出相互矛盾甚至截然相反的指令。这时候的共产国际仍对国民党心存幻想，因为武汉的汪精卫还是一副“革命”的面孔，“四一二”之后，汪精卫还曾电令撤销蒋介石的职务。基于错误的判断，共产国际电令中共，要求工人纠察队交出武器，避免和国民党冲突。罗亦农接到共产国际的电报之后，狠狠地把它扔到地下，悲愤地说，要想对国民党自证清白，等于想在粪缸里洗澡。

但是，当时中共是共产国际的一个支部，对于共产国际的指示，不能不听。1927 年 6 月 28 日，中共中央政治局在陈独秀主持下召开紧急会议，会上经过激烈的讨论，最后还是作出了公开宣布解散工人纠察队的决定。林育南等人心情十分沉重。他们坚决反对交枪，但作为一名党员，却又不能不执行中共中央的决议。

1927 年 6 月 28 日，第四次全国劳动大会闭幕。大会选出李立三、邓中夏、林育南、许白昊、刘少奇、项英、苏兆征等 35 人为全总执行委员。两天后，全总第四届执委会召开第一次全体会议选举苏兆征为委员长，李立三、林育南、王荷波、邓中夏、郑覆他、向忠发、罗珠、陈寿昌为常委；刘少奇、董锄平、杨人杞、马超凡、黄剑为候补常委。

第一次常务委员会议决定林育南为秘书长，李立三为组织部长，邓中夏为宣传部长。

第四次全国劳动大会闭幕当天，湖北全省总工会遵照中央的命令，将工人纠察队全部解散，将武器交给国民党管理武汉卫戍事宜的汉口办事处，并在汉口《民国日报》上发出了湖北全省总工会解散纠察队的布告：

现在武汉反动派企图挑拨工兵之感情，制造种种谣言，中伤本会纠察队，以致飞短流长，淆乱外间视听，影响工兵联合战线。本会为避免反动派借口武装纠察造谣起见，业于本月二十八日将纠察队全体解散。所有前领枪弹，并经交存政府。一面仍请政府派兵保护工会。深恐外间不明真相，致滋疑窦。为此布告，仰各界人等一体知照。

工人纠察队自动解除武装，反动派弹冠相庆，唐生智的部队马上就肆无忌惮地抢占工会办公场所。第八军派兵到全国总工会，擅自贴上某某办事处的条子，省总工会也受到骚扰。

1927 年 7 月 15 日，武汉国民党汪精卫集团终于露出本相，公开叛变革命。他们开了所谓“分共会议”，宣布正式和共产党决裂。随后大肆搜捕、屠杀共产党员和革命群众，镇压工农群众运动。中华全国总工会、湖北全省总工会、湖北省农会等革命团体都被反动军队占领。反动派提出了“宁可枉杀千人，不可使一人漏网”的血腥口号。有讽刺意味的是，被国民党枉杀的人中，有很多是自己的党员。

武装反抗

1927 年 8 月 1 日，根据中共中央的决定，周恩来、朱德、叶挺、贺龙、刘伯承等人在南昌领导武装起义，打响了武装反抗的第一枪。这次起义举世闻名，详情不赘述。其中，一个插曲是举行了李立三的第二次“追悼会”。起义第二天，发现有小股敌人袭扰，中共前敌委员会委员、政治保卫处处长李立三率队马上出击，打退敌人后自己走错了方向，在外面一夜未归。起义总部以为他牺牲了，决定为他开个追悼会。会议刚刚开始，李立三他们就回来了。

1927 年 8 月 7 日，中共中央召开紧急会议（即“八七”会议），结束了陈独秀右倾投降主义的错误领导，确定了土地革命和武装反抗国民党屠杀政策的总方针，号召全党同志和人民群众坚持革命，继续战斗。会议通过的《最近工人运动议决案》指出：“我们革命已经到了最严重而向新的方向进展的时期，必须有新的策略去领导劳动群众起来，发展伟大的组织，猛往直前的奋斗。”同月，中华全国总工会也发表了《反抗压迫工人工会的宣言》。

“八七”会议为挽救党和革命发挥了巨大作用，成为由大革命失败到土地革命战争兴起的重要历史转折点。可惜的是，这两份文件对大革命失败后的形势都没有作出正确客观的判断，不承认城市中敌强我弱的事实，还一如既往地号召工人像革命高潮时期那样“勇往直前的奋斗”。年轻的共产党还不懂得复杂的斗争形势需要运用灵活多样的斗争策略。全国总工会立场坚定、毫不含糊，“秘密地组织起来，仍照从前一样指导全国工人的斗争”。年轻的中国工人阶级，擦干了身上的血迹，昂首阔步，勇往直前，用自己的血肉之躯，义无反顾地一次次与强敌血战。

1927 年 9 月 10 日，毛泽东领导湖南秋收起义，起义失败后进驻井冈山，在这里开始了农村包围城市、武装夺取政权的伟大实践。

1927 年 12 月 11 日，根据中共广东省委决定，张太雷、叶挺、叶剑英、聂荣臻、恽代英、周文雍等人在广州领导武装起义。起义队伍以广州工人赤卫队和教导团为主力，参加作战者达五六万人，市郊农民也纷纷参加战斗。起义群众迅速解除了反动派的武装，占领广州卫戍司令部、公安局、省党部、电报局、弹药厂等重要机关和单位。当天下午，在第一公园召开工农兵群众大会，宣布成立苏维埃政府，推举苏兆征为主席（苏兆征未到，由张太雷代理）。12 日，反动军阀进行反扑，起义部队和工农群众浴血奋战，英勇抵抗。但终因敌我力量悬殊，被迫撤出。国民党反动派占领广州后，对革命群众进行了疯狂的镇压，被屠杀的工农兵群众达 5000 余人。起义总指挥张太雷在战斗中壮烈牺牲。

经过“四一二”“七一五”两次反革命政变，中国工人运动再次遭到血腥镇压和严重挫折，转入低潮。1928 年 2 月，中华全国总工会秘密从武汉迁至上海。

忠诚与背叛

时间进入 1929 年，波澜壮阔的五四运动已经过去了十年，轰轰烈烈的大革命，也已经失败两年了。在革命的低潮中，第五次全国劳动大会秘密开幕。

大革命失败两年来，工人运动遭受到了难以想象的损失。这损失在很大程度上，要拜共产国际和共产党一直天真地信任着的汪精卫所赐。

汪精卫此人，翻脸快过翻书。

当初，他也是一名热血青年，跟着孙中山参加革命，为了表达革命意志，将自己名字汪兆铭改作了汪精卫，以寓“精卫填海”之志。1910 年，他挺身谋刺摄政王，事败被俘，在狱中写下《被逮口占》四首：

（一）

衔石成痴绝，沧波万里愁。

孤飞终不倦，羞逐海鸥浮。

（二）

姹紫嫣红色，从知渲染难。
他时好花发，认取血痕斑。

（三）

慷慨歌燕市，从容作楚囚。
引刀成一快，不负少年头。

（四）

留得心魂在，残躯付劫灰。
青磷光不灭，夜夜照燕台。

此情此景，何等的慷慨壮烈。如果不提这诗的作者，你一定会为诗中的浩然正气所感动。然而不久之后，他很快与审案的肃亲王成了朋友。1927 年蒋介石叛变革命，发动“四一二”政变，汪精卫起初以“左派”自居，大义凛然，一副“革命”的面孔，下令对蒋介石撤职查办。1927 年 4 月 17 日，国民党中央下令免去蒋介石所兼各职：

蒋中正屠杀民众，摧残党部，甘心反动，罪恶昭彰，已经中央执行委员会议决，开除党籍，免去本兼各职。着全体将士及革命民众团体拿解中央，按反革命罪条例惩治。国民革命第一集团军所统率之第一第二第三第四各方面军及总预备队，均归军事委员会直辖，此令。

然而时隔不久，汪精卫便撕下伪装，发动了“七一五”政变，宁汉合流。在“分共”中甚至比蒋介石走得更远，提出了“宁可枉杀千人，不可使一人漏网”的血腥口号。更不消说十年之后，在抗日战争中他竟然卖身投靠日本侵略者，当了汉奸。

年轻的共产党，在革命洪流中一心只想着冲锋陷阵，不意却把后背留给了同一阵营中阴险叵测的敌人，在“四一二”“四一五”“七一五”连续三次重大打击下损失惨重。

1927年4月14日上午，李启汉、刘尔崧等在全总广州办事处开会研究“四一二”应变措施。没想到危险正在临近身边，15日，广州军阀集团也发动了反革命政变。李启汉走避不及，当场被捕。在被敌人押往监狱途中，他昂首阔步，怒目而视，大骂国民党反动派卑鄙无耻，高呼“中国共产党万岁”等口号。李启汉先是被关押在市公安局拘留所，4月22日又被押往南石头监狱。当敌人审讯他时，他大声说：“我是做工农运动的，你要说我是共产党，那么，所有工农都是共产党了！”

不久，李启汉被敌人秘密杀害，时年29岁。

1927年4月15日，全国铁路总工会广东办事处被反动军警包围，邓培不幸被捕。反动派把邓培捆绑起来装入黑布袋，秘密押到广州市公安局。在狱中，敌人威逼利诱，要邓培交出共产党员、工会干部的名单，遭到邓培严词痛斥。他说：“你们听着，共产党员是不怕死的，我宁死也不投降，这就是我最后的回答！”

4月22日夜间，邓培惨遭敌人秘密杀害，时年44岁。

1927年4月28日，李大钊在北京被奉系军阀绞杀于西交民巷京师看守所内。奉系军阀张作霖一直对他恨之入骨，下令通缉，甚至不惜冒天下之大不韪，派军警搜查苏联大使馆，逮捕了李大钊。在狱中，李大钊大义凛然，坚贞不屈。就义时，李大钊在绞刑架下还作了最后一次演说，“不能因为反动派今天绞死了我，就绞死了伟大的共产主义，共产主义在中国必然得到光辉的胜利”。

李大钊英勇就义，时年38岁。

中共中央对李大钊、邓培等人的遇难表示深切的悼念。1927年6月27日，中共中央在致第四次全国劳动大会的信中写道：“本党李大钊等同志们在北京之死难，汪寿华等同志们在上海之死难，邓培、李森、刘尔崧等同志们在广州之死难，杨昭植等同志们在湖南之死难，其惨烈当为中国工人阶级及本党永远不忘之事。”大会提议，我们未死诸同志，应沿着死者的血迹，为死者复仇。李立三临时动议，各位代表全体起立，静默三分钟，为死者哀悼，一时全场沉寂。

李大钊和邓培这两位工人运动的活动家，生前曾共同战斗了6年。在邓培的身上渗透着李大钊的革命思想，在李大钊的故土留下了邓培英勇战斗的足迹。邓培牺牲的消息传到唐山以后，唐山工人和唐山大学的学生，不顾白色恐怖，秘密组织了悼念活动。曾经长期与邓培在一起从事工人运动的罗章龙，在获悉邓培遇难的消息以后，曾赋诗寄托哀思：

禹城霞燕幽，风云状显猷。
开滦竞赴敌，南厂几经秋。
共吃大锅粥，联镣作楚囚。
怆怀老友逝，慷慨赋同仇。

1927年6月26日上午，中共江苏省委在上海北四川路恒丰里104号召开干部会议。会议进行到一半时，有人报告，说有一交通员被捕。主持会议的王若飞迅速宣布散会，众人散去。当天下午3时左右，为销毁文件，省委书记陈延年与郭伯和、韩步先等人又一起回到恒丰里探视。他们先在暗处观察周围动静，见没有什么异样，便冒险进门，焚烧办公室秘密材料。不料，进门不久，省委机关便被军警包围。当荷枪实弹的军警冲进屋子时，陈延年等人以桌椅板凳为武器，奋不顾身与军警搏斗，最终寡不敌众，不幸被捕。

陈延年被捕后，仍沉着机智地作斗争。他素来衣着俭朴，体格健壮，皮肤粗黑，像个干粗活的人。在初审时，他化名陈友生，自称是某家雇佣的伙夫。因他身穿短衣，裤腿上还扎着草绳，与一般做粗活的工人无异，审讯者看他的形象装束，再据他与军警搏击的情况，以为颇合其交代的身份，便草草结案，押往龙华看守所。

中共党组织得知陈延年被捕，但尚未暴露身份的消息后，立即组织营救，准备以800元将他赎出，敌方亦已答应。然而，一件意想不到的事情却使整个营救计划落了空。

陈延年被捕后，上海亚东图书馆经理汪孟邹突然接到从上海警察局寄来的一封信，潦潦草草的几行字："我某日在某处误被逮捕，关押在市警察局拘留所。我是正式工人，当然不会有什么大问题。不日可讯明释放。现在我的衫裤都破烂了，请先生替我买一套布衫裤送来。"此信署名陈友生，但汪孟邹从字迹上认出，信是陈延年写的。

如果陈延年不写信给汪孟邹，或者汪孟邹按信上说的，买了衫裤送去，可能也就一切平安无事。但汪孟邹与陈独秀是世交，得知陈延年被捕后心急如焚，衫裤也来不及买，即乘火车到南京找到安徽同乡胡适帮忙。五四运动期间，陈独秀、胡适并列为新文化运动的领袖，此后尽管政治主张不同，但并未影响他们之间的友谊，而他们的友谊的中介人便是汪孟邹。

汪孟邹见到胡适后，便把陈延年的信交给胡适看。胡适认不出陈延年的笔迹，便问："这是什么人？你必须说出姓名，我方可营救他。"汪只得如实告诉胡适："写信人就是陈延年。"胡适表示："好吧，我设法通过吴稚晖营救他。"送走了汪孟邹，胡适赶忙来到老朋友吴稚晖家中，请吴出面疏通各方关系。不知道胡适是眼瞎了还是故意的，他这一举动亲手把陈延年推进了火坑。尽管吴稚晖与陈独秀、胡适都很熟，还帮助过陈延年、陈乔年兄弟赴法勤工俭学，但现在时移势易，陈延年、陈乔年兄弟在法国转而笃信马克思主义，"四一二"政变前后又坚决反蒋，陈独秀也笔不留情，在论战骂过吴稚晖为"老狗"。此时的吴稚晖已成为国民党右派核心人物，反共急先锋，在蒋介石"清党"中不遗余力，早就与中共势不两立。

因此，吴稚晖这老狗听到陈延年被捕消息后，竟欣喜若狂地大叫："好了！好了！老陈没有用，小陈可怕；捉到小陈，天下从此太平了。"于是，一面报告蒋介石，一面立即给上海警备司令杨虎发了一封"贺函"，称："今日闻尊处捕获陈独秀之子延年……不觉称快，佩贺之至……"吴稚晖还恶毒地毁谤陈延年"恃智肆恶，过于其父百倍"，并竭力怂恿杨虎对陈延年下毒手。

本来杨虎并不知道捕到了陈延年这样重要的共产党人，接吴稚晖信后，也惊喜万分，立即开始严加审讯。陈延年在狱中不知道外面的情况，更不知一同被捕的韩步先已叛变投敌，所以审问时仍不承认自己的真实身份。杨虎便指令韩步先出来做证。韩当堂供证了陈延年，并供出了赵世炎的住址。吴稚晖的告密和韩步先的叛变，使中共的一切营救活动付之东流。

陈延年身份暴露后，国民党妄图诱他供出中共上海的党组织，结果却一无所获，于是对他施以酷刑，将他折磨得体无完肤。但陈延年始终如钢铁一般坚强，宁死不屈。几次昏死过去，仍一声不吭，只字不吐。

国民党无计可施，遂决定杀害他。1927 年 7 月 4 日晚，刽子手以乱刀残忍地将他砍死。陈延年身中数刀后，仍然跳起与刽子手抗争。这一年，他年仅 29 岁。

一年后，陈延年的弟弟陈乔年也被捕，被反动派杀害于上海。

陈乔年回国后，一直在北方协助赵世炎工作。1927 年在中共五大上当选为中央委员，同年 5 月任中共中央组织部副部长，6 月起任中共中央代秘书长。大革命失败后，陈乔年出席"八七"会议，并对其父亲在大革命中所犯的错误进行了严肃批评。会后，被党中央调任湖北省委组织部长、江苏省委组织部长等职。他秘密深入工厂、机关和学校，恢复被破坏的党组织，重新聚集革命力量。1928 年 2 月 16 日，中共江苏省委在英租界北成都路刺绣女校秘密召开会议。由于叛徒、上海浦东区委书记唐瑞林告密，敌人突然包围了会址，陈乔年和江苏省委机关的负责同志被捕。

陈乔年被英租界巡捕抓获的第二日，便被引渡到了上海龙华国民党淞沪警备司令部看守所，关押在天字监一号牢房。叛徒唐瑞林认识被捕的大多数中共党员，而陈乔年刚调来上海工作不久，唐瑞林并不认识他。敌人知道被捕的人中有陈独秀的儿子，但不知道是哪一个，为了弄清楚谁是陈乔年，就又让唐瑞林施展“苦肉计”。他们把唐瑞林与陈乔年等人关在一间牢房，唐瑞林总是缠着陈乔年问这问那，陈乔年十分警惕。一次谈话时，唐瑞林忽然问：“你是不是安徽怀宁人?”陈乔年即机警地答道：“我是中国人嘛。”唐的苦肉计最终没有得逞。

得知陈乔年的身份没有暴露，中共党组织积极开展营救工作。而当时被捕的人当中，唐瑞林不认识的有三人，除陈乔年外，还有江苏省委秘书周之楚、张永士，都是新来上海工作不久的同志。狱中党组织郑覆他、许白昊等同志设下李代桃僵之计，主张牺牲周之楚，由周代替陈乔年，然后救陈乔年出去。周之楚也表现十分英勇，赞同这个建议。法官审讯时，周之楚便自称是陈乔年，法官不知其中的奥秘，就迅速地宣判“陈乔年”死刑，准备把周之楚、郑覆他、许白昊处死，把陈乔年放了。

但就在这时，周之楚的父亲得知儿子被捕，也开始了营救工作。周之楚的父亲是个有钱的华侨商人，他利用和龙华警备司令钱大钧的关系打点救人，这样，敌人最终知道了谁是真的陈乔年。

陈乔年见自己的身份已经暴露，便从狱中托人转告党组织，不必再为营救他费心，更不必再为他花钱。关押期间，敌人为了得到更多的机密，对陈乔年多次使用酷刑，他始终咬紧牙关，横眉冷对，坚贞不屈。狱中同志见他受了重刑，十分难受，他却淡淡地说：“受了几下鞭子，算个啥。”牺牲前，监狱中的战友十分难过。陈乔年却仍然乐观地说：“让我们的子孙后代享受前人披荆斩棘换来的幸福吧！”

1928年6月6日，在上海枫林桥畔陈乔年被枪杀，年仅26岁。

和陈乔年一同遇害的，还有工会领导人郑覆他、许白昊。

郑覆他，1923年冬参加中国共产党。1924年进上海《商报》馆工作，协助发行《向导》《中国青年》等革命书刊。曾协助徐梅坤建立浙江旅沪工会，并主持会务工作。1925年2月组织成立上海印刷工人联合会，任副委员长。在五卅运动中，他组织领导印刷工人参加罢工。1926年11月任水电、邮政工人联合会委员长，领导商务印书馆和中华书局工人的罢工斗争。1927年1月，任上海市政工会委员长。上海工人举行第三次武装起义时，他率部占领了电话局、电报局。

“四一二”反革命政变后，郑覆他被悬赏通缉。在此期间，他不顾危险，到武汉出席中共第五次全国代表大会和第四次全国劳动代表大会，在四次劳大会议上作《反对法西斯主义及对法西斯工会斗争决议案》的报告，揭露蒋介石镇压工人的罪行，并当选为中华全国总工会执委。1927年8月，任中共江苏省委临时常委、职工运动委员会主任、上海总工会委员长等职。

1928年2月17日，他和许白昊召集上海各区工会特派员和产业工会负责人在新闸路酱园弄开会，因叛徒告密，他和许白昊等几名重要干部均遭逮捕。1928年6月6日，在上海枫林桥畔英勇牺牲。牺牲前夕，在苏联召开的赤色职工第四次国际代表大会，他虽未能出席，但仍当选为执行委员。

许白昊此前刚调到上海不久，担任中共上海总工会党团书记兼组织部长，与郑覆他一起领导上海各工会恢复组织，开展秘密斗争。因叛徒告密，他们二人同时被捕。在被称为人间地狱的上海龙华监狱，许白昊秘密成立狱中地下党组织，设法保护未暴露身份的同志；带领狱中同志与敌人展开坚决斗争，还挖出了敌人有意放进狱中指认和诱供的叛徒唐瑞林。临刑前，狱中的同志问他有什么要交代的，他泰然自若地说：“你们要好好学习，把身体养好，将来出去继续革命工作。”

1928 年 6 月 6 日，许白昊在上海英勇就义，年仅 29 岁。

1927 年 7 月 2 日晚，国民党警探根据被捕叛变的江苏省委秘书长韩步先的供词，在上海抓捕了赵世炎。在淞沪警务司令部监狱里，赵世炎一口咬定自己名叫夏仁章，是湖北人，来上海做生意，在大陆银行当职员。大陆银行方面，地下党已做了工作，承认“夏仁章”为本行职员。口供严丝合缝，淞沪警备司令部军法处长汪啸岩也不由起疑，是不是抓错人了？当时确有许多湖南、湖北的地主豪绅携款逃往上海躲避农民运动，而面前此人衣着行止看上去又是那么像是财主家的子弟。他们把叛徒韩步先带来进一步对证，韩步先又找了被捕的总工会会计，在两人的指证下，赵世炎的身份完全暴露。

敌人抓住了赵世炎这个大共产党，如获至宝，加紧审讯，想从他口中掏出更多有用的情报。而赵世炎则把审讯当作了斥责敌人的战场：“北伐以来，广大工农用鲜血和生命打垮了反动军阀，没有工农的支持，就没有北伐的胜利，而蒋介石却背叛孙中山先生遗训，屠杀民众，你们和旧军阀有什么两样，就是一伙卖国贼!”

敌人见硬的不行，就对他进行利诱。北伐军东路军政治部主任陈群，专门“接见”了赵世炎，对他说：“先生这样的人才，只要肯为蒋总司令效力，一定会前途无量。”赵世炎说：“让我和你们一样，去屠杀工农？那是不可能的，我正是为了工农不受你们屠杀，才起来斗争的!”陈群说：“识时务者为俊杰，先生你天纵英才，也得先活下来、有了自由才谈得上斗争吧?”赵世炎说：“要杀便杀，不必多言。不过我告诉你，共产党人是杀不完的!”

赵世炎知道自己再无活着出狱的希望，就写了张纸条托地下关系带给党组织：

我已经没有希望了，但要争取。你们一定要好好照顾失业的工人兄弟，这些人都是党的骨干力量……革命就是要流血，要改造社会就必须付出代价。

7月19日，牢房里早饭刚开过，敌人叫出赵世炎。赵世炎知道最后的时刻到了，他理了理穿在身上的一件半新西装，系好领带，扣好纽扣，从容得好像是去赴宴，走到牢门口，回过头来，扫视难友，点头告别。一出牢房，他就高呼“共产主义万岁!”“打倒新军阀蒋介石!”“工农兵联合起来!”的口号。刽子手们看到赵世炎在死亡的路上还是如此镇定，又听到赵世炎英勇的口号声，不禁为之战栗，连声狂叫“砍，拿刀砍!”就这样，赵世炎为了革命、为了共产主义的事业，献出了宝贵的生命，时年26岁。

1927年10月18日，由于叛徒出卖，王荷波在北京被军阀张作霖逮捕，11月11日英勇就义。“八七”会议后，中央决定派他到北京担任党的北方局书记，领导北方几省的革命运动。王荷波到任不久，因叛徒告密被捕。王荷波牺牲前唯一的嘱托是，请求党组织对他的子女加强革命教育，千万别走和他相反的道路。

1927年12月17日，进占武汉的桂系军阀胡宗铎派出便衣干探会同租界巡捕闯进中街42号李汉俊住宅。李汉俊正穿着睡衣在卧室与詹大悲下棋。军警将他俩拘捕，当晚从租界引渡，押到汉口特别市公安局。胡宗铎不加审讯便下令立即处决。

胡宗铎，人称“胡屠夫”，所谓“宁可错杀一千，不可放过一个”，最早就出自他口。胡宗铎随便杀人到了令人发指的程度。一次军法处长呈送一批破获的“共党地下联络站”名单，对不知内情的厨师、雇工等也拟判5年、8年不等的徒刑。胡宗铎接过名单，看也不看，就用红笔在名单上画了个大圈、批了8个字：“一律枪毙，以免麻烦。”圈画大了，把呈批单下面的军法官签名也一起圈了进去。

当晚8时，汉口大街上岗哨林立，一群士兵押着李汉俊、詹大悲向刑场走去。詹大悲面向荷枪实弹的士兵，痛斥国民党右派背叛孙中山的三大政策，屠杀工农，是一群披着人皮的禽兽。李汉俊临刑前，向着漆黑的天空呼道：“胡宗铎的手段真辣啊！”随着一排枪响，李汉俊和詹大悲壮烈牺牲。

1928 年 2 月，朱少连根据党的指示，在株洲靠近浏阳、醴陵的山区组织扩充游击队伍，准备奔赴井冈山。这时国民党反动势力声称要“血洗安源”，并悬赏三百大洋通缉朱少连。1929 年 1 月 4 日，因叛徒出卖，他在重返安源时被捕。敌人用金钱和地位作诱饵，企图收买他，遭严词痛斥。后又施用老虎凳、灌辣椒水、香火烙等酷刑，均一无所获。1 月 8 日，在萍乡车站附近的大西门外空坪上，朱少连英勇就义，时年 42 岁。

1928 年 4 月，26 岁的罗亦农在上海被捕遇害，他是第一位牺牲的政治局常委。

“四一二”反革命政变以后，罗亦农任中共江西省委书记，两个月后又调到湖北，接替张太雷任中共湖北省委书记。在“八七会议”上，罗亦农被选为临时中央政治局委员。1928 年 3 月他前往武汉巡视两湖工作，其时，中共湖北省委遭到严重破坏。3 月 20 日，也就是罗亦农抵达武汉的当日，夏明翰英勇牺牲，临刑前挥毫写下了就义诗：“砍头不要紧，只要主义真。杀了夏明翰，还有后来人。”罗亦农冒着极大的风险，千方百计恢复了中共湖北省委，后奉命返回上海，筹备中共六大。

1928 年 4 月 15 日上午，罗亦农约山东省委领导同志到自己住处开会。会议开始不久，巡捕就破门而入，逮捕了罗亦农。在此之前，时任中共中央秘书长的邓小平也前来这里谈工作，刚离开几分钟之后，出门看到扮成鞋匠的特科同志向他示意，他知道出事了，立刻快步离开。

原来出卖罗亦农的是他的部下何家兴、贺治华夫妇。当罗亦农进屋坐定，何家兴便悄悄地写了一张便条，叫保姆急速送至英巡捕房。不一会儿工夫，一群巡捕便冲了进来。

“可耻的叛徒！”罗亦农以鄙视的目光瞪了何家兴一眼，神色自若地向门外走去。

4 月 18 日，罗亦农被引渡，押送到国民党淞沪警备司令部。警备司令部司令钱大钧一面电告主子蒋介石请示处理办法，一面又布置军法处长进行秘密审讯。连续三次审问，罗亦农都坚不吐实，国民党当局没有得到半点对他们有用的东西。4 月 20 日，蒋介石回电，命令将罗亦农“就地处决”。

1928 年 4 月 22 日的《申报》报道说：临刑前的罗亦农“身穿直贡呢马褂，灰色哔叽长袍，衣冠甚为整齐”“态度仍极从容，并书遗嘱一纸”——这是罗亦农对妻子李哲时的遗言，上面写着：“哲时，永别了，望你学我之所学以慰我，灵若有知，将永远拥抱你。”

周恩来决定，严厉惩处出卖罗亦农的叛徒。1928 年 4 月 25 日凌晨，陈赓带领中央特科“红队”队员闯进叛徒何家兴夫妇居住的法租界蒲石路 178 号二楼，何家兴被当场击毙，贺治华额上被击一枪，当时没死，后来不知所终。

1929 年 8 月 24 日，由于叛徒告密，杨殷与彭湃等一批共产党人在上海被捕。8 月 30 日，杨殷与彭湃等被反动当局秘密杀害于上海龙华。

杨殷在中共六大上当选为中共中央政治局候补委员、候补常委。1928 年 11 月任中央政治局委员、常委。1929 年 1 月任中共中央军事部长兼中共江苏省委军事部长。在上海工作期间，他与周恩来、蔡和森、苏兆征、李立三等领导人一起，经常研究部署各地的武装斗争和红军的领导工作。

这一年，曾在彭湃手下工作过的白鑫偕妻子到了上海，在中共中央军事部任秘书。不久，彭湃奉命到上海出任中央农委书记兼江苏省军委书记。时任中央军事部长的杨殷，决定让白鑫当彭湃的秘书。没想到白鑫早被白色恐怖吓破了胆，对革命前途丧失信心，敌人以一个“出国留学指标”将他收买了过去。

1929年8月24日上午，白鑫接到彭湃的指示：下午3时在白鑫的家中召开军委会议。白鑫估计周恩来、杨殷、彭湃定会出席会议，于是借口胃病发作，外出向上海中统特派员范争波告密。

当天下午4时，杨殷、彭湃和上海总工会工人纠察队副总指挥张际春（党史上有两位张际春，一为湖南醴陵人、一为宜章人，此为醴陵张际春，毕业于黄埔一期）、中央军委委员兼江苏军委委员颜昌颐、江苏省士兵运动负责人邢士贞等聚集在沪西白鑫家的二楼开会。几辆红皮钢甲车载着法租界的洋巡捕与中国密探，驶到白鑫夫妇的住宅四面包围。杨殷、彭湃等五位领导人均于当天被捕，秘密关押于新闸捕房，当晚即展开审讯。审讯者问杨殷：“你是老同盟会员，曾跟国父推翻清朝，义薄云天，名震天下。只要你现在回心转意，重归国民党队伍，蒋先生是不会亏待你的。”

杨殷冷笑一声：“你们背叛中山先生三民主义于前，屠杀工农群众于后，是一群祸国殃民、双手沾满革命群众鲜血的败类。我杨殷铮铮男儿，岂肯与败类为伍?”

杨殷和彭湃还通过关系，向党中央报告了被捕情况，并提出了斗争的对策：要尽量设法做到使被捕的五人都免死刑；如果这一条不能做到，则只好牺牲无法挽救的彭湃、杨殷二人，而设法救出其余三人。

周恩来、陈赓组织了营救行动，派出特科所有行动人员准备在半途拦截救出彭、杨等人。8月28日清晨，彭湃等人被押上囚车，开往沪南龙华。陈赓指挥中央特科人员已在半路埋伏好，有的装成拍电影外景的，有的装作摆小摊的，有的装作过路人……还准备了装有许多米袋的大车，打算用它挡住囚车，然后下手。但没想到由于准备不充分，运送来的枪支无法打响，特科人员只好放弃拦截计划。

有人考虑到杨殷与孙中山先生的关系，还有他在民国的威望，向蒋介石请示如何处置。蒋介石深知杨殷、彭湃在中共和工农群众中的号召力，留下必是后患，加之孙中山早已离世，他自己就是孙中山的叛徒，于是毫不犹豫回电："杀掉。"

8 月 30 日，彭湃、杨殷、颜昌颐、邢士贞被押赴刑场。临刑前，杨殷从容镇定，慷慨自若，笑对狱友说："朝闻道，夕死可矣！"向士兵及狱中群众说了最后赠言，唱着国际歌，高呼口号，英勇就义。杨殷临刑，士兵都失声痛哭，连看守员也为之掩面。

杨殷牺牲时，年仅 36 岁。

9 月 5 日，中共中央为彭湃、杨殷、颜昌颐、刑士贞等四烈士被害发表《告人民书》，号召广大人民群众"以革命的斗争回答白色恐怖"。

艰难地行进

一批革命者倒下了，更多的革命者站了出来，掩埋好战友的尸体，继续前进。

1927 年 3 月，随着蒋介石反共活动的加剧，白色恐怖也笼罩在山东上空。就在这时，共产党员庄龙甲在山东潍县宣传革命，在潍县文美中学成立了共产主义青年团支部，正在这里上学的陈少敏加入了团组织。

陈少敏（1902—1977），原名孙肇修，山东寿光人。1927 年投身革命；1928 年加入中国共产党。毛泽东曾称赞她是"白区的红心女战士，无产阶级的贤妻良母"。

13 岁时，陈少敏曾独自到青岛日本纱厂当过半年童工。19 岁时，家乡遇灾荒，又到青岛再当女工。1923 年加入了邓恩铭等人组织的秘密工会，因参加罢工被厂方开除。后又到潍县进入美国人开办的文美女中读书，于 1927 年在校内秘密参加了共青团。1928 年转为共产党员。

在此后的岁月里，陈少敏将成为工运史上一位重要的人物。她是中共第七届中央候补委员，第八届中央委员。曾任中华全国总工会副主席、中国纺织工会第一任主席等职。在“文化大革命”中，她是唯一一位在中共八届十二中全会上表决“把刘少奇永远开除出党”时没有举手的人。

1929 年冬，陈少敏受党组织的委派到达了青岛。对于陈少敏来说，青岛并不陌生。幼年时期，陈少敏曾离开家乡来到青岛进了一家日资纱厂当学徒工。在工厂，陈少敏每天都起早贪黑一干就是 12 个小时，甚至连吃饭、上厕所的时间都没有。有时候，动作稍微慢点儿，就要遭受监工的斥责和鞭打。陈少敏愤愤不平地和工友讲：“怎么这个世道如此不平呢？我恨不得一锤子击碎它！”

此时的青岛还笼罩在一片白色恐怖之中。中共山东省委由于叛徒王复元和丁惟尊的出卖，遭到严重的破坏。这次在白色恐怖下，陈少敏重新回到青岛，领导工人运动，下定决心一定要干出名堂来。

1930 年 3 月，中共在青岛重新恢复和建立了党的组织，选派任国桢任省委书记兼组织部长，负责青岛革命工作。

任国桢，辽宁安东县人，1924 年加入中国共产党，1925 年任中共奉天支部书记，之后历任中共哈尔滨县委书记、哈尔滨市委书记、满洲省委委员、满洲省委临时常委等职务。出于掩护身份、便于开展工作的需要，中共山东党委决定让陈少敏与任国桢假扮夫妻。陈少敏对此起初感到很为难，但最后仍然服从了组织决定。在工作中，任国桢每天都抽出时间帮助陈少敏学习文化，给她读文艺作品，讲马克思主义理论，使陈少敏的文化和马克思主义理论水平有了很大提高。新中国成立后，陈少敏回忆说：“我今天这些文化，都是从老任那里学习来的。”

就这样，在一起工作和生活的日子里，共同的革命理想和真挚的爱情让两个人慢慢走到了一起。1930 年 6 月 26 日，经过组织的批准，两人举行了简朴的婚礼。

20世纪30年代，人们出行的公共交通工具主要还是马车和人力车。青岛市共有200多辆人力车和500多名人力车夫。人力车夫很辛苦，“上坡头顶地，下坡脚擦地，一坡一身汗”。可是，车行对人力车夫剥削很重，人力车夫往往辛苦一天，劳动所得不过七八角钱，缴纳车租就需要三角多。为了帮助人力车夫团结起来与车行老板进行斗争，陈少敏与任国桢常常到青岛人力车夫聚集较多的车站、码头和闹市区进行调查和组织工作。为了防止引起军警的怀疑，任国桢假扮人力车夫到码头和车站拉活儿，陈少敏假扮贵妇人、家庭妇女等身份坐车。

经过任国桢和陈少敏的努力，1930年7月21日，青岛的人力车夫1000多人组织了声势浩大的抗租罢工，他们提出了减少车租等罢工要求，反动市政当局下令要求人力车夫全部复工，凡是拒不出车的人力车夫立即捆绑抓捕，送往警察局监禁。

陈少敏认为，要想取得斗争胜利，必须将人力车夫的家属也动员起来，以争取社会各个阶层人士的同情与支持。于是，陈少敏等人又从早到晚奔波于人力车夫家属之中，挨家挨户地去发动人力车夫家属出来斗争。

请愿当天，陈少敏带领数百名人力车夫家属组成的请愿队伍浩浩荡荡向国民党市政当局前进。在请愿队伍中，有年过半百、鬓发苍苍的老奶奶，有双目失明、蹒跚而行的老爷爷，还有怀抱嗷嗷待哺婴儿的妇女……请愿队伍一路高呼口号，声泪俱下地声讨反动当局的倒行逆施。这样一支游行队伍行走在马路上，格外引人注目，人力车夫家属的遭遇博得了社会各阶层人士的同情和支持。

为了防止事态进一步扩大，市政当局只好同意满足工人家属的要求，先补发罢工工人家属每天四角钱生活费，一周后，被捕的人力车夫全部释放回家，人力车行也被迫降低了人力车车租。罢工斗争取得了胜利。

大革命失败后，中共中央和全国总工会由武汉秘密迁回上海。共产党像身受重伤的武林高手，回到出山之地休养生息。

1929 年春天，林育南奉党组织之命再度赴沪，从事地下秘密工作。他也和陈少敏一样，扮演过一出“假夫妻”的故事。

这年初冬，一位华侨富商在上海繁华区英租界租下了一栋坐北朝南的三层楼房。这位华侨中等身材，脸面方正，一对浓眉引人注目，他的“太太”，面如满月，雍容华贵。两人出双入对，一副阔绰的样子。

这位华侨就是林育南，他的“太太”叫张文秋。

新中国成立后，张文秋成为毛泽东的亲家，大女儿刘思齐嫁给了毛岸英，二女儿邵华嫁给了毛岸青。张文秋一生中有过六个“丈夫”，其中两位是真的，分别是刘思齐的生父刘谦初和邵华的生父陈振亚，四个是因工作需要的假丈夫，其中第二个就是林育南。

这时，全国总工会决定召开第五次全国劳动大会，林育南负责大会筹备工作。他化装成一个从南洋回国经商的华侨，化名李敬塘，与张文秋结成假夫妻。张文秋回忆说：那时，党的机关和党的工作同志，都必须严密地隐蔽起来，才能进行革命活动。党决定我和林育南同志扮成为假夫妇，住在机关里，以应付环境。我们还故意摆出很阔绰的样子，还雇有大师傅、老妈子等各种“佣人”。其实，这些所谓“佣人”，都是自己的同志或同志们的亲属装扮成的。从表面上来看，这栋楼房俨然就是资本家的住宅，谁见了也不会怀疑。

1929 年的上海，笼罩在一片白色恐怖的氛围中。11 月 7 日，第五次全国劳动大会在这里秘密召开。参加这次大会的有铁路、海员、矿山、五金、纺织等产业工会和上海、天津、满洲、山东、河南、福建、香港等地方工会的代表 29 人，代表全国 39800 多名赤色工会会员。

大会由李立三、项英等七人组成主席团主持会议。

林育南受党中央委托，宣读了中国共产党中央委员会的祝词。祝词指出：“资产阶级叛变革命以后，在帝国主义指使下建立了封建势力联合的南京政府，镇压工农革命是他们共同的政纲，于是国民党的青天白日旗完全变成了白色恐怖的旗帜。工人、农民与共产党的战士，遭受他们屠杀的将近几十万人，就是古代的专制魔君也没有这样的残忍！”

祝词提出了中国工人阶级的历史任务：“不只是要为社会主义的革命而斗争，而且首先是反对帝国主义、反对封建势力的民主革命而斗争。”

最后庄重宣告：

中国共产党始终是站在革命的方面，始终要执行工人阶级的先锋队的使命，而与本阶级密切联络的向一切阶级敌人进攻，为中国革命的胜利而奋斗！为工人阶级的解放而奋斗！为世界共产主义的伟大前途而奋斗！

这次大会共开了6天，会场始终充满“热烈、勇敢、坚决斗争的情绪”，表现了工人阶级团结战斗的革命精神。经过热烈讨论，大会确定了中国工人在目前阶段最根本的任务是：联合农民结成坚固的联盟，准备武装暴动，积极推翻帝国主义与国民党的反动统治，消灭封建的残余，帮助农民实行土地革命，建立工农兵代表会议——苏维埃政权，完成中国革命，以达到工人阶级的解放。

大会听取了项英作的《中华全国总工会报告》，通过了《全国工人斗争纲领》《工会组织问题决议案》《对黄色工会问题决议案》《反对国民党政府工会法决议案》《工农联合决议案》《农村工人工作大纲决议案》等12个决议案，发表了《第五次全国劳动大会宣言》《告全国兵士书》《反对国民党白色恐怖通电》等13个文电。大会选出执行委员27人，候补执委18人。在第一次执委会上，推选出常委7人，候补常委5人，项英为委员长，组成全总新的领导机构。

在险恶形势下，年轻的共产党人凭着一腔热血和不肯认输的血性，全然不顾敌强我弱的形势，组织工人群众对国民党反动派进行一次又一次的搏斗。后世看来，很多是不切实际的举动，但当时他们的确是面对敌人的屠刀，杀红了眼，气昏了头，以至于不顾理智，奋不顾身，不惜与敌人同归于尽。

1928 年 6 月，党的六大开始部分地纠正了党内的“左”倾错误，也使得白区工人运动有了一定恢复。随着革命形势的稍稍好转，党内“左”倾思想又重新抬头。第五次全国劳动大会仍然认为“革命高潮就要到来”，工人运动的方针是组织政治罢工，“实现武装暴动，夺取政权”。次年，党中央通过了《新的革命高潮与一省数省的首先胜利》的决议，当时的工会领导人还制订了一个全国中心城市武装起义和集中全国红军攻打大城市的计划，结果是工人革命力量损失严重，赤色工会组织被破坏，工会干部被捕被杀。

1930 年 3 月，全总以“准备红色五月的工作”为中心，制订了工作计划，要求以铁路、海员、兵工厂、矿山等产业和上海、武汉、天津、香港、广州、青岛、无锡、南通、南京和满洲几大城市为重点，加紧领导工人斗争，发展赤色工会和武装纠察队的组织。提出在三个月中，“全国各地共计发展 10 万赤色工会会员”“要在上海、武汉、香港、天津成立各种产业工会”“要恢复湖北全省总工会、广州工人代表会的组织，建立哈尔滨市总工会，强大上海工联和香港工代会的群众基础”“在全国要发展有组织的经常纠察队 1 万人，实际进行各种军事训练”。

这显然是一个不可能完成的任务，但全国总工会坚持认为，目前统治阶级日益走向崩溃，革命高潮即将到来。为此规定赤色工会目前总的任务是：“加强全国工人的政治领导，坚决的发动广大群众政治的经济的斗争，强大赤色工会的力量，组织政治和总同盟罢工，以反抗统治阶级的压迫与进攻，以加紧武装暴动的准备，争取直接革命形势到来。”

1930 年 5 月，全国苏维埃区域代表大会在上海秘密开幕，会议确定了为全国苏维埃政权而斗争的任务和政策。来自全国十九个革命根据地的代表及全国各地工人、农民、兵士及群众团体代表共 38 人出席了大会。中央总书记向忠发、政治局常委兼军委书记周恩来等领导人参加了会议。

会议讨论并通过了《全国的政治形势和苏维埃的任务》《苏维埃组织法》《土地暂行法》《劳动保护法》《扩大红军和武装农民赤卫队的方案》《援助东方各被压迫民族革命的决议案》《告全国工人、劳动妇女和青年书》《告农民书》等文件。

敌人的屠刀透着血腥，而这血腥更加激发革命者的血性。在白色恐怖笼罩下，更多的革命者在低潮中百折不挠。

就这样，年轻的共产党和工运领导人，凭着一腔热血，以自己的珠玉之身，一次次冲撞敌人的屠刀。然而，力量悬殊的对比，加上党内“左”倾思想的影响，使工人运动受到更大损失，导致大革命失败后幸存下来的工人的有生力量，受到了几乎倾覆性的打击。全国工会由 734 个锐减到 81 个，工会会员人数锐减，而且不能公开活动。据 1930 年 10 月统计，在中国工人最集中的上海，赤色工会的会员已不到 300 人，比党员还少。

但是从另一个角度来看，在这样的形势下，工人们仍义无反顾地用自己的血肉之躯，迎向敌人的枪林弹雨，又何尝不是可歌可泣的英雄壮举！

苏区与延安，工人运动新探索

随着中国共产党领导的苏维埃革命政权的建立，苏区工会应运而生，并随着苏区的不断扩大而发展。苏区工会担负起了动员和组织工人直接配合、支援革命战争的历史任务，开辟了一个崭新的工人运动领域。

1935 年 1 月，中国工农红军在长征中到达黔北遵义，在这里召开了具有历史意义的遵义会议。12 月，到达陕北的中共中央在瓦窑堡召开政治局会议，提出了建立最广泛的抗日民族统一战线的基本政策。在中国共产党的正确领导下，针对根据地、国统区、沦陷区实际情况采取了各不相同的工运方针。这些灵活的工人运动方针政策的形成，标志着中国工人运动在经历十年内战的艰难探索后，开始走向成熟。

这一年

1931 年，中国共产党成立 10 周年。

这一年发生了震惊中外的九一八事变。日本人侵占东北，觊觎关内，国民党对外无能，内战频仍。山河破碎，风雨飘摇，神州陆沉，兵连祸接。

中国共产党的第一个十年，不啻是在血雨腥风、枪林弹雨中度过的。毛泽东后来有诗写道："犹记当时烽火里，九死一生如昨。"

中共创始人之一李大钊，于 1927 年牺牲。

另一位创始人陈独秀，于 1927 年 7 月离开中共中央，这一年 5 月，他被推选为中国托派组织的中央书记。

十年前中共一大的 13 位代表，人生际遇，各有不同，令人感叹。

王尽美于 1925 年病逝。

李汉俊于 1927 年牺牲。

邓恩铭于 1931 年就义。

李达在中共二大上，与张国焘发生激烈冲突，后又与陈独秀在建党等问题上激烈争论，遂脱离中国共产党。

包惠僧 1924 年以中共党员身份加入国民党，大革命失败后，意志消沉，脱离中共党组织。这一年他正在国民政府武汉行营担任参议。

这一年，刘仁静追随陈独秀，成了托派。

这一年，周佛海、陈公博追随汪精卫，如今一个是国民党中央民训部长，一个是国民党改组派头目。不久之后，相继当了汉奸。

这十年中，一批叱咤风云的工运领袖相继谢幕。

林伟民于1927年病逝。在省港大罢工期间，林伟民腿部的骨结核病发作，1925年8月不得不住院治疗。1927年春病情恶化，同年9月1日病逝于广州医院，时年40岁。

苏兆征于1929年病逝。1928年4月，苏兆征代表中华全国总工会出席赤色职工国际第四次代表大会，同年6月在莫斯科参加中国共产党第六次全国代表大会，当选为中共中央委员，8月出席共产国际第六次代表大会。在繁忙的工作中积劳成疾，病倒在苏联。1929年1月，苏兆征抱病回国。2月，病逝于上海。

这一年，罗章龙在全国总工会党团组织中公开反对党的六届四中全会，随后成立了“中央非常委员会”，把一个本来是反对王明错误路线的行为，演变成了分裂党的活动。中共中央政治局开除了他的党籍，同时撤销了他的全总党团书记的职务。

这一年，冯菊坡脱离了革命队伍。他于1928年任中华全国铁路总工会委员长，1930年受中共党组织的派遣到北方工作。后自行脱离革命，被开除党籍。

这一年，邓恩铭牺牲于山东。

邓恩铭是参加党的一大代表中年龄最小的，也是唯一的少数民族、受到过列宁接见的。1923年，邓恩铭来到青岛，先后以四方机厂和纱厂为中心，开办工人夜校，传播马克思主义。1925年2月，邓恩铭发动青岛胶济铁路工人大罢工，经过9天的斗争，迫使铁路局答应了工人提出的条件，罢工取得重大胜利。4月到7月，又连续发动日商纱厂工人3次大罢工，组织成立青岛市各界联合会和市总工会。1928年12

月，由于叛徒出卖，邓恩铭在济南被捕入狱。面对酷刑折磨，邓恩铭咬紧牙关，在狱中还领导了两次绝食斗争，组织了两次越狱斗争，使部分同志得以脱险。

1931 年 4 月 5 日，邓恩铭和战友们被押到济南市纬八路刑场，慷慨就义，时年 30 岁。

邓恩铭在狱中最后一封书信中，留下遗作《诀别》：

卅一年华转瞬间，壮志未酬奈何天。
不惜惟我身先死，后继频频慰九泉。

和邓恩铭一起被敌人杀害的，还有郭隆真。

郭隆真（1894—1931），原名郭淑善，化名石衫、石珊、林一、林逸。五四运动中，郭隆真和刘清扬、邓颖超等人一起筹备成立了天津女界爱国同志会，成为当时天津妇女运动和学生运动的著名领袖。又与周恩来、邓颖超等 20 余人决定成立觉悟社。觉悟社成立时，按抽签顺序给每个人起了一个化名，邓颖超抽到一号，化名为逸豪，周恩来抽到的是五号，化名伍豪，而郭隆真抽到十三号，化名石珊。1920 年 11 月，郭隆真同周恩来等人一起赴法勤工俭学。1923 年加入中国共产党。1924 年秋，与李富春、蔡畅等 15 位同志被派往苏联莫斯科东方大学学习。1925 年 5 月奉调回国，在李大钊负责的北方区党委领导下工作。1927 年春被捕入狱，经营救于 1928 年底释放。出狱后只身南下寻找党组织，在上海邂逅阔别多年的邓颖超，与党中央取得了联系。党中央派郭隆真赴东北工作，在中共满洲省委从事职工运动。郭隆真扮作裁缝，以家庭妇女的身份进入哈尔滨中东铁路三十六棚总厂，秘密组织联络工人，组织了多次罢工斗争。

1930 年 6 月，党中央派郭隆真前往青岛，任山东省委委员，青岛市委宣传部长。郭隆真与陈少敏等同志经过共同努力，不仅重建了党组织，而且还连续发动了几次罢工。

1931 年春，郭隆真被捕，国民党山东省政府主席韩复榘亲自审讯她。郭隆真坚贞不屈。1931 年 4 月 5 日，郭隆真被绑赴济南纬八路刑场。敌人在行刑前对她说：“现在你只要说出共产党的秘密，便可获得自由。”郭隆真坚定地回答：“宁可牺牲，决不屈节!”她高呼革命口号，英勇就义，年仅 37 岁。

这一年，林育南为革命献出了年轻的生命。

1931 年 1 月 17 日，林育南到上海东方旅社开会——这里是党的一个秘密联络点。会议开始半小时，公共租界捕房探捕与国民党市警察局联合组成的行动队，突然包围了东方旅社。由于叛徒出卖，林育南等 7 位同志被捕了。

当天，租界捕房又在天津路26 号中山旅馆，逮捕了江苏省委委员何孟雄，共青团江苏省委委员、上海总工会青工部长欧阳立安等 4 名同志。在短短的几天中，又有江苏省委委员、团中央宣传部长李求实，上海总工会秘书长龙大道，左翼作家柔石、冯铿、胡也频、殷夫等 36 名党的重要干部和无辜群众被捕。

林育南等被捕后，先拘禁于老闸捕房。两天后引渡给国民党上海市政府公安局。当天，国民党江苏省高等法院第二分院法庭便迫不及待地开庭审讯。法庭上，林育南等人乘敌人暂时还没有摸清情况之机，各自编好了一套假口供，用以欺骗敌人。林育南受审时，自称名叫李少堂，到东方旅社去找朋友，不是开会。法庭从他的口里得不到任何有用的东西，遂于 1 月 23 日 将他们解送到龙华淞沪警备司令部看守所。

周恩来得悉此事，立即组织营救，并派人以家属名义前去探监，又通过互济会给他们送去衣被、药品和钱。林育南用铅笔在一张破烂的白蒲纸上给陆若冰写了一封信。

若冰女士：

兹接友函，谓贵同乡李君于十七日被累，二十三日转龙华司令部，现在生活平安，请勿念。戚妹如要见他，可于每星期三十二点至三点以戚妹名义到龙华司令部看守所，要求会晤湖北黄陂人李少堂（广告商人）即可。如第一次不允见，送来之物（他要小说书）定可交到，且第二次必可接见也。案关政治，女戚接见较便，请戚友放心可也。知注特闻。

信没有落款。陆若冰认出了林育南熟悉的字迹，顿时热泪盈眶。

陆若冰是林育南的恋人。其兄陆沉是中共党史上的重要人物，曾任中共江西省委书记、中共中央候补委员，后叛变。他们一对有情人本该成为眷属，然而不知为什么，林育南的兄长林育英坚决反对，他找陆若冰作了一次长谈，要求她与弟弟斩断情丝，后又自作主张给弟弟介绍了一个对象——上海纱厂女工李莲贞。后来，陆若冰被调到中共中央机关报红旗日报社，给副总编辑肖昌年当助手，这对“假夫妻”后来成了真夫妻，且生有一女。1930 年，肖昌年因叛徒告密，被国民党逮捕后慷慨就义。

陆若冰收到林育南的信后，1 月 28 日一大早就赶到龙华警备司令部看守所，直等到下午 3 点。一个看守跑出来说：“李少堂是政治犯，不准见，但可送东西进去。”陆若冰将身上仅有的 5 块钱交给看守。过了一会儿，这个看守带回了林育南亲笔写的一张收条。

收到大洋五元。谢谢，请下次送点小说诗歌等书及食物为荷。

李少堂

一月二十八日

陆若冰强忍着泪水，收下这张便条离开了看守所。没有料到，这张便条即成了林育南的最后遗墨。国民党当局通过叛徒很快搞清了林育南、何孟雄等人的身份。在又一次审讯中，林育南仍以广告商人李少堂应对，法官奸笑道:“你不叫李少堂，是林育南!”

林育南知道自己的身份已暴露，轻蔑地回答:“你们既然知道，还问干什么?”

敌人终于撕掉了假面具，露出了狰狞的面孔，妄图用酷刑使林育南等同志屈服。在严刑拷打面前，他们一个个志坚如钢，宁死不屈。林育南深知，国民党当局是绝不会放过他们的，因此没有任何侥幸心理。他们在监狱的墙壁上画了一面红旗，庄严地将自己的名字一一写在上面，以表示对党的无限忠诚和革命一定胜利的坚强信念，并激励难友们坚持斗争。

蒋介石指示国民党中央党部秘书长陈立夫出面对林育南进行“劝降”，然后登报宣传。陈立夫对林育南说：“我知道，你们反对李立三、反对王明，我们也反对他们……”林育南打断他的话说：“我们反对他们，是党内路线之争，而我们反对你们，是道不同不相为谋。你们这些反动军阀叛变革命以后，工人阶级英勇斗争收回的汉口、九江、镇江的租界，都被你们国民党做了投降的礼物奉还了帝国主义……你们国民党政权两年的卖国成绩，已经超过以前北洋军阀政府十倍百倍以上!”陈立夫劝降失败后，打电话告诉了蒋介石。蒋介石甚为气愤，骂道:“对这类顽固不化的家伙，杀!”

1931 年 2 月 7 日深夜，铁窗外飞舞着鹅毛大雪，狱中的通道呼啸着凛冽的寒风。看守所长带着大批宪兵，打着手电涌进牢房，“何孟雄!”“林育南!”……一个一个点名，将他们带出号子。林育南等 24 位同志们看到这情形，完全明白了。他们整理了一下自己的衣服，将剩下的衣物分发给同狱的难友们，向他们挥手告别。

何孟雄、林育南、李求实、欧阳立安、龙大道、柔石、冯铿、胡也频、殷夫等 24 位同志拖着沉重的铁镣，走出看守所的弄堂。他们被押到看守所旁一块空地前边的小桥附近，预先在这里摆下了桌案的国民党法官，拿起照片一一对照每个人的面孔，然后向他们宣判死刑。林育南等 24 位同志大义凛然，视死如归，异口同声唱起了《国际歌》。

起来，饥寒交迫的奴隶！起来，全世界受苦的人！……

“砰！砰！砰！……”刽子手射出了罪恶的子弹。林育南和他的战友们壮烈地倒在雪地上。

林育南等 24 位烈士牺牲的当天，龙华监狱中的难友万分悲痛，举行了悼念活动。难友张恺帆在墙壁上题了一首纪念诗：

龙华千载仰高风，壮士身亡志未穷；
墙内桃花墙外血，一般鲜艳一样红。

龙华二十四烈士就义之后，党中央一直不知道。直到 3 月中旬，周恩来才得到消息，甚为悲痛，夜不能眠。

1931 年 4 月下旬，鲁迅得知林育南及左翼五作家被国民党秘密杀害的消息后，非常愤慨。4 月 25 日，他和茅盾、史沫特莱共同发表了题为《中国左翼作家联盟为国民党屠杀同志致各国革命文学和文化团体及一切为人类进步而工作的著作家、思想家书》的宣言。宣言中说，国民党用了活埋和枪毙的毒刑，于同一的时候，暗杀了 19 个革命家（其中一个是孕妇）5 个革命作家—— 一共虐杀了男女 24 人，连资产阶级的法律手续也不曾有过。

1933 年 5 月，邓中夏被捕，9 月 21 日英勇就义。大革命失败后，他于 1928 年赴莫斯科，任中华全国总工会驻赤色职工国际代表。1930 年回国后任湘鄂西特委书记、红二军团政委、前敌委员会书记、中央革命军事委员会委员。1931 年 1 月，王明篡夺中共中央领导权后，邓中夏被撤掉全部职务，于 1931 年底回到上海。王明一伙几个月不安排他工作，也不发生活费。邓中夏全靠妻子李夏明（李启汉的妹妹）在纱厂当工人一个月挣7块钱艰难生活。曾任全国工运最高领导人的邓中夏毫无怨言，对革命矢志不移。1932年秋，党组织委派邓中夏担任全国赤色互济总会主任兼党团书记，从事国民党统治区的地下工作。

1933年5月15日晚，邓中夏被法国租界巡捕逮捕。起初邓中夏化名施义，没有暴露身份，还请律师史良等人帮助自己辩护。后因一同被捕的林素琴经不起敌人的威逼利诱，供出了邓中夏的真实身份，邓中夏被引渡解往南京。国民党想挑拨他："你是共产党的元老前辈，现在却受莫斯科回来的那些小辈欺压……"邓中夏回答："这是我们党内的事！"狱中秘密党支部在放风时问他："大家想知道你现在的政治态度怎样？"邓中夏一听连说："问得好！请告诉同志们，我邓中夏就是烧成灰，也是共产党人！"

在狱中，他以共产党员的坚定信念和钢铁意志，挺住了敌人金钱厚禄的利诱和严刑拷打的摧残。1933年9月21日黎明，在雨花台下，邓中夏高呼"打倒国民党！""中国共产党万岁！"的口号，为共产主义事业英勇地献出了自己宝贵的生命。牺牲时，年仅39岁。

一代英豪，风流云散。

当年，他们出国留学之际，是何等的志存高远。

那年旅欧的人员中有周恩来、邓小平、蔡和森、赵世炎、王若飞、李富春、陈毅、聂荣臻、蔡畅、李立三、李维汉、徐特立、何长工……其中，蔡和森、蔡畅和他们的母亲葛健豪一家，此后数年中，相继投入革命运动，个个是人中之杰。

那年，李立三在船上："唱那自由之歌，撞那自由之钟，唤醒可怜的同胞，惊起他们的酣梦。"

那年，蔡和森决心："走遍各洲，通其语文，读其书报，察其实情，冲决世界之层层罗网，造出自由之人，自由之地位，自由之事功。"

那年，赵世炎和王光祈在船上合写了一首歌："山之涯，海之湄，少年中国短别离。短别离，长相忆，奋斗到底，唯我少年有此志气。”

几年前他们回国之际，又是何等的雄姿英发，壮怀激烈，他们指点江山，激扬文字，一时多少豪杰。在上海、在广州、在北平，把党的工作和工人运动搞得风生水起，搅动一波接一波的革命浪潮。

当年，他们都是人中英杰，或是国内名牌大学出身，或是国外“海归”，均是天之骄子，一身学问。在社会上，他们有一百种以上的职业可以选择，每一个职业都前途无量，且不说跟了国民党，当时就可飞黄腾达，哪怕专心去做学问，以他们的才华，假以时日，基本上都可以成为大师。可是，他们偏偏选择了看上去最没有“前途”的一行：造反，闹革命。不仅没有锦衣玉食，荣华富贵，反而搭上了自己的宝贵生命。这不是他们不识时务，而是他们认准了理想、信念，认准了最大最重的“前途”——国家独立、民族复兴、人民解放，并为此去不懈奋斗，九死而犹未悔。

弦歌未绝，斯人已去。如今他们一个个悲壮谢幕。

诸葛亮《后出师表》中，有这样沉重的一段：

> 自臣到汉中，中间期年耳，然丧赵云、阳群、马玉、阎芝、丁立、白寿、刘郃、邓铜等及曲长、屯将七十余人，突将、无前、賨叟、青羌、散骑、武骑一千余人。此皆数十年之内所纠合四方之精锐，非一州之所有；若复数年，则损三分之二也，当何以图敌？

此情此景，有没有同样的扼腕之感？

然而，不屈的共产党人还要鞠躬尽瘁，不屈的工人阶级还要奋勇前行，继续完成未竟的事业。

1931 年秋，九一八事变后，日本占领了东北全境，国民党集团退守关内。此时此刻，共产党却逆战火而行，派出干部到东北开展抗日游击战争和工人运动，由此开启了中国人民长达 14 年的抗战历程。

罗登贤即是其中一位代表人物，他是1925年入党的老党员，1928年，在党的六大被选为中共中央委员和中央政治局候补委员的时候年仅24岁。工人出身的他虽文化程度不高，但学习能力非常强，具有杰出的领导才能，与陈潭秋同为周恩来在组织工作方面的助手。

他1928年任中共江苏省委书记，1929年任中共南方局委员，次年2月任广东省委书记，后到上海任中华全国总工会党团书记。1931年1月，到上海参加党的六届四中全会，被选为中共中央政治局候补委员，会后，任中华全国总工会委员长，指导开展工人运动。

1931年秋，九一八事变后，他被派往东北，任满洲省委书记。当时东北形势十分险恶，中共满洲省委宣传部秘书杨先泽被捕叛变，中共满洲省委机关遭到破坏。罗登贤临危受命，直接领导东北的抗日斗争，他一方面在城市中进行反日宣传和发动罢工斗争；另一方面组织发动东北人民开展反日游击战争。他经常奔走在沈阳、哈尔滨、大连等地。在他的领导下，沈阳、鞍山、抚顺等地的工矿区数万名工人举行反日罢工，长春砖窑工人，中东路、呼海路、吉沈路、哈尔滨电业工人及大中专学生也进行了大规模的反日斗争。

1931年5月27日，哈尔滨召开第一次工人代表大会，正式建立了哈尔滨总工会。9月22日，哈尔滨总工会发表《告哈尔滨全体工友书》，号召罢工、游行示威，要求日军立即退出满洲。12月初，哈尔滨三十六棚总工厂工人在共产党的领导下，捐款4000多元，购买棉衣、皮帽、皮鞋、皮手套、毛巾等大批物品，派代表专程送到嫩江桥前线，支援马占山部队抗击日军。

九一八事变后，罗登贤召集了北满中国共产党高级干部会议，在会议上，罗登贤表示："蒋介石国民党以不抵抗政策出卖东北同胞，我们中国共产党人要与东北人民同患难共生死，争取东北人民的解放。""敌人在哪儿蹂躏我们的同胞，我们共产党人就在哪儿和人民一起抗争。""党内不允许任何人提出离开东北的要求。如果谁提出这样的要求，那就是恐惧动摇分子，谁就不是中国共产党党员。”罗登贤和满洲省委其他同志满怀对党的忠诚、对人民的热爱，在民族处于生死存亡的危急时刻，孤悬敌后、浴血苦战，没有一个人不经组织调动而离开东北。抗联著名将领杨靖宇、赵尚志、李兆麟、周保中等从接受满洲省委的派遣之时起，就开始了他们可歌可泣的武装抗日生涯。

罗登贤的革命活动，引起了敌人的注意。有几次他到沈阳去差一点遭到逮捕，但他不顾个人安危，继续忘我地工作。1933 年 3 月，因原全国总工会秘书长王其良被捕叛变，罗登贤和廖承志、陈赓、陈藻英等 5 人，先后被陈立夫统领的特务机关勾结上海公共租界工部局巡捕房逮捕。在狱中，罗登贤遭敌人酷刑折磨，两条腿骨被铁杠压断，但他宁死不屈，领导狱中难友与敌人作斗争。

1933 年 3 月 31 日，他在国民党江苏高等法院第二分院第一法庭的“公开审判”中，大义凛然地说：“我曾在东北发动群众开展抗日游击战争。我在那里与义勇军一起同日本强盗作战。最近我从东北回来，又领导上海日本纱厂工人进行反日大罢工。这是反对日本帝国主义的斗争。我的一切行动，都是反帝爱国的。谁敢说我反动？你们国民党反动派卖国投降，出卖我东北神圣领土，才是真正的反动。”驳得法官瞠目结舌。

为了营救他们，中国民权保障同盟主席宋庆龄于 1933 年 4 月 1 日在上海报纸上发表《告中国人民书》，呼吁全国人民起来要求释放他们。书中写道：“他们全都是中国人民应该为之骄傲的典型。”宋庆龄还亲自到南京监狱探望和慰问了罗登贤等同志。然而，营救努力终告失败。1933 年 8 月 29 日，罗登贤被秘密杀害于南京雨花台。就义时狱官问他有什么遗言？罗登贤凛然说：“我个人死不足惜，全国人民未解放，责任未了，才是千古遗憾！”就义时，年仅 28 岁。

在罗登贤等一批共产党人努力下，工人运动虽在北京、上海、广州等城市受到镇压，却在哈尔滨等北方城市悄然兴起。1930 年 1 月 16

日，中东路哈尔滨三十六棚失业工人联合其他各站工人，在中共地下党的领导下，成立了“东铁工人失业团”并在《晨光报》上发表了声明。次日，中东铁路在业工人成立“失业工人后援会”，援助失业工人的斗争。3 月 10 日，哈尔滨市皮鞋工人在共产党的领导下举行联合同盟罢工。参加罢工的开始有 25 家，约六七百人，后扩大到 35 家，一千余人。罢工获得胜利，成立了工会，工人增加了工资。

苏区工会运动

中共八七会议后，确立了土地革命和武装斗争的总方针。中国革命的中心从城市向农村转移。毛泽东在井冈山点燃了“工农武装割据”的星星之火，也给中国革命找到了一条生路。随着党的斗争策略的调整，党所领导的工人运动也顺应形势而进行了调整，苏区工会随着苏维埃政权的建立应运而生，并在苏区得到了发展壮大。

在井冈山革命根据地，1927 年 10 月，毛泽东率领秋收起义部队进驻宁冈、攻下莲花县城后，原有的莲花县总工会就立即恢复活动，并在城区建立店员工会和铁业工会。同年 11 月攻克茶陵后，共产党员、印刷工人谭震林立即发动工人，重建县总工会。1929 年 1 月，毛泽东、朱德、陈毅率领红四军从井冈山出发，向赣南、闽西进军，开辟了大片革命根据地，所到之处，号召工人组织工会、农民组织农民协会、工农联合建立革命委员会。随着革命根据地的开辟，这些地区的工会组织随之建立起来。

1930 年 5 月，中共中央和全国总工会联合发起，在上海秘密召开了全国苏维埃区域代表大会。大会通过了《全国革命的形势和苏维埃的任务》《苏维埃组织法》《土地暂行法》《劳动保护法》等决议案，确定了为全国苏维埃政权而斗争的任务和策略。9 月，中共六届三中全会决定在苏维埃区域建立中央局，以统一苏区党的领导。

《劳动保护法》是全国苏维埃区域第一部比较完备的劳动法规。该法共八章四十四条，对工作时间、休息时间、工资、女工及未成年工人、保障与抚恤、工会、社会保险、劳动保护与监察等事项，分别作了具体规定。但是这部法律是在李立三“左”倾冒险错误思想的指导下制定的，其中规定了一些过“左”的条文。由于李立三“左”倾冒险错误计划的失败和苏维埃区域反“围剿”战争的形势紧迫，这项法律在各苏区未能得到贯彻执行。

1930 年 10 月，全总召开了常委扩大会议，对苏区工会问题作出了相应的决定，次年 3 月，在赣西南的吉安富田村建立了中华全国总工会苏区执行局，7 月，经兴国迁至瑞金县叶坪。从此，苏区的工会工作有了组织保障。

苏维埃政权是人民的政权，苏区的工会是建立在工人阶级领导的工农民主政权之下的工会，与在白区有着截然不同的特点。苏区工会从一开始就得到了工农民主政权的法律保障。1929 年 12 月，全总关于苏区工会的第一个文件《苏维埃区域工会工作大纲》指出，“苏区工会工作的根本路线是‘要发挥无产阶级在农民斗争中的领导作用’”，强调“苏维埃区域的工人运动是目前我们在苏维埃区域中最重要的工作”，必须“动员这些区域的城市工人（虽然数量很少）和乡村的广大雇工群众加入工会”。

1931 年 11 月 7 日，中华苏维埃第一次全国代表大会在江西瑞金召开。会上选举成立了以毛泽东为主席的中华苏维埃临时中央政府，项英作了关于劳动法的报告，通过了《中华苏维埃共和国劳动法》。为纪念广州起义，《劳动法》中有这样一条：每年 12 月 11 日为广州起义纪念日，是日一切机关停止工作，集会纪念。

苏维埃《劳动法》共十二章七十五条，其中心内容和主要目的，是从法律上保障苏区工人的政治地位和劳动经济权益，同时规定了工会在苏区的权利义务及其组织办法，对改善苏区工人生活，促进苏区工会运动的发展，发挥苏区工人和工会在根据地建设和革命战争中的积极作用，具有重要意义。但由于它是在推行“左”倾机会主义的中共临时中央领导下制定的，并且是在1930年5月通过的《劳动保护法》基础上，经过修改补充以后制定的，其内容不仅继承和保留了《劳动保护法》中的一些过“左”的规定，甚至还有增加。这些过“左”的条文反映了两个方面的严重缺点和错误：其一，其法律条文是按照大城市工人阶级的状况和要求制定的，没有顾及苏区处在经济落后的乡村和残酷战争环境的实际情况；其二，片面地从工人福利观点出发，规定雇主必须满足工人的各种要求条件，不提工人对企业和雇主应尽的职责。因此，苏维埃《劳动法》关于劳动时间、休息、工资、劳动保护、社会保险等方面的过高过“左”的规定，实际上都是当时苏区公私经济无法承受的。

在苏区工会以星火燎原之势发展的同时，白区工会继续遭受挫折。到了1932年底，中共中央和全国总工会领导机关在白区已无法立足。全国总工会领导机关被迫迁到苏区。而白区工作则由1933年建立的全总华北办事处和全总上海执行局承担，这两个机关也先后于1935年和1936年6月结束了活动。

1932年9月24日，中共中央召开六届三中全会，结束了李立三左倾路线的主要错误，恢复了党、团、工会的独立组织和经常工作。在这次全会通过的《职工运动决议案》中，分析了一年来工人斗争的形势和党的工作，规定了党对职工运动的中心任务。《职工运动决议案》第一次把“苏维埃区域的赤色工会运动”作为一个部分，对苏区的赤色工会运动作了专门规定，强调党和全国总工会要派出大批工会干部，到苏区领导工会运动，建立系统的、统一的、集中的产业工会和手工业工会的联合，并提出在中央临时政府所在地，全国总工会要设立苏维埃区域的执行局，派得力执行委员去主持工作，以统一对苏区工会运动的指导。

1932年10月6日，全总在上海秘密召开常委扩大会议。会议通过了《目前政治形势与工会任务决议案》等五个文件，根据中共六届三中全会的精神，开始纠正“立三路线”在职工运动中的错误。

1933 年 2 月，全国总工会从上海迁到瑞金后，将原全总苏区执行局改组为中华全国总工会苏区中央执行局，同时保留全总名义，以指导全国工人运动。刘少奇任委员长，陈云任副委员长兼党团书记，梁广为组织部长，下设秘书处、组织部、女工部、青工部、福利部、社会经济部、国家企业部、文化教育部。1933 年 4 月到 7 月，全总苏区中央执行局先后在瑞金建立了 4 个全苏区性质的工会：中国农业工人工会、中国苦力运输工人工会、中国店员和手艺工人工会、中国纸业工人工会，工会组织得到了发展。

苏区工会的建立和开展工作，给当时还落后的中国农村革命根据地注入了先进生产力的新生命力。毛泽东曾在第二次苏维埃代表大会上对苏区工会给予了高度评价，他指出：苏区工会是组织坚强的阶级工会，是苏维埃政权的柱石，是保护工人利益的堡垒，是广大工人群众学习共产主义的学校。

另外，由于时局和当时工会领导人思想认识所限，苏区工会工作也出现了一些政策上的“左”倾表现，造成了一些负面影响。例如在《劳动法》中有不切实际的规定，或者是沿用罢工、示威等白区斗争方式，以致影响到整个大局。这些“左”倾做法在实践中不断地碰壁，直到刘少奇和陈云到了苏区，才对这些“左”倾错误进行了纠正。

1933 年，苏维埃临时中央政府人民委员会第 38 次例会决定修改苏维埃《劳动法》。同年 10 月 15 日，苏维埃临时中央政府正式公布了经过修正的《中华苏维埃共和国劳动法》，它在许多重要条款上，增加了可以根据苏区实际情况灵活执行的规定，为各苏区纠正和避免因机械执行苏维埃《劳动法》而产生的“左”倾错误，提供了法律依据。

苏区建立在经济落后的中国乡村，根本就没有大工业的工人，所以，苏区工人阶级的构成除极少数从大城市与工业区撤退转移的产业工人外，其余的绝大多数是手工业工人、店员、运输工人，还有一部分雇工。尽管存在着一些局限，但苏区工会的创建和开展工作，仍然使得工人阶级成为革命武装的领导力量。从大城市到乡村，从上海到瑞金，从白区到苏区，从轰轰烈烈到血雨腥风，直到走上漫漫长征路，历尽千山万水，备尝山重水复，中国工会在特殊的历史背景下艰难地求索。

1934 年 1 月 22 日，第二次全国苏维埃代表大会在瑞金召开。毛泽东在这次大会上的政府工作报告，对苏区工会的作用作了高度评价。在苏区工会的努力下，根据地工人积极参加苏区的经济建设，参加苏维埃政权的建设，参加土改和查田运动，甚至直接参军参战，还组建了赫赫有名的红军工人师，工会工作搞得有声有色。

1932 年 8 月 1 日，是南昌起义五周年的日子。1933 年 8 月 1 日，中华全国总工会苏区中央执行局号召组建的工人师正式成立。整师加入中国工农红军，被编为中央警卫师。师长由李松担任，政治委员由全总苏区执行局组织部长梁广担任，下辖 3 个正规团和 1 个补充团。

中国工农红军警卫师（工人师）成立宣言称：

我们奉中央革命军事委员会的命令，于今年的“八一”反帝战争斗争日，南昌暴动和中国工农红军成立纪念日，在赤色首都——瑞金正式宣布，我们中国工农红军中央警卫师（工人师）成立了。

同志们！我们工人师全体指挥员战斗员，在全总执行局的号召和领导之下，自愿来当红军的我们坚定的在中国共产党与全总执行局领导之下，完全接受苏维埃中央政府与中央革命军事委员会所给我们的光荣任务，并绝对服从其命令与指挥。我们都能了解我们是工农劳苦群众革命的武装力量，是苏维埃的军事柱石。我们已定下了坚牢的决心，从今天起以无产阶级的坚决性顽强性和我们的热心与头颅，同全国红军兄弟们一致的为工农阶级与一切被压迫被剥削的劳苦群众的彻底解放与利益，去同帝国主义国民党进行决死的残酷的战争，彻底推翻帝国主义国民党在全中国的统治。创造苏维埃的新中国。目前首先就要粉碎帝国主义国民党对苏区与红军的五次“围攻”，不让敌人侵占苏区一寸土；以争取革命在江西及邻近省区的首先胜利，把中央革命军事委员会给予我们的光荣的旗帜插到南昌插到武汉。

我们坚决拥护与绝对遵守红军铁的纪律，并努力学习阶级的政治训育和军事技术，创造我们最坚决的铁的工人师。

同志们！我们（工人师）在伟大的革命战争中，在胜利的争取苏维埃新中国的斗争中，是永远的与全苏区全中国的工农劳苦群众站在一条战线上的，一时一刻不会分离的。我们更热烈的愿望全中国工会组织与我们建立经常的密切的联系，和时时指示我们帮助我们。

苏区工会还组建了工人纠察队、工人赤卫队和赤少队等基本不脱离生产的群众武装，配合协助红军作战。苏区 16 岁至 45 岁的工会会员，80% 以上参加了各种工人武装。他们平时站岗放哨，帮助维持地方治安，战时配合红军作战，帮助红军进行侦察、运输和救治伤员等战地勤务。在各苏区的创建和发展过程中，工会组织工人武装配合红军作战事例数不胜数。1928 年 6 月，在井冈山革命根据地的龙源口战斗中，永新县工人赤卫队 300 多人，配合红军歼敌一个团，受到红军前委的表扬。据中央苏区 12 个县的统计，到 1933 年底，参加红军和游击队的工会会员达到 19960 人，占会员总数的 28%；在红军的新战士中，工会会员平均超过了 20% 以上。到第五次反“围剿”战争的紧急关头，中央苏区有半数以上工会会员都参加了正规红军和游击队。

到 1934 年 3 月，苏区工会会员已达 35 万余人。在全总中央执行局的领导下，各地苏区工会贯彻执行苏维埃政府的劳动法令，改善工人生活，教育和组织工人群众参军参战，支援前线，为革命战争的发展和根据地的巩固作出了巨大贡献。

1934 年 7 月，全总中央执行局迁往瑞金云石山。1934 年 10 月，中央红军北上转移后，全总中央执行局停止了工作。

长征是播种机

1935 年，中华全国总工会成立 10 周年。

十年沧桑，风雨一瞬。

十年前在广州，花红叶绿；十年后在陕北，路远沟深。

十年前，二次劳大召开，全国总工会成立，工运浪潮汪洋泻地；十年中，五卅运动、省港大罢工、上海工人武装起义……悲壮的史册一页页翻过；十年后，风雨如晦，火种犹存。

1934 年，由于第五次反“围剿”的失利，红军主力被迫长征。即使在长征路上，艰难岁月，工会的使命也未曾弃守，工运的初心也未曾忘记。

正如毛主席说过的，长征是播种机，长征是宣传队，长征是宣言书。红军长征得到了沿途各省广大工人群众的热烈拥护和支援。红军长征所到之处，发动群众建立工会、农会等革命团体和群众武装，建立临时工农民主政权，推动了当地工人组织的建立和工人运动的发展。

中央红军主力长征时，全总苏区中央执行局机关和各省工会的一批领导同志和工会工作骨干，随红军主力一起长征。如全国总工会领导人刘少奇、陈云，中国店员手艺工人工会委员长、苏维埃政府劳动部长邓振询，全总苏区中央执行局女工部长刘群仙等人，这些工会干部在长征途中积极开展地方群众工作，推动了红军长征途中工人运动的发展。

长征红军对黔北地区工人运动的推动尤为显著。红军在这里转战 3 个多月，曾经一度准备以遵义为中心，创建川黔边界新的革命根据地。出于这一战略考虑，红军更加重视工会组织的建立，有力推动了黔北地区革命工会的创建。

黔北地区在20世纪30年代是经济比较落后的地区，除赤水兵工厂、桐梓发电厂等少数工厂外，基本上没有现代意义上的工业产业。红军到来之前，工人中虽有过一些组织，如鲁班帮、杂货帮、丝绸帮等，但带有浓厚的行会、帮口色彩。1935年1月7日，红军进入遵义县城后，总政治部立即派出干部分别召集各业工人开会，宣传红军的革命主张和苏维埃劳动政策，号召工人组织起来。各业工人随即选举代表，筹备建立工会。

1月11日，召开了遵义县各业工人代表大会，宣布成立遵义县赤色工会，选举木工代表邓云山为主席。在红军的推动下，在遵义县三岔，由木工、石工、缝纫工、织布工、皮匠、理发匠等组成了三岔工会；在遵义县枫香区花苗田，由陶瓷工人组成了花苗田陶瓷工会。1月中旬，红军在黔北桐梓县，在帮助成立政权组织的同时，成立了桐梓县工会和3个城郊工会。

红军在长征中一路播火，奋勇前行。

在白区，更有无数志士不惧牺牲，坚持战斗。红军主力长征后，项英临危受命，担任中共中央江西分局书记、中央苏区军区司令员兼政治委员，在赣粤边坚持游击战争。红军长征后，他命令所有共产党员、革命军人都必须坚持斗争，不许任何人在党中央和主力红军还没有离开苏区前搞疏散。他要求机关工作人员正常对外办公，处理公务，以迷惑敌人，掩护红军主力转移。直到一个月之后，国民党才明白红军主力已经转移了。项英下令埋掉电台、烧掉密码，指挥部队分九路突围，开展游击战争。

对这段游击岁月，陈毅曾留有大量诗词，最著名的是“梅岭三章”，其一曰：

断头今日意如何，创业艰难百战多。

此去泉台招旧部，旌旗十万斩阎罗。

叛徒的下场

十年风雨，大浪淘沙，也有一部分意志不坚定的变节分子，在革命的逆境中变节叛变，留下了耻辱的记录。

我们前面记述到的很多工运先烈，被捕牺牲的原因很多是由于“叛徒出卖”，现在，我们来看看那些变节者的下场。

1928 年 4 月 15 日，罗亦农因叛徒出卖被捕。出卖罗亦农的是叛徒贺治华及其丈夫何家兴。贺治华原是四川开江女中教员，能流利地说英语、德语，后在苏联与从法国前来莫斯科东方大学的青年何家兴结了婚。

1928 年初，组织上安排何家兴、贺治华夫妇回国，在上海做地下工作。贺治华回国后，继续追求物质生活享受，但是党的经费紧张，机关的工作人员生活费远远不够何家兴、贺治华夫妇吃喝玩乐的花销。又由于他们不守秘密工作纪律，多次受到罗亦农的严肃批评，因而怀恨在心，竟然背叛革命，出卖了自己的同志。

1928 年 4 月 20 日，罗亦农被国民党杀害。

4 月 25 日清晨，一队迎亲队伍来到何的住宅前，在猛烈鞭炮声中，中央特科的红队冲入房中，开枪打死了何家兴。贺治华没有死，被打瞎了一只眼睛。贺治华后来的结局一直是个谜，有一种说法是回到老家，在新中国成立前因病去世。

被“红队”处决的还有王复元。

王复元（1900—1929），山东历城人，1922 年加入中国共产党。1926 年 10 月任中共山东区执行委员会委员，青岛市委书记。曾代表中国劳动组合书记部济南分部参加全国劳动大会。

王复元掌权后私欲膨胀，多次贪污公款。1927 年 4 月 27 日，党组织派他出席第五次全国代表大会，带回拨给山东党组织的活动经费一千元，而王复元竟将这笔经费据为己有。

邓恩铭发现王复元贪污党费的丑事，决定将王复元开除党籍。王复元成为中共党史上因贪污腐败而被开除出党的第一人。王复元被开除党籍后怀恨在心，竟卖身投靠国民党，发表了“反共宣言”，还担任了“捕共队长”，带领特务秘密抓捕了邓恩铭等 17 人，致使中共山东省委机关遭到严重破坏。

王复元叛变后，周恩来在上海召开紧急会议，指出：“叛徒不铲除，山东的工作没有出路。”中央决定派中央特科成员赴山东锄奸。1929 年 8 月 16 日，“红队”清脆的枪响震动了青岛中山路，王复元被中央特科处决。

李涤生（1887—1930），湖南浏阳人。早年为株萍铁路工人。1922 年起任安源路矿工人俱乐部总代表，是李立三在安源发展的首批党员。1926 年任株萍铁路总工会副委员长。1927 年 2 月起任全国铁路总工会执委会常委。1927 年 9 月在安源参加秋收起义。曾任湖南省委工人部长、湘东特委委员。1928 年 5、6 月间，在湖南长沙叛变，因消息隔绝，中共中央未能得知消息，在 1928 年 6 月至 7 月召开的中国共产党第六次全国代表大会上，仍被选为中央委员，11 月才被除名。1930 年 8 月，彭德怀率红三军攻占长沙后，李涤生在长沙火车站被红军抓获并处决。

最典型的，大约要数向忠发。

向忠发在 1921 年就成为拥有上千名会员的汉冶萍工会的副委员长。次年，许白昊发展他加入了中国共产党。1923 年参加京汉铁路工人大罢工，1926 年任湖北省总工会委员长。1927 年 5 月，在中共五大上当选为中央委员。因为共产国际和斯大林看重工人出身的“血统”，1928 年 7 月，在中共六届一中全会上当选为中共中央总书记，一步登天成为中共领袖。

其实当时党内工人出身的干部很多，如史文彬等人，论工作能力和个人品质均高出向忠发许多，但共产国际的米夫与王明偏偏看中了向忠发，因为他会投机，听话。向忠发虽然出身工人，但身上没有一点工人阶级优秀品质，也没有领导能力，在任总书记期间，用党的经费住洋房、养小老婆，党内对此议论纷纷。

1931 年 4 月下旬，顾顺章从上海护送张国焘、陈昌浩去鄂豫皖根据地后，取道武汉回上海，途中落入国民党武汉警察局长蔡孟坚手中，随即叛变，供出了向忠发、周恩来、瞿秋白的住处及中央秘书处、特科机关所在地。当时的中共地下党员钱壮飞得到情报后，立即赶往上海报告周恩来，中共中央机关得以迅速转移。

在得知顾顺章叛变后，中共中央马上通知向忠发搬家，接着又决定让他转移到江西中央苏区。其时，向忠发在上海法租界与杨秀贞以夫妻身份同居。向舍不得杨秀贞，提出离沪前无论如何要见杨秀贞一面。顾顺章在其必经之路设下埋伏，将他抓捕。

被捕之后，向忠发即变节叛变。他交代自己是共产党的总书记时，起初巡捕说什么都不肯相信：“你真的是共产党的总书记？我们平时抓到那些小共产党，哪个不是将我们骂得狗血淋头，没见过像你这样熊的。”

杨秀贞虽是一个烟花女子，并非中共党员，但在受审讯时却立场坚定，一开始并不承认向忠发是中共党员。特务们又动刑审问，她还是说不知道。竟然是身为中共中央总书记的向忠发，走到杨秀贞那里说道：交代了吧，他们都知道了。后来周恩来曾说：“他的节操还不如一个妓女！”

向忠发在被捕后的第二天，被引渡到淞沪警备司令部。由于前有顾顺章叛变，向忠发已供不出别的中共秘密，蒋介石下令将其就地枪决。

叛徒白鑫，原是黄埔军校一期生，大革命时期加入中国共产党。大革命失败后，被调到上海中共中央军委任秘书。在国民党中统特务范争波的策动下，叛变投敌。开出的条件是一笔钱，和一本出国留学护照。

在 1929 年 8 月 24 日下午，中共中央军委领导人开会，到会的有彭湃、杨殷、颜昌颐、邢士贞、张际春。周恩来本来也要到会，但临时因故而未参加。会议刚开始不久，大批军警就包围了会场。特务们冲进来时，按手中拿着的名单捕人，“谁是伍豪?”“谁是彭湃?”“谁是杨殷?”在场的 5 个中央领导人都被戴上手铐，装进了囚车。

敌特机关如此准确地掌握中央军委开会的时间、地点，并拿着名单准确无误地捕人，肯定是内部出了叛徒。中央特科潜伏在敌特机关内部的地下党员杨登瀛很快查明叛徒就是白鑫。当晚周恩来亲自主持召开紧急会议，决定了两大紧急任务：一是千方百计营救彭湃、杨殷等同志；二是一定要找到白鑫的行踪，尽快制裁，以绝后患。

狡猾的叛徒白鑫自出卖彭湃等领导人后，知道自己必然要成为“红队”惩罚对象，因而像老鼠一样躲了起来，深居简出，不露踪迹，由国民党特务严密保护起来。同时他让国民党报纸刊登报道，说白鑫“年幼无知，误入共产歧途”“蒋主席爱护青年，下令释放，既往不咎，并于日前去往南京”，以此散布烟幕，遮人耳目，实际上他正准备乘船离沪，前往意大利“留学”，以逃脱惩罚。

在周恩来、陈赓的直接领导下，铲除白鑫的周密计划制定出来了。1929 年 11 月 11 日下午，陈赓亲自指挥 10 多名“红队”队员，在法租界范争波公馆门外化装潜伏。傍晚，一辆轿车停在公馆门口，公馆的主人、国民党大员、中统特务范争波带着 3 个保镖，出门为一位面色白净、衣冠楚楚的青年送行。只听范争波对那个青年说：“白鑫老弟这次为党国立下巨大功劳，使我们得以生擒共党首领彭湃、杨殷等人，蒋主席甚为欣慰……”那个被叫作白鑫的青年谦卑地点头哈腰，连连称是。

正当白鑫与众人告别，准备钻进小汽车时，突然，围观的人群中响起一声暗号，几个人拔出手枪就向范争波等人射击。保镖刚要拔枪还击，便被打死。那白鑫知道这次暗杀是冲着他来的，吓得拼命狂逃。红队队员们怒吼：“白鑫，哪里走！”从后面向白鑫连连开枪，将其当场击毙。

顾顺章的下场，则是死于他所叛变的中统特务之手。

顾顺章早年在南洋烟草公司当工头，曾参加青帮为小头目，因为他敢打敢杀，在工人中颇有影响。1924年加入中共，一度担任苏联顾问鲍罗廷的卫士。1927年，在上海工人武装起义时，被推举为工人武装纠察队总指挥。“四一二”反革命政变后，他协助周恩来领导中央特科“红队”，惩治了不少叛徒特务。叛徒白鑫就是他亲手处决的。在“八七”会议上，顾顺章当上了中央政治局候补委员。

顾顺章叛变之后，清楚知道南京潜伏有中共的卧底。因此被捕后他立即要求直接面见蒋介石，并告诫特务们不要事先向南京发报。但汉口方面按捺不住抓住大鱼的兴奋，还是将消息电告给了南京。在南京接收这封电报的，正是打入国民党中统内部的卧底钱壮飞。当顾顺章得知电报已发往南京时，跺足长叹道：“抓不住周恩来了！”

钱壮飞通过李克农抢先通知了特科，顾顺章掌握的情报价值大减。但由于顾顺章所处的地位与工作性质，他所知甚多，中共地下组织还是遭到了极大的破坏，先后被捕的有800多人，致使上海等地的地下党机构几乎完全被摧毁，多人被捕杀。

顾顺章被押解到南京的第二天，就向特务机关指认了恽代英（其时，恽代英正被关押于南京中央军人监狱，化名王作霖，身份尚未暴露）。结果，在恽代英经党组织多方营救，眼看即将出狱脱险之际，却被敌人杀害在南京雨花台。1931年6月，顾顺章亲自带人到香港，抓获了中央政治局常委蔡和森。蔡和森被捕后，被引渡到广州，惨遭杀害，年仅36岁。1933年，陈赓在上海治好腿伤即将返回苏区前夕，也在上海落入了顾顺章布下的罗网。只因陈赓早年对蒋介石有救命之恩，在宋庆龄等各界人士营救之下，蒋介石对其“特赦”，他才逃过一劫。

对于顾顺章的叛变，毛泽东亲自签发《通缉令——为通缉革命叛徒顾顺章事》，通缉令历数顾顺章的种种罪行，并称：

> 要严防国民党反革命的阴谋诡计，要一体缉拿顾顺章叛徒，在苏维埃区域，要遇到这一叛徒，应将他拿获交革命法庭审判；在白色恐怖区域，要遇到这一叛徒，每一革命战士，每一工农贫民分子有责任将他扑灭。缉拿和扑灭顾顺章叛徒，是每一个革命战士和工农群众自觉的光荣责任。

在中共历史上，由中央政府对一个叛徒特别发下这种“通缉令”，可谓极为罕见。可以看出，顾顺章造成多么大的危害，其行径恶劣到何等程度！

顾顺章投入国民党的怀抱后，摇摆于中统和军统之间，在两方面都邀功买好，因巴结军统的戴笠，不久便遭到中统的冷落。1933 年开始，顾顺章逐渐感到自己在国民党失去了利用价值，不甘寂寞的他竟然异想天开，与人密谋建立“新共产党”，被贴身保镖林金生告发。几个月后，顾顺章被拘押，1935 年 6 月被秘密处死于苏州监狱，据说死况甚惨。由于他在特务中名气很大，传说其不仅精通化装术、魔术，而且还会催眠，甚至“土遁术”。临刑前，特务给他穿了“琵琶骨”，以防其逃跑 。

王藻文，原为京绥铁路工人，大革命时期入党，1925 年 8 月任京绥铁路总工会委员长。1926 年任天津市总工会主席。1928 年 1 月任顺直省委书记，11 月被撤销职务。王藻文对此非常不满，开始从事破坏党的活动。1929 年 5 月 31 日，省委秘书长郭宗鉴奉命将其处决。王藻文受重伤，临死前他向赶来的敌人提供了省委组织的情况，敌人据此逮捕了彭真、武竞天、金城、郭宗鉴等人，顺直省委遭到破坏。

徐锡根，原上海厚生纱厂工人，参加了上海三次工人武装起义。1928年任江苏省委兼上海市委书记，上海工联委员长、党团书记，全总党团书记。1932年，因顾顺章叛变而被捕，后亦叛变加入中统特务组织。1934年任中统江西特务室主任，参与制造了在党史上著名的"政治上的皖南事变"，中共南方工委被破坏，包括八路军驻港办事处主任廖承志、南方工委副书记张文彬、宣传部长涂振农、组织部长郭潜等人先后被捕。其中郭潜被捕后叛变并带领特务捉拿其他同志。1947年秋，徐锡根在国民党溃逃时被"军统"抛弃，后在重庆被捕，受到审判。

陆沉，原名卢斌，字吉珊，后化名陆沉。湖北黄冈回龙山人，与林彪、李四光同乡。曾参与恽代英、林育南、李求实、林育英、萧楚女等人组织的利群书社。1921年冬入党，曾在安源和李立三、刘少奇一起开展工运，任安源团地委书记，1924年冬任安源路矿工人俱乐部主任。1927年参加八七会议，会后任鄂北特委书记。1928年调任江西省委书记。第五届中央候补委员。1929年后，陆沉参加了托派组织，1930年被开除党籍。后被国民党逮捕叛变，1935年投靠CC派，派赴青岛任中统胶东特派员。抗战时期任国民党鲁东行署主任。1940年因内讧被蓝衣社在鲁南杀死。

卢福坦（1890—1969），山东泰安人。早年是山东淄川县鲁大公司工人，1926年由王尽美介绍加入中国共产党，以后历任中共山东青岛市委书记、中共山东省委书记、河北省委书记、河南省委书记等职。1932年任上海总工会委员长，中华全国总工会党团书记，后兼组织部长。六届一中全会上，向忠发一跃上位，而卢福坦也因为是工人出身，进入政治局成为候补委员，在六届四中全会上被王明看中，成为政治局正式委员。1931年，卢福坦接替罗章龙担任总工会的负责人后，周恩来找他谈话，宣布他进入书记处工作，成为实际的常委之一。

1933年，卢福坦被捕后叛变，曾任国民党特务机关中统徐州特区行动股长、中统上海区情报股长等职。中华人民共和国成立后，被公安机关逮捕，长期关押。1969 年 11 月，由康生、谢富治签署命令，将其秘密处决。

黄平，曾经领导过省港大罢工、广州起义，担任过中共广东区委工人部长，并在张太雷牺牲后代理过广东省委书记，后又赴莫斯科担任中共驻共产国际代表。

1932 年 12 月，他被临时中央指定负责全国总工会工作，到北方视察工人运动，因叛徒出卖而被捕，在狱中变节投敌。1933 年 1 月写下《自首书》登在上海《晨报》上，内称“共产主义不适合中国国情”，宣布脱离共产党。所幸的是，黄平还有一点底线，虽然失节却没有走得更远。他供出了中共在上海、北平、天津的几处接头地址和人员，却没有供出他掌握的中共中央机关、共产国际代表地址和地下电台等核心机密。以致党在很长时间内，不相信他是真的叛变了，认为报上的“自首”是敌人的阴谋。新中国成立后，黄平向党和政府自首当年叛变经过。1981 年，病逝。

王克全（1906—1939），江苏徐州人。1924 年加入中国共产党。1925 年参加五卅运动，同年 9 月赴苏联入莫斯科东方大学学习。1927 年回到上海，参加上海工人第三次武装起义。1931 年 1 月 17 日任中共中央政治局候补委员、中共江苏省委常委、上海工会联合会党团书记。

1931 年 1 月 20 日因参与罗章龙分裂党的活动，被撤销职务，开除党籍。当年 6 月在香港被国民党特务逮捕，随即叛变。1932 年加入复兴社特务处。1937 年任重庆卫戍总司令部稽查处副处长。1939 年因军统局本部遭日军飞机轰炸，物资损失严重，受到戴笠的痛斥后自杀。

余茂怀（1902—1956），又名余飞，1920 年担任中国劳动组合书记部上海执行部干事，翌年加入中国共产党。五卅运动中，余茂怀组织和领导了工人罢工，北伐战争中，领导参加上海工人三次武装起义。余茂怀参加中国共产党第六次全国代表大会，当选为中央委员，在第五次全国劳动大会上被选为中华全国总工会执行委员。余茂怀还先后担任过中共上海闸北区委、江湾区委书记，中华全国总工会代理委员长、委员长等职。

顾顺章、向忠发相继叛变后，余茂怀潜回安庆，1932 年 10 月在安庆被捕而变节自首，并在南京《中央日报》上发表“余飞告共党同志书”，翌年在南京加入国民党。新中国成立后，于 1955 年 7 月被上海市公安局逮捕；翌年病故于上海监狱医院，终年 54 岁。

共产国际密电码

1934 年底，在莫斯科列宁国际学院学习的海参崴码头工会主席刘长胜奉命回国，共产国际决定派他回国执行一项非常重要又十分艰巨的“特殊任务”——携带国际密电码回国。

原来，由于没有大功率电台，中共临时中央 1933 年从上海迁入中央苏区后，共产国际与临时中央的一切联系，都是通过新成立的中共中央上海局的电台进行的。由于敌人破坏，上海局电台被破坏。红军在第五次反“围剿”失败后，在长征途中，共产国际同中共中央的电讯联系中断了。为此，共产国际曾经几次派人到中国去寻找中共中央，包括林育英、潘汉年等人，但由于种种原因，人是回来了，无线电通讯却一直未能恢复。所以共产国际决定再派刘长胜回国，要求他把共产国际的密电码直接送到中共中央，尽快恢复共产国际和中共中央之间的联系。

刘长胜把鞋底割开，把密电码塞进去，再密密缝好，一点不露破绽。然后，他穿上深色棉袍，束上腰带，打扮成中国北方一带商人的模样，于 1935 年 4 月启程回国。刘长胜穿过渺无人烟的蒙古大沙漠入境，辗转新疆、华北、山西等地。在历时一年多的时间中，刘长胜千方百计地打听党中央的所在地，千辛万苦地找到了瓦窑堡。到达瓦窑堡后，第一个接待刘长胜的是杨尚昆。刘长胜向杨尚昆谈了寻找党中央的经过，杨尚昆马上报告了周恩来，周恩来激动得久久地握着他的手，立即带他去见毛泽东。毛泽东非常高兴，表扬他为党的事业立下了大功。从此中共中央与共产国际又恢复了电讯联系。

到达延安后，刘长胜出任全国总工会西北执行局委员长、陕甘宁边区总工会主任。

中共中央职工运动委员会

1935 年 10 月，红军长征到达陕北，中国革命开始了新的一页。中国工人运动谱写了新的篇章。

陕北苏区的工会，是在中央红军到达陕北前不久才建立起来的。大革命失败后，中国共产党在陕北保存下来的革命力量也转入地下。他们在城镇组织“工人之友社”，在农村组织“农民之友社”等半公开的革命组织开展革命活动。

由于陕北和陕甘革命根据地地处中国西北黄土高原，封建小农经济占统治地位，工人队伍主要由雇农、店员、手工业者和苦力运输工人组成。因此，在陕北和陕甘革命根据地形成过程中，没有建立工会组织。直到 1935 年 3 月，陕北和陕甘两个革命根据地合并，中共陕北特委决定，建立了以特委委员高长久为委员长的陕甘晋省工会筹备委员会，并着手组织了雇农工会、手工业工会和苦力运输工会，同时建立了县、区、乡各级工会组织。至同年 10 月，已发展会员万余人。

1935 年 10 月，红军长征到达陕北不久，在吴起镇召开中共中央政治局会议。会议决定刘少奇继续领导工会工作，并决定撤销原全总苏区中央执行局，建立全总西北执行局，负责领导陕北苏区和附近国民党统治区的工人运动，同时继续保留全国总工会的名义。

11 月初，刘少奇在瓦窑堡召集原陕北苏区工会干部会议，正式建立全总西北执行局，选举产生组织、文教、社会福利、国家企业和女工等各部长，刘少奇任委员长。

同月，中华苏维埃共和国中央政府西北办事处建立。全总西北执行局召开联席会议，将原来的陕甘晋省工会筹委会改为陕北省总工会筹委会。会议还根据刘少奇代表党中央提出的建议，决定立即筹建黄河水手工会。会后不久，黄河水手工人代表大会在瓦窑堡召开，正式建立黄河水手工会，并按照地段建立了分会，会员500余人。1936年2月20日，陕北省总工会在瓦窑堡正式成立，高长久为委员长。

1936年春，刘少奇调任中共华北局书记，由刘长胜任全总西北执行局主任。

1937年7月7日，七七事变发生，抗日战争全面爆发。第二天，中国共产党发出了《为日军进攻卢沟桥通电》，指出“平津危急！华北危急！中华民族危急！”号召“全中国同胞、政府与军队，团结起来，筑成民族统一战线的坚固长城，抵抗日寇的侵略！”“驱逐日寇出中国！”

1937年9月，国民党中央通讯社发表了《中国共产党为公布国共合作宣言》和蒋介石的庐山谈话，承认了中国共产党的合法地位，实现了国共两党的第二次合作，抗日民族统一战线也以此为标志正式建立。

抗战的爆发和抗日民族统一战线的建立，使全国上下出现了一致抗日的局面。国民党在宣布对日作战的同时，也改变了对人民群众抗日救亡活动的高压政策。一批被监禁的抗日志士和工运领袖得以释放。国民党的这些变化，给抗战初期的工会运动在客观上提供了一定的有利条件。

1937年冬，日军进占磁县，当地党组织以六河沟煤矿工人和彭城等地的矿业工人为基础，组成两个游击支队，活动于漳河两岸的安阳、林县一带，配合八路军，对日军展开斗争。国民党政府的地方官吏已逃逸无踪。六河沟煤矿工会干部在当地民众的支持下，建立了华北敌后第一个县级的抗日民主政府——磁县抗日县政府。磁县机器业的工人也组织了500余人的游击队，并和日军进行了多次战斗。

平汉路北段的铁路工人，于1938年春组成了平汉铁路工人游击队。开始只有20余人，后迅速扩大到数百人。工人游击队自成立至1939年5月1日，在短短一年的时间内，对清风店到望都、方顺桥到保定之间的铁路线进行了数百次的破坏，使火车出轨30次，毁坏机车13辆，还配合晋察冀根据地八路军粉碎敌人多次的围攻。

根据中共中央职工委员会的不完全统计，到1940年，华北地区主要由产业工人组织的游击队共有26个，其中在200人以上的有9个。单是山东省的淄博矿区武装队，胶济、津浦、张博铁路工人支队及胶东工人营，便拥有5000人。以太原工人为主体组成的工人武装自卫队，后来发展成一个旅的建制，亦称工卫旅，人数达5000余名，成为山西新军的一支劲旅。

各抗日根据地，一般都建立在经济落后、人民生活极为贫困的地区，工业生产没有基础。以陕甘宁边区为例，战前，全边区一半以上的县份连手工纺织都没有，一切工业用品全靠外地运来。1935年，边区仅有一个拥有数十名工人的修理厂，算是唯一的“近代工业”。1938年，边区政府相继建立了几座规模很小的印刷、被服和修械厂，全部工人只有270人。国民党顽固派对边区实行经济封锁，意图瓦解八路军、新四军的总后方。面对这种形势，中共中央提出了“自己动手，自力更生，艰苦奋斗，克服困难”的口号。边区的机关、学校和部队，在中共中央的号召下，都开始从事农业或手工业生产。

1939年内，边区政府在大力发展农业生产的同时，使工业生产获得初步发展。这一年终，公营工厂的工人增加到700多人。1940年，边区党委和政府发出了“为争取工业品的半自给而奋斗”的号召，经过连续两年的努力，边区工业生产有了较大的发展。1943年，边区有公营工厂82家，职工有6300余人，和私营工厂及合作经营的工厂合计，共有工人1.2万余名。

1938 年 10 月，鉴于中华全国总工会实际上停止了活动，中共中央为了加强对工人运动的领导，决定筹备建立中共中央职工运动委员会。1939 年 4 月 19 日，中共中央职工运动委员会在延安正式成立，康生任主任，张浩任副主任。1940 年初，中央职工运动委员会改组，由邓发任主任，张浩仍任副主任。

中共中央职工运动委员会成立后，接办了原属抗大的职工大队，改名为延安工人学校，为开展工人运动和发展边区工业生产培养工人干部。1940 年 2 月，中央职工运动委员会又创办了《中国工人》月刊，毛泽东亲自撰写了发刊词。

发刊词指出：

工人阶级和全体人民的最后解放，只能在社会主义实现的时代，中国工人阶级必须为此最后目的而奋斗。但是必须经过反帝反封建的民主革命的阶段，才能进到社会主义的阶段。所以，团结自己和团结人民，反对帝国主义和封建主义，为建立新民主主义的新中国而奋斗，这就是中国工人阶级的当前的任务。《中国工人》的出版，就是为了这一个任务。

在《中国工人》的创刊号上还发表了张浩的《“二七”的意义与经验教训》，吴玉章的《中国工人阶级的特点及其在中国资产阶级旧民主革命中的作用》，林伯渠的《发挥边区工人的力量》，李颉伯的《反围攻斗争中的冀察晋边区工人》等重要文章。

大生产运动

抗战时期，根据地工人队伍的成分比较复杂，很多是来自农民和国民党统治区、沦陷区的工人，对民主政权下公营企业的劳动性质不明确。因此，有些工人劳动态度不端正，甚至有的怠工闹事。这些问题若不及时纠正和克服，将严重阻碍工人生产积极性和创造性的发挥。中共中央职工运动委员会的负责同志在深入工厂进行调查时，发现了赵占魁这个先进典型。

赵占魁是延安农具厂工人、共产党员，后担任翻砂股长。无论是当工人还是当干部，他始终保持着模范工人的本色，工作目的明确，态度端正。在刚进农具厂时，主动要求当最脏最累的炉前看火工，几年如一日，以厂为家，吃苦耐劳，从不计较个人得失。他善于改进和创造新工艺，使产品数量和质量大幅度提高。而且，他团结同志，乐于助人，自动献物，支援前线，是非分明，坚持原则，敢于同不良现象作斗争，维护革命利益。中职委认为，赵占魁是有觉悟的工人的典型，他的模范事迹和典型经验是教育工人的好材料，有普遍推广的意义。因此，中职委决定树立赵占魁为全边区工人学习的榜样，并进而开展一个以改造劳动态度、提高劳动效率和产品质量为目的的群众性运动。

从 1942 年下半年开始，在中职委、陕甘宁边区总工会的发动和领导下，陕甘宁边区及各抗日根据地的公营工厂中，普遍开展了“赵占魁运动”。1942 年 9 月 11 日，《解放日报》发表了题为《向模范工人赵占魁学习》的社论，介绍了赵占魁的模范事迹，号召全体工人向赵占魁学习。10 月，边区总工会发出《关于开展赵占魁运动的通知》，要求工人立即行动起来，学习赵占魁，“以掀起一个广泛的运动”，并确定了开展这一运动的目的、方针和方法。12 月，毛泽东在边区高干会议上进一步号召“改进职工会工作，发展赵占魁运动于各工厂”。从此，赵占魁运动在陕甘宁边区各公营工厂中普遍开展起来。

1943 年 5 月 1 日，中共中央作出了《关于目前各抗日根据地职工运动的决定》，把普遍开展赵占魁运动作为根据地职工运动的基本任务之一。这样，各抗日根据地普遍开展了赵占魁运动，并且各自树立起赵占魁式的英雄模范，作为工人学习的榜样。如晋冀鲁豫边区开展了甄荣典运动，晋绥边区开展了张秋风运动等。赵占魁运动形成了蓬勃的大规模的群众性的运动。

赵占魁运动普遍而深入地开展，使工人的思想觉悟、劳动态度和工厂的生产面貌都产生了深刻的变化，取得了可喜的成果。工人提高了政治觉悟，改变了劳动态度，以主人翁的责任感从事生产，把自己的工作同保卫边区、支援抗战联系起来，提高了生产效率，节约了原材料，降低了成本。工人加强了团结，改善了生活待遇。通过开展赵占魁运动，各厂党政工的工作进一步协调，领导部门的工作作风得到了改进，密切了同群众的关系，加强了调查研究，提高了工作效率和管理水平。尤其是工会工作，进一步明确了方针、任务，加强了组织、思想建设，发挥了应有的作用。

1943 年 11 月 26 日，陕甘宁边区第一次劳动英雄和模范生产者代表大会与边区生产展览会同时揭幕。参加大会的有来自农村、工厂、学校、机关和部队的劳动英雄和模范工作者共 185 人，还有列席的干部与群众千人以上。29 日，毛泽东、朱德、刘少奇、周恩来等中共中央领导人在延安中央大礼堂接见了 200 多名劳动英雄。毛泽东作了题为《组织起来》的重要讲话。大会于 12 月 16 日闭幕，历时 20 天。大会总结了 1943 年大生产运动的成绩，表彰了劳动英雄和模范工作者。大会发表了宣言，号召全边区的农民、工人、战士、学生、机关工作者“更加努力，大家组织起来，保卫边区，做到家家户户丰衣足食，来迎接抗战的胜利”。

1944 年，抗日战争进入大反攻阶段。侵略中国的日本军队处境已经十分困难，但仍在做着最后的垂死挣扎。当日军向国民党战场进攻时，八路军和新四军从华北到华南的敌后根据地全面出击，先后进行大小两万多次战斗，毙伤俘敌 28 万余人，收复国土 8 万多平方公里，解放同胞 1200 多万人，割断了沦陷区城市的交通要道。

1944 年 4 月 12 日，毛泽东在《学习和时局》的报告中告诫大家：

“我们要在根据地内学习好如何管理大城市的工商业和交通机关，否则到了那时将无所措手足。准备大城市和交通要道的武装起义，并且学习管理工商业，这是第二个必要的思想准备和物质准备。没有这种准备，我们也就不能把日寇赶出去，也就不能解放全中国。”

1944 年 5 月 1 日，陕甘宁边区职工代表大会在延安召开，有 39 个工厂、6 个纺织合作社的职工代表 203 人出席。会议总结了近几年边区工业建设的成绩和经验，确定了为达到边区工业品全面自给和提高产品质量的工业建设任务与方向。会议讨论了关于公私兼顾、先公后私的原则，关于科学技术与工人群众的创造性相结合、领导与群众相结合的方针，关于革命工人品质与生产技术的统一是赵占魁运动的新内容等问题。会议奖励了大批劳动英雄，最后补选了陕甘宁边区总工会的执行委员，发表了大会宣言，号召全体职工发挥主动性和创造性，争取在两年内达到工业品完全自给，改善产品质量，以此来迎接抗战的最后胜利。

6 月间，根据地各工厂开展了以改进质量、提高产量为主要内容的生产竞赛。在这场大规模的生产竞赛中，涌现了大批的劳动英雄和劳动模范。

11 月 21 日，太行区举行第一届劳动英雄大会，参加大会的有从农村、工厂、机关、部队选出来的劳动英雄 206 人。太行区党政军首长出席大会并作了重要讲话。大会总结了大生产运动的成绩，交流了经验，表彰了劳动英雄。大会还发表了宣言，号召全区劳动英雄和全体人民继续开展大生产运动，并且把劳动生产与对敌斗争更好地结合起来，准备反攻力量和建设新社会的基础。

12 月 7 日，晋绥边区第四届群英会开幕，张秋风等 751 人参加了大会。会议讨论了毛泽东的讲话——《1945 年的任务》，代表们表示要坚决完成“对敌斗争，准备反攻，生产建设，学习练兵”等任务；会议还通过了要求成立民主联合政府、联合统帅部的呼吁书。

12 月 12 日，晋察冀边区举行第三届群英大会，出席大会的劳动英雄有 389 人。大会动员全区军民实现 1945 年的生产与战斗任务，争取全边区工业品自给，并通电全国，呼吁实现民主政治，建立民主联合政府。

12 月 22 日，陕甘宁边区劳动英雄与模范工作者大会召开，参加会议的劳动英雄有 476 位。毛泽东到会作了《必须学会做经济工作》的讲话，要求两三年内各解放区与边区做到粮食与工业品全部或大部自给。他高度评价了英雄模范的“带头作用”“骨干作用”和“桥梁作用”，并且告诫英雄模范切记不可以骄傲。大会决定，继续更普遍地开展劳动模范运动。

各根据地工会开展的生产竞赛运动，为抗战的最后胜利提供了较为充分的物质保证。与此同时，各根据地工会之间的联系开始加强，为统一解放区的工会运动创造了条件。1945 年 2 月 1 日，中共中央发出《关于成立中国解放区职工联合会的指示》，要求各地党组织和职工团体为此做好各项准备工作。2 月 7 日，《解放日报》为纪念二七斗争 22 周年，发表题为《为独立与民主而战，准备成立中国解放区职工联合会》的社论。社论指出，中国职工在全国总工会被国民党解散之后，至今仍无全国统一的组织。为了促进这个组织的重新建立，各解放区的职工会应该首先联合起来，成立中国解放区职工联合会，以便加强各解放区工人运动的发展，促进全国工人运动的统一和团结，共同反对国民党一党专政，建立民主联合政府，更有效地支援前线，争取早日实现抗日战争和世界反法西斯战争的最后胜利。

1945 年 2 月 10 日，陕甘宁边区总工会作出了发起成立中国解放区职工联合会的决定，并致电各解放区职工会，邀请代表到延安，商讨筹备联合会成立的事宜。不久，晋察冀、晋绥、晋冀豫边区和山东省总工会都先后复电，表示完全拥护陕甘宁边区总工会关于发起成立中国解放区职工联合会的决定，并派代表赴延安参加筹备工作。

5月22日，中国解放区职工联合会筹备会在延安成立，由邓发任筹备会主任。

1946年6月，国民党当局撕毁了停战协议和政协协议，对共产党领导的解放区实行包围进攻和全面内战，解放区军民被迫奋起自卫。各解放区工会都紧急行动起来，动员工人群众响应党的号召，“积极生产，武装自卫，巩固后方，支援前线”。陕甘宁边区总工会向工人提出了“发展生产，保卫边区”的战斗任务。军需工厂的工人在转移后，仍坚持生产，在“后方多流一滴汗，前方少流一滴血”的口号下，以极大的干劲，突击生产，保证军需物资及时送往前线。在山东解放区，广大工人在“一切为了前线胜利”的口号下，努力生产，增加产量。为了争时间，抢速度，工人忘我劳动，放弃公休日，进行突击竞赛。胶东、烟台、威海卫、淄博等地的工人，普遍组织起工人纠察队，坚持“一手拿枪，一手拿锤”，夜以继日地战斗在生产第一线，起到了骨干带头作用，为自卫战争作出了贡献。

1947年2月1日，毛泽东根据中共中央政治局会议的精神，起草了《迎接中国革命的新高潮》的党内指示，指出国内形势已经发展到了全国范围和新的人民大革命高潮的前夜，提出了迎接中国革命的新高潮，彻底粉碎蒋介石的军事进攻，实现人民解放军的大反攻，把解放战争进行到底的各项方针政策。

各解放区工会根据中共中央提出的迎接中国革命新高潮的战略方针，动员和组织广大工人群众，开展了轰轰烈烈的“增产立功运动”。

1947年2月，晋冀鲁豫边区职工总会向全区职工发出号召，开展一个全面改造、全面提高的大生产运动，并且提出具体要求：第一，贯彻“劳资合作、公私两利”的方针，对生产工作、群众工作和领导工作进行全面改造，做到“数量多、质量好、成本低、原料足、销路广”，以发展生产，支援前线；第二，企业和职工都要制订出提高自己、提高生产的计划，深入开展新英雄主义的竞赛，争当劳动英雄，争创模范工厂，为人民建立更大更多的功劳；第三，贯彻群众路线，关心群众生活，使职工集中精力努力生产；第四，教育与团结职工，提高积极性与责任心，并组织群众性的检查总结及技术研究，培养工人干部。此后，一场以改进企业管理和经营方式、实现产品质量和产量全面提高为内容的增产立功运动，在晋冀鲁豫边区广泛开展起来。

增产立功运动在兵工企业中开展得尤为出色。1947 年春，晋冀鲁豫边区军工处决定，在推行军工厂管理制度和经营方式全面改造的同时，参加边区总工会发起的以“数量多、质量好、成本低、原料足、销路广”为内容的生产竞赛运动。各工厂之间相互挑战、应战，展开了你追我赶、互帮互助的竞赛活动。每个工厂内部都按照记功、评功、表功的具体办法展开立功活动。工厂中从厂长到工人每人都有立功计划，并按照竞赛条件定期评比。

1947 年 8 月 1 日，晋冀鲁豫军区司令员刘伯承在视察太行军事工厂时，赠送了由他亲笔题写的“提高兵工质量，增大歼灭战的实效”的锦旗，给军工企业工人以巨大鼓舞。此后，在军工处领导之下，增产立功运动被更名为“刘伯承工厂”运动，全区军工企业广泛掀起了争创“刘伯承工厂”的生产竞赛热潮。

增产立功运动是抗日战争时期根据地工人开展的赵占魁运动在解放战争时期的继续和发展，是在中共中央领导下，解放区工会发动和组织工人，参加对企业管理进行全面改造和提高，使生产得到全面发展的群众运动。通过增产立功运动的广泛开展，充分调动了广大工人群众的劳动积极性，激发了他们的政治热情，极大地改进了解放区的企业管理，也使工业生产，特别是军工生产得到迅速发展，为解放区由战略防御到战略进攻做好了物质准备，同时也为工会组织领导工人群众开展生产运动创造和积累了丰富的经验。

机动灵活的工运方针

延安和陕甘宁边区，从1935年到1948年，曾经是中共中央的所在地，曾经是中国人民解放斗争的总后方。党中央在延安领导全国人民取得了抗日战争和解放战争的胜利。在延安生活和战斗的13年里，各群众团体积极地响应党中央号召，发动群众、动员抗战，为中国革命取得胜利发挥了重大作用。特别是延安时期的中共中央职工运动委员会和陕甘宁边区总工会，在中共中央和毛泽东等中央集体领导下，巩固和扩大抗日根据地、动员组织职工积极参加生产劳动、发展边区工业经济，支援前线，培养专业技能人才和工运干部，有力地推动了全国工人解放运动的蓬勃发展，为全国及陕甘宁边区的政治、经济、文化、军事建设作出了巨大贡献，在党的工人运动史上，书写了辉煌而精彩的篇章。

1935年长征途中的遵义会议，确立了毛泽东的领导地位。同年12月的瓦窑堡会议，确立了建立抗日民族统一战线的总策略，实现了党的政治路线的重大转变，也清算了工人运动中的“左”倾错误，使白区工会工作有了正确的方向。

1936年11月，在中共领导的工会组织的主导下，上海全市30家日本纱厂4万余工人举行罢工，经过近20天的抗争、相持，迫使日本资本家部分地接受了罢工条件。几乎与此同时，青岛9家日本纱厂2.4万余工人在工会领导下举行反日大罢工，并取得了胜利。

上海、青岛日本纱厂两次罢工的胜利，是在中共抗日民族统一战线方针指引下取得的，也是运用新的工人运动方针策略的胜利。它是白区工人经济斗争与抗日救亡运动相结合的胜利，成为抗日战争准备阶段的重大事件之一，被毛泽东称为中国革命新时期的第一阶段的标志。

1937年7月7日，日本侵略者发动七七事变，全国性的抗日战争正式爆发。第二天，中共中央就顺应全国人民的强烈抗日要求，发出通电，号召“全民族实行抗战”。在中国共产党和全国人民的推动下，促成了国共两党的第二次合作，以两党合作为基础的抗日民族统一战线方始形成。中国工运也有了明确的方向。

中国共产党主张实行全面抗战，提出了一条广泛发动群众、武装群众、依靠群众对日作战，实行人民战争的全面抗战路线。在这条路线的指导下，中国共产党制定出了工会运动、工人斗争的方针、策略。由此，中国工人运动从大革命失败后的步履蹒跚中迎来了新的转机。

抗日战争形势的发展，使党和工会的工作面临复杂的局面。工会工作要面对三种地区的不同情况：抗日根据地、国统区和沦陷区。在沦陷区，华北、华东、华南沿海沿江和沿铁路线的大中城市和工业集中的地区几乎都落入了敌寇之手，全国70%的近代工业，近200万产业工人都成为敌人掌中之物。日军及伪政权制定了许多统治劳工的法规，还用武力成立伪工会，使其成为控制工人群众为其侵略服务的爪牙。在国统区，国民党集团妥协动摇、消极抗日、积极反共反人民的态度始终未有真正的转变，蒋介石政权制定了“溶共”“防共”“限共”的方针，不断制造反共摩擦事件，捕杀共产党员和抗日人士，加强了对国统区工人运动的高压政策，把不受它直接管辖的工人组织一律取消。许多工运干部和抗日积极分子被捕被杀。

中国共产党对三种不同地区的党的工作包括工人运动都作出了明确指示。1938年2月，刘少奇发表了《工会工作大纲》，根据中共中央全面抗战的指导路线，阐述了工人阶级在抗战中的地位和作用，全面论述了在国统区、抗日根据地和沦陷区这三种不同地区发展工会组织的形式和工作任务等问题。国统区工运工作方针，即在有理、有利、有节的原则下，利用国民党一切可以利用的法律、命令和社会习惯所许可的活动机会，稳扎稳打地进行斗争和积蓄力量。对沦陷区的工人运动明确地提出了“十六字方针”，即“隐蔽精干，长期埋伏，积蓄力量，以待时机”。

在正确方针的指导下，沦陷区和国统区工人运动转向深入，在极其不利的环境下，仍然得到了发展。

1938 年，汪精卫公开投敌，国统区各大城市的工人群众立即掀起大规模集会示威，声讨汉奸和亲日分子。香港汪派三家报馆的印刷厂工人罢工抗议，陕甘宁边区总工会随即发动群众声援、募捐，有力地支援了香港工人的爱国行动。进入抗日战争相持阶段，蒋介石政权消极抗战，积极反共反人民，工人群众根本没有自由民主权利，生活也苦不堪言。工人群众开展了争取生存权、要求增加工资改善生活待遇的斗争。抗战后期国民党统治日益腐败，工人和广大民众的政治权利被剥夺，人身安全毫无保障，蒋、宋、孔、陈四大家族大肆搜刮民脂民膏，聚敛财富。经济出现严重危机，物价飞涨，工人大批失业。广大工人要求保障工作、维持最低生活和反对特务迫害的斗争日益发展。在中共南方局主要负责人周恩来、王若飞的领导下，在陪都重庆持续10余日、累计有20 多万工人和各界群众参加的反对特务迫害、争取人民民主的胡世合运动就是影响最大的一次。

沦陷区的工人运动，从抗战初期轰轰烈烈的工作方式，转变为隐蔽深入和埋头苦干的方式，有效地保存了工人阶级的力量。在日寇铁蹄下的沦陷区，侵略者扶持傀儡政权，建立和发展汉奸组织，对广大民众实行空前野蛮残酷的法西斯统治和压榨、掠夺，工人的生存和斗争都遇到了很大困难。共产党和工会虽然不可能合法存在，也不能公开开展工作，但沦陷区的工人运动仍然正确贯彻执行了党的工运方针，采取了更加灵活的斗争方式。通过各种方式和渠道把广大职工群众团结和组织起来，开展抗日活动和经济斗争。虽然极其艰难，但是沦陷区工人运动仍然开展得卓有成效，从经济上和政治上都给了敌人沉重的打击，牵制了敌人的力量。抗战后期，工人阶级在地下党的领导下，普遍开展了张贴标语、散发传单、侦察敌情、瓦解敌伪军警、保护工厂等迎接解放的斗争。

在根据地，工人运动进入良性发展阶段，开展得如火如荼。党中央对根据地的工人运动非常重视，对工会建设和工作发出了一系列指示，规定了根据地工会工作的方向和任务：动员工人参战，争取抗战胜利；积极参加根据地一切建设，使工人成为统一战线的模范，成为团结根据地人民的中心；组织城市及乡村工人到工会来，使工会成为有广大工人群众基础和有广泛民主的团体；以马列主义教育工人。

1938 年 4 月 20 日，毛泽东接见出席陕甘宁边区第一次工人代表大会的全体代表并讲话，题目是“结团体，打日本”。他说工人首先要团结起来，要把全国各省各业的几千几百万无产阶级都组织起来，结成工人的团体，还要结成农民的团体，商人的团体，文化人的团体，全国各种行业的人的团体。不仅要结成全国的大团体，而且要结成全世界的大团体。中国要打胜日本帝国主义，工人阶级在抗战中有重大作用，所以无产阶级要好好团结起来，只有团结，才可以打倒日本帝国主义。

根据地的工会组织是随着根据地的建立而建立、发展而发展的。在党的领导下工作，得到政府的大力支持，各根据地都有完善的工会组织机构。到 1945 年初，全国根据地工会会员已发展到了 92 万人之众。抗战爆发后，根据地的工人运动在党中央和中职委领导下，工人群众不仅踊跃参加八路军，参加反扫荡战斗，还普遍组织民兵、工人自卫军和工人游击队。工人们一手拿枪一手拿锤，边生产边战斗，成为一支有生力量。

工会在根据地不仅整顿发展工会组织，组织工人发展生产，还在提高工人政治待遇、改善工人生活方面做了大量工作。结合减租减息、合理负担和民主建政的群众活动，工会普遍发动工人群众开展削弱封建势力，减轻雇主对工人的剥削压迫，提高工人的政治地位和改善工人生活的斗争。比如选举工人参议员，参加抗日民主政权，执行根据地的劳动政策，适当提高工人工资，组织失业工人兴办手工业生产合作社，组织工人学文化、学政治，开展娱乐活动。这些实实在在的工作使根据地的工人群众感受到了一种新气息，体验了一种新生活，有了奋起向上的积极性，有了抗战必胜的信心。

经过长期革命斗争，中国共产党已经日渐成熟，在日本帝国主义的侵略面前，运用正确的方针政策和策略，使革命队伍发展壮大起来。而在党的正确指导下，中国工人运动也走向成熟。无论是国统区、沦陷区还是抗日革命根据地，中国工人运动都找到了正确的方向，有了长足的进步。

1945 年 4 月 23 日至 6 月 11 日，在延安召开了中国共产党第七次全国代表大会。大会制定了“放手发动群众，壮大人民力量，在我党的领导下，打败日本侵略者，解放全国人民，建立一个新民主主义的中国”的政治路线。中共七大还指出，在最后打败日本侵略者的斗争中，特别是在收复大城市和交通要道的斗争中，中国工人阶级将起重大作用。并根据不同地区的特点，规定了中国工人运动的具体策略和任务。在党的领导下，在抗日战争的最后阶段，中国工人抖擞起了全部精神，准备迎接一个新世界。

1945 年 8 月 29 日，重庆一群女工给毛泽东写信，信中说，好多年来我们一直过的不是人过的日子，老是被别人当牛马看待，一点起码的自由也没有。我们听到您来到重庆的消息以后，高兴得不晓得怎么办才好。我们欢迎您来，我们拥护您提出的主张，这是我们多年来的希望。

1945 年 2 月 1 日，中共中央发出《关于成立中国解放区职工联合会的指示》。1945 年 5 月 22 日，中国解放区职工联合会筹委会在延安成立，推举邓发为主任，崔田夫为副主任，李颉伯为秘书长，并决定于同年11月在延安召开解放区职工代表大会，正式成立解放区职工联合会。孰料抗战胜利来得极为迅速，政治、军事形势急剧变化，以至于这个大会都来不及召开，日本侵略者就投降了。这个计划中的大会最终变成了第六次全国劳动大会，恢复和重建了中华全国总工会。

新中国成立前，中华全国总工会恢复成立

第六次全国劳动大会召开，中华全国总工会实现了恢复和重建。这标志着自从1927年大革命失败，工会运动遭到国民党的摧残破坏以后，重新实现了全国工人阶级的大团结和全国工人运动在组织上的统一。工会运动创造和积累的丰富经验，为新中国成立后工会工作的开展奠定了坚实的基础。

1949年1月北平和平解放，全总根据中共中央的指示，于3月1日在北平府前街1号正式办公。全国总工会迁到北平后，开始加强对全国工会运动的指导。

筹备六次劳大

世事悠悠，转眼到了1948年，从红军长征到延安算起，时光的年轮又过去了13年。

这一年，故事场景转移到了哈尔滨。第六次全国劳动大会正在这里筹备召开。

1948年8月1日至22日，在哈尔滨召开的第六次全国劳动大会，标志着长期处于分割状态的中国工人运动，在中国共产党的领导下重新实现了团结统一。中国工人运动从此迈入新的历史阶段。

哈尔滨是一座有着光荣工运传统的城市，由于地理的原因，这里较早受到俄国影响，十月革命之后，更是成为接受和传播马克思列宁主

义的近水楼台。

20世纪初，为了修建中东铁路，沙俄在哈尔滨建立中东铁路哈尔滨总工厂，招募中俄工人两千余人，其中中国工人占三分之二，形成了哈尔滨最早的产业工人队伍。俄国工人中有一些布尔什维克成员，他们向中国工人介绍、宣传俄国国内斗争和工人运动情况，促进了他们的觉醒和成长。

随着中东铁路全线建成通车，列宁领导的共产国际派干部到哈尔滨宣传马列主义和无产阶级思想，哈尔滨工人成为全国最早接触马列主义和革命思想启蒙与洗礼的队伍。马列主义在哈尔滨地区的传播，提高了中国工人的阶级意识。

1907年5月14日（俄历5月1日），哈尔滨铁路总工厂中俄工人在太阳岛集会，纪念五一国际劳动节，这是中国工人阶级第一次纪念这个光辉节日。

十月革命胜利后，共产国际派人到中国帮助建党和宣传马列主义，主要是通过中东铁路经过哈尔滨到关内。中国共产党成立后，很多党的重要干部也是从这里出发，通过红色秘密交通线赶往莫斯科去开会、上学、汇报工作。共产国际的指示、援助也通过这条“红色脐带”传送到国内。中共六大在莫斯科召开时，前去参加会议的代表都是从这里通过的。1928年5月至6月期间，通过中东铁路，最后从满洲里越境去苏联的中共六大代表有：瞿秋白、周恩来、李立三、邓颖超、蔡和森、蔡畅、张国焘、项英等数十人。

因此，当筹备六次劳大的许多干部来到这里，都有一种熟悉的亲切感。

他们不会忘记，1919年4月，周恩来以协助好友邓洁民办学的名义悄悄住进了道外区北十九道街的“于家大院”，开始了党在哈尔滨的地下联络工作。

他们不会忘记，1920年，瞿秋白在哈尔滨调查工人运动，在这里

“闻到了共产党的空气”。

他们不会忘记，1929 年 6 月，受中共中央派遣，刘少奇抱病北上，担任满洲省委书记，8 个多月时间里，两次来到哈尔滨指导中东铁路工人斗争。

他们不会忘记，1929 年 8 月，陈潭秋以中共中央巡视员身份到东北巡视工作，在哈尔滨领导工人运动，在这里被捕，在狱中坚持两年斗争方始获释。

他们不会忘记，九一八事变后，中华全国总工会代理委员长兼党团书记罗登贤临危受命，被派往东北任中共中央驻东北代表，满洲省委书记，领导发动奉天兵工厂、抚顺煤矿和中东铁路工人举行罢工，发动哈尔滨工业大学等院校学生罢课，发动珠河、东满地区农民武装起来打击日本侵略者。

他们不会忘记，1929 年，中共满洲省委职工运动委员会书记郭隆真到哈尔滨指导工人运动，她在“三十六棚”工厂门口摆起一台缝纫机，给工人缝补衣服，借机与工人接触交流，开展宣传工作。

他们不会忘记，1933 年，哈尔滨总工会代理书记赵一曼，在这里领导哈尔滨电车工人进行反日罢工斗争。这次罢工极大地鼓舞了哈尔滨人民反满抗日斗争的勇气，使工人更加团结。党的机关刊物《斗争》曾经连出三期介绍了哈尔滨电车工人的斗争情况。

赵一曼（1905—1936），原名李坤泰，四川省宜宾县人。曾就读于莫斯科中山大学，毕业于黄埔军校六期。1926 年加入中国共产党。1931 年九一八事变后，奉调到东北领导工人斗争。1932 年任满洲总工会秘书，组织部长。1933 年，任哈尔滨总工会代理书记。领导了哈尔滨电车工人反日罢工斗争。1934 年春，赵一曼任中共珠河中心县委委员、铁北区区委书记，兼任东北人民革命军第三军第二团政治委员，率部活动于哈尔滨以东地区，给日伪以沉重的打击。

赵一曼在一次战斗中受伤被俘，面对日本鬼子宁死不屈。1936 年 8

月2日，牺牲于珠河县（今黑龙江省尚志市）小北门外，年仅31岁。

赵一曼生前曾作有《滨江述怀》：

未惜头颅新故国，甘将热血沃中华。
白山黑水除敌寇，笑看旌旗红似花。

赵一曼就义之时，留下了对儿子的期盼："母亲对于你没有能尽到教育的责任，实在是遗憾的事情。母亲因为坚决地作了反满抗日的斗争，今天已经到了牺牲的前夕了。希望你，宁儿啊！赶快成人，来安慰你地下的母亲！在你长大成人之后，希望不要忘记你的母亲是为国而牺牲的！"

从延安到哈尔滨，13年间，斗转星移，人事代谢，发生了许多变化。

陈独秀去世了。1942年5月27日病逝于四川江津。生前贫病交加却依然生性高傲的他拒绝了亲朋好友的资助，也拒绝了重返共产党内的建议。当有人劝他加入国民党或另组新党时，他愤怒地说，蒋介石杀了我两个儿子，我和他不共戴天。穷困交加中，陈独秀曾赋诗一首，以表心迹。

暮色薄大地，憔悴苦斯民。
豺狼聘效邑，兼之惩尘频。
悠悠道路上，白发污红尘。
沧溟何辽阔，龙性岂易驯。

陈潭秋牺牲了，1943年死于新疆军阀盛世才之手。1945年4月，中国共产党召开第七次全国代表大会，大会选举陈潭秋为中央委员。可是代表们还不知道，陈潭秋早在1943年9月就被国民党反动派秘密杀害了。这名特殊的七大中央委员虽无缘见证中共七大召开的盛况，但他用自己的生命，给什么是共产党员作了最生动的诠释。

1942 年 3 月 6 日，林育英在延安中央医院逝世。

林育英（1897—1942），化名张浩。1922 年加入中国共产党，是中国共产党早期领导人之一。与其堂弟林育南和林彪（林育蓉）并称为“林氏三兄弟”。

1924 年 5 月，林育英前往莫斯科东方大学学习，翌年 7 月回国，不久即参与领导了上海的工人运动。上海总工会举行万人集会，林育英头部被敌人刺刀戳中，留下严重的后遗症。大革命失败后，1930 年 4 月林育英去东北筹组满洲省委，任省委书记，由于叛徒告密被日军逮捕，1932 年 1 月经营救出狱，但身体已遭受严重伤害。

1933 年 1 月林育英奉命赴莫斯科，任全国总工会驻赤色职工国际代表和中共中央驻共产国际代表。1935 年 7 月，为了向正在长征途中的中共中央传达共产国际七大会议精神，林育英化名张浩，扮成商人由外蒙入境，带着密电码，牵着骆驼，跋山涉水，终于来到中共中央所在地陕北瓦窑堡，找到了与共产国际长期失去电讯联系的中共中央。

在 1935 年 12 月瓦窑堡召开的政治局扩大会议上，林育英向大会传达了共产国际七大的精神和《八一宣言》的内容，为之后的中共抗日民族统一战线的策略奠定了思想基础。

1935 年 12 月底，中央决定由林育英以共产国际代表的身份，说服另立“中央”的张国焘率红四方面军北上。林育英接受了任务，并致电张国焘，说明共产国际“派我来解决一、四方面军的问题”，“我已带有密码与国际通电，兄如有电交国际，弟可代转”。1936 年 6 月 6 日，张国焘被迫宣布取消第二“中央”。

1942 年 3 月 6 日，林育英积劳成疾，旧伤复发，在延安中央医院逝世。中央成立了林育英治丧委员会，由李富春、林彪、邓发等人组成。3 月 9 日上午 9 时，公祭仪式在延安中央党校门前的广场上举行。

中共中央书记处书记任弼时主祭，李克农念祭文。毛泽东、朱德、任弼时、杨尚昆、徐特立等中央领导人亲自将棺材抬到桃花岭上安葬。

1941 年 1 月，项英牺牲。

大革命失败后，项英被派到上海从事党的秘密工作。1928 年 2 月，任中共江苏省委书记、中华全国总工会副委员长。1929 年，任中共中央职工运动委员会书记、中华全国总工会委员长。1931 年后，任苏区中央局代理书记、中华苏维埃共和国临时中央政府副主席等职。抗日战争时期，项英任中共中央东南局书记、新四军副军长兼政委。1941 年 1 月，率领新四军北上，国民党反动派发动皖南事变，在转移途中被叛徒杀害。

美国记者埃德加·斯诺评价道："项英是从坟墓里爬出来的铁人。"

1942 年，史文彬在博兴县病故。

史文彬在二七斗争中被捕，冯玉祥发动北京政变后，党组织利用有利时机将他营救出狱。出狱后，他被选为京汉铁路总工会副委员长、全国铁路总工会执行委员。大革命失败后，随中共中央赴上海，以卖毡帽为掩护，做中共中央至苏区的地下交通。1929 年 11 月出席第五次全国劳动大会，被选为中华全国总工会执行委员。1931 年 1 月在党的六届四中全会上，因跟着罗章龙反对王明被开除党籍（在长辛店，他是邓中夏、罗章龙发展的党员）。1933 年回到故乡青城，改名史志清，以修理钟表为生。1941 年，中国共产党领导的抗日武装在青城一带活动，史文彬找到了党组织。经中央批准，将他接到清河区抗日根据地疗养。次年冬天，因病情恶化，这位风云一时的铁路工运领袖去世，时年 55 岁。

1938 年，张国焘走了，离开了他参与创建的党。

长征途中，中央红军与红四方面军分裂，张国焘另立"中央"，宣布开除毛泽东、周恩来、博古、洛甫的党籍。中央红军到达陕北后，建立并巩固了陕甘宁根据地。南下期间损兵折将的张国焘被迫取消其

"第二中央"，进入陕甘宁边区，任边区政府副主席。1938 年 4 月 4 日，国共双方共同祭拜黄帝陵的时候，张国焘投奔国民党。周恩来多次劝说未果，4 月 18 日，中共中央开除其党籍。十年后时移势易，国民党败走台湾，当时他正跟着国民党转进台湾。蒋介石并不想带他走，毛人凤还"勉励"他"与党国共存亡"。一年后，他隐居香港，后来去了加拿大。

1946 年初，李立三回来了。

1930 年夏，李立三受共产国际"左"倾错误理论影响，错误估计革命形势，对于中国革命形势、性质和任务等问题提出一整套"左"倾错误主张。这种"左"倾冒险主义错误被称为"立三路线"，曾使革命事业遭到重大损失。

中共六届三中全会纠正"立三路线"的错误。1930 年底，李立三到莫斯科向共产国际汇报，接受远东局和共产国际的批判，并作自我检查。1932—1935 年，任中共中央驻共产国际代表兼中华全国总工会驻赤色职工国际代表。1938 年 2 月 23 日，因"日特嫌疑"被苏联内务部逮捕。1939 年 11 月 4 日无罪释放。在苏联，他始终心系国内革命斗争。全国抗日战争爆发后，他多次要求回国"到抗日斗争第一线去"，均遭苏联内务部拒绝。1945 年，在党的七大上，他再次当选中央委员，苏联方面也最终批准了他回国。1946 年，他怀着急切的心情回到国内，任军调部东北 3 人组成员、首席代表，化名李敏然，同国民党郑洞国、廖耀湘谈判。美国情报机关在报纸上说，中共谈判代表就是当年赫赫有名的李立三。

去国十六年，星移物转。当年他黯然离开时，中国工会处于风雨飘摇的生死关头，如今他归来之时，中国工会走过风雨，重新发展壮大。李立三此时还有一项重要工作，就是筹备召开第六次全国劳动大会。

恢复成立中华全国总工会

1948 年中国革命进入一个历史转折点，解放战争在全国的胜利已指日可待。革命形势的迅猛发展，给工人运动提出了新的要求和任务。为了统一解放区的工会运动，促进全国工人阶级的团结，动员和组织工人群众投身于夺取全国胜利的伟大斗争，迫切需要召开一次全国工人阶级群众组织的代表大会，以确定中国工人运动新的方针和任务。1948 年 3 月 5 日，中央职工工作委员会提出关于召开全国解放区工人代表大会的意见，中央最初的考虑是分两步走。第一步，先成立解放区工联；第二步，将来之解放区工联，将进一步团结蒋管区之进步工会代表，走向成立全国统一的工会组织。

然而，国民党为了进一步控制和利用工会运动，挽救失败命运，抢先于 1948 年 4 月 18 日至 22 日，在南京召开国民党工会代表大会，宣布成立"中华民国全国总工会"。鉴于斗争形势发生了变化，党中央及时调整策略，决定两步并为一步走，将成立解放区职工联合会改为恢复成立中华全国总工会。

为开好这次大会，周恩来在西柏坡主持制定了大会的重要决议案，李立三亲自主持起草了《中华全国总工会章程（草案）》《说明报告》及大会其他的《决议》草案等。党中央建议大会定名为"第六次全国劳动大会"。根据党中央的指示精神，组成了以李立三、刘宁一为首的筹备委员会。李立三与朱学范协商，通知香港的"劳协"增派代表出席大会。同时通知了国统区的上海、南京、武汉、天津、北京、广州等大城市的民主工会派代表参加大会。由于当时还处于解放战争时期，交通不便，很多代表经过艰难跋涉、冲破重重险阻才到达哈尔滨。

1948 年 8 月 1 日至 22 日，大会在哈尔滨隆重开幕。出席大会的代表共 518 人，有解放区职工代表、各解放区职工会的代表、国统区城市的工人代表以及各产业部门的代表，代表全国有组织的工人 283 万余名。朱学范代表中国劳动协会声明该会作为团体会员参加。

这是自1929年第五次全国劳动大会以来，中国工会历史上一次人数众多、代表广泛的空前盛会。这时的中国工会，不仅在党的领导下，经过长期的革命斗争，发展成了一支强大的有组织的力量，而且工人阶级的构成和素质也有了空前的提升。

在7月31日召开的预备会议上，全体与会代表一致决议，恢复历史上的光荣名称——“中华全国总工会”。

中共中央向大会的祝词中指出：六次劳大的召开，宣告了国民党反动集团在全国工人中的分裂政策已经最后破产，全国工人运动重新在革命的旗帜下统一起来。当前，工人阶级的最大任务，就是首先团结自己，并以自己的英勇奋斗与自我牺牲精神去团结农民、独立劳动者、自由职业者、知识分子、自由资产阶级与一切爱国分子，帮助人民解放军，坚决彻底地歼灭国民党的反动军队，推翻美帝国主义与国民党反动集团的统治，建立独立自由强盛和统一的中华人民民主共和国。

陈云作了《当前中国职工运动的总任务》的报告，指出包括解放区、国统区在内的全国工人阶级及其群众组织当前的总任务是，彻底推翻反动统治，建立新民主主义的中华人民共和国。朱学范向全体到会同志作了《关于国民党统治区职工运动的报告》，并在六次劳大闭幕式上宣布中国劳动协会以团体会员资格加入中华全国总工会。

第六次全国劳动大会通过了《关于中国职工运动当前任务的决议》，阐明了工人阶级在进行彻底推翻美帝国主义及国民党反动统治集团在中国的统治、建立新民主主义的人民共和国的伟大斗争中，应该而且必须站在最前列，成为各民主阶级人民革命的领导者。中国工人阶级的历史任务，不仅要夺取、保持和巩固新民主主义革命的胜利，而且要在此基础上实现社会主义的前途。

第六次全国劳动大会恢复重建了中华全国总工会，实现了全国工会组织的统一。大会选举产生了全国总工会第六届执行委员会，陈云、李立三、朱学范、刘宁一、李颉伯等53人当选为委员。1948年10月，全总六届执委会在哈尔滨召开首次全体会议，推选陈云为全国总工会主席，李立三、朱学范、刘宁一为副主席。1949年5月，全总常委扩大会议推选刘少奇为中华全国总工会名誉主席。陈云提议，由李立三担任常务副主席。

至此，中国工会发展和工人运动，在经历苏醒、奠基、高潮和波折之后迎来了新起点，完成了组织上、思想上和行动上的统一与转变。

全心全意依靠工人阶级

1949年，五四运动的风云，已经过去了30年，中国革命的历史，又掀开了新的一页。

当年的五四英雄风流云散，而五四的精神薪火相传，在五四中登上历史舞台的工人阶级，如今终于看到了奋斗的成果，迎来了新中国的诞生。

六次劳大后，革命形势发展迅速，随着辽沈战役和平津战役的胜利，全总机关先后两次南迁，1948年12月迁至沈阳，1949年3月迁至北平。全总到达北平后，开始加强对全国工会工作的指导。为组织群众开展经济建设，迎接新中国的诞生而努力着。

1949年3月5日，中国共产党第七届中央委员会第二次会议在河北省平山县西柏坡村开幕。毛泽东主席在这次会议上作了报告，提出促进革命迅速取得全国胜利和组织这个胜利的各项方针；指出在全国胜利的局面下，党的工作重心必须由乡村转移到城市；规定了党在全国胜利以后，在政治、经济、外交方面应当采取的基本政策，以及使中国由农业国转变为工业国、由新民主主义社会转变为社会主义社会的总任务和主要途径。毛泽东的报告还强调了在城市工作中要执行全心全意依靠工人阶级的方针。

众所周知，就是在这一次会议上，毛泽东提出著名的“两个务必”：

夺取全国胜利，这只是万里长征走完了第一步。如果这一步也值得骄傲，那是比较渺小的，更值得骄傲的还在后头。在过了几十年之后来看中国人民民主革命的胜利，就会使人们感觉那好像只是一出长剧的一个短小的序幕。剧是必须从序幕开始的，但序幕还不是高潮。中国的革命是伟大的，但革命以后的路程更长，工作更伟大，更艰苦。这一点现在就必须向党内讲明白，务必使同志们继续地保持谦虚、谨慎、不骄、不躁的作风，务必使同志们继续地保持艰苦奋斗的作风。

同是在这一次会议上，毛泽东还提出了著名的论断——“全心全意依靠工人阶级”。毛泽东说：

在城市斗争中，我们依靠谁呢？有些糊涂的同志认为不是依靠工人阶级，而是依靠贫民群众。有些更糊涂的同志认为是依靠资产阶级。我们必须批判这些糊涂思想。我们必须全心全意地依靠工人阶级，团结其他劳动群众，争取知识分子，争取尽可能多的能够同我们合作的民族资产阶级分子及其代表人物站在我们方面，或者使他们保持中立，以便向帝国主义者、国民党、官僚资产阶级作坚决的斗争，一步一步地去战胜这些敌人。

——这就是全心全意依靠工人阶级的由来。

1949 年 10 月 1 日，当毛泽东在天安门城楼豪迈宣布“中华人民共和国中央人民政府今天成立了”的时候，中国工人阶级与工会组织也进入了一个新纪元。他们信心百倍、豪情满怀地将以国家领导阶级的身份与新社会主人的姿态，在这个崭新的时代舞台上高歌猛进！

开国大典那天，当年安源罢工的三位领导人毛泽东、刘少奇、李立三偕同站立在天安门城楼上，共享胜利荣光。三人同框的照片，成为历史的经典。

天安门前，雄壮的人民解放军队伍接受检阅。这支钢铁洪流中，有13位百战名将出自安源，他们中有后来成为解放军总参谋长的杨得志上将、南京军区副司令员刘先胜中将、广州军区副政委晏福生中将、海军副司令员方强中将、国防科委副主任唐延杰中将、北京军区副司令员韩伟中将、北海舰队政委丁秋生中将、工程兵副司令员王耀南少将、北京军区副政委吴烈少将、铁道兵副司令员罗华生少将、解放军总后勤部西安办事处政委罗桂华少将、新疆军区副司令员幸元林少将、广东省军区政委熊飞少将。

此外还有写出《把一切献给党》、被称为“中国的保尔”的吴运铎。

他们中间，还有水口山铅锌矿的矿工，后来成为国防部长的耿飚，以及当年的茶陵县印刷工人、县总工会主席，后来成为国务院副总理的谭震林。

城楼上下，还有更多的工人出身，领导和从事过工人运动的开国元勋。

还有更多的有名或无名的烈士，没能看到这一刻的盛况，但他们的英灵将与山河同在，与日月同辉。

中华人民共和国成立了！中国人民站起来了！中国工人阶级站起来了！这是激动人心的时刻，这是浸透泪水和欢欣的时刻！在这晴空万里的艳阳天里，中国工会回眸自己可歌可泣的光荣历程，以一种前所未有的姿态，坚定地向未来走去，向胜利走去。

参考文献

1.《习近平谈治国理政》(第一卷),外文出版社2018年版。

2.《习近平谈治国理政》(第二卷),外文出版社2018年版。

3.《毛泽东选集》,人民出版社1991年版。

4.《周恩来选集》,人民出版社1980年版。

5.《刘少奇选集》,人民出版社1981年版。

6.《陈云文集》,中央文献出版社2005年版。

7.《尉健行谈工会工作》(上下),中国工人出版社2015年版。

8. 李思慎著:《李立三之谜》,人民出版社2005年版。

9. 李思慎著:《李立三红色传奇》,中国工人出版社2005年版。

10. 上海市社会局编:《近十五年来上海之罢工停业》,中华书局1933年版。

11. 国际劳工局中国分局编:《国际劳工通讯》(1937—1938)。

12. 马超俊著:《中国劳工运动史》,商务印书馆1942年版。

13. 孙毓棠编:《中国近代工业史资料》,科学出版社1957年版。

14. 中华全国总工会中国职工运动史研究室编:《中国历次全国劳动大会文献》,工人出版社1957年版。

15. 中华全国总工会中国职工运动史研究室、中科院近现代史研究所工运史组编:《中国工运史料》,工人出版社1960年版。

16. 中国人民大学政治经济学系《中国近代经济史》编写组编:《中国近代经济史》,人民出版社1978年版。

17. 史兵著:《中国工人运动史话(第一集)》,工人出版社1985

年版。

18. 中国革命博物馆编:《北方地区工人运动资料选编(1921—1923)》,北京出版社1981年版。

19. 中央档案馆编:《中共中央文件选集》,中共中央党校出版社1982年版。

20. 中华全国总工会中国职工运动史研究室编:《中国工会历史文献》,工人出版社1983年版。

21. 中华全国总工会编:《中共中央关于工人运动文件选编》,档案出版社1985年版。

22. 江西省总工会、江西省档案馆选编:《江西工人运动史料选编》,江西人民出版社1986年版。

23. 王建初、孙茂生主编:《中国工人运动史》,辽宁人民出版社1987年版。

24. 洪安琪、何布峰编著:《中国工人运动史》,陕西人民教育出版社1987年版。

25. 武汉市总工会工运史研究室:《武汉工人运动史》,辽宁人民出版社1987年版。

26. 陆象贤主编:《中国劳动协会简史》,上海人民出版社1987年版。

27. 中共中央文献研究室、中华全国总工会编:《刘少奇论工人运动》,中央文献出版社1988年版。

28. 陕西省总工会工运史研究室编:《陕甘宁边区工人运动史料选编》,工人出版社1988年版。

29. 盖军、陈贤芳、张传仁编著:《中国工人运动史教材简编(1919—1949)》,华东师范大学出版社1988年版。

30. 中央苏区工运史征编协作小组编著:《中央革命根据地工人运动史》,改革出版社1989年版。

31. 天津市总工会工运史研究室编:《天津工人运动史》,天津人民出版社 1989 年版。

32. 云南省总工会工人运动史研究组编:《云南工运史资料汇编》,云南人民出版社 1989 年版。

33. 青岛市总工会工运史研究室编:《青岛工人运动史》,中共党史资料出版社 1989 年版。

34. [美] 费正清著,张理京译:《美国与中国》,商务印书馆 1989 年版。

35. 唐玉良、王瑞峰主编:《中国工运大事记》,辽宁人民出版社 1990 年版。

36. 王建初、熊子云:《当代工人运动》,辽宁人民出版社 1990 年版。

37. 胡绳主编:《中国共产党的七十年》,中共党史出版社 1991 年版。

38. 朱学范著:《我的工运生涯》,福建人民出版社 1991 年版。

39. 沈以行、姜沛南、郑庆声主编:《上海工人运动史》,辽宁人民出版社 1991 年版。

40. 晋察鲁豫革命根据地工人运动史征编委员会:《晋察鲁豫革命根据地工人运动史(1937.7—1949.9)》,中国工人出版社 1991 年版。

41. 王永玺主编:《中国工会史》,中共党史出版社 1992 年版。

42. 王永玺主编:《中国工人运动通史简编》,中国工人出版社 1992 年版。

43. 齐武著:《东北工人运动史纲(1866—1949)》,中共中央党校出版社 1992 年版。

44. 晋察冀革命根据地工人运动史编写组:《晋察冀革命根据地工人运动史(1937.7—1949.9)》,中国工人出版社 1992 年版。

45. 张希坡著:《革命根据地的工运纲领和劳动立法史》,中国劳动出版社 1993 年版。

46. 沈以行、姜沛南、郑庆声主编:《中国工运史论》,辽宁人民出版社 1995 年版。

47. 中华全国总工会编:《中华全国总工会七十年》,中国工人出版社 1995 年版。

48. 盖军主编:《中国共产党白区斗争史》,人民出版社 1996 年版。

49.《当代中国工人阶级和工会运动》编辑委员会编:《当代中国工人阶级和工会运动》,当代中国出版社 1997 年版。

50. 刘明逵、唐玉良主编:《中国工人运动史》,广东人民出版社 1998 年版。

51. 谢振民编著:《中华民国立法史》,中国政法大学出版社 2000 年版。

52. 梁玉魁著:《早期中国工人运动史》,吉林科学技术出版社 2000 年版。

53. 中国工运学院工人运动历史研究所编:《中国工人运动史研究文集》,中国工人出版社 2000 年版。

54. [美] 裴宜理著,刘平译:《上海罢工——中国工人政治研究》,江苏人民出版社 2001 年版。

55. 中共中央党史研究室著:《中国共产党简史》,中共党史出版社 2001 年版。

56. 刘明逵、唐玉良主编:《中国近代工人阶级和工人运动》,中共中央党校出版社 2002 年版。

57. 中华全国总工会编:《中国工会运动史料全书》(光盘),中国职工音像出版社 2002 年版。

58. 王永玺、何布峰、曹延平主编:《简明中国工会史》,中国工人出版社 2005 年版。

59. 许涤新、吴承明主编:《中国资本主义发展史》(第一卷),社会科学文献出版社 2007 年版。

60. 高爱娣编著:《中国工人运动史》,中国劳动社会保障出版社 2008 年版。

61. 蔡少卿著:《中国近代会党史研究》(增订版),中国人民大学出版社2009年版。

62. 中共中央党史研究室著:《中国共产党简史》,中共党史出版社2010年版。

63. 广州市总工会、广州工人运动史研究委员会、广州工人运动学会编:《广州劳工运动史话》,广州出版社2012年版。

64. 中华全国总工会编:《中国特色社会主义工会发展道路学习读本》,中国工人出版社2012年版。

65.《中国工运历史人物传略》,中国工人出版社2012—2016年版。

66.《中国工运历史英烈传》,中国工人出版社2016—2017年版。

67. 王永玺、赵巧萍主编:《新编中国工会史》,中国工人出版社2013年版。

68. 王永玺编:《中国工人运动史研究》,中国工人出版社2013年版。

69. 中国工运研究所编:《中国工会读本(修订版)》,中国工人出版社2014年版。

70. 中国工运研究所编:《中国工人运动简史培训教材》,中国工人出版社2015年版。

71. 中华全国总工会编:《纪念中华全国总工会成立90周年文集》,中国工人出版社2015年版。

72. 中共中央党史研究室著:《中国共产党的九十年》,中共党史出版社、党建读物出版社2016年版。

73. 中国工运研究所编:《新编中国工人运动史》(上下卷),中国工人出版社2016年版。

74.《新时代 新使命 新作为——深入学习贯彻习近平总书记关于工人阶级和工会工作的重要论述》(第2版),中国工人出版社2018年版。

图书在版编目（CIP）数据

创生：1921—1925：从中国劳动组合书记部到中华全国总工会 / 钟恭𫗴，高志菲，闫永飞著. —北京：中国工人出版社，2020.4
ISBN 978-7-5008-7386-0

Ⅰ. ①创… Ⅱ. ①钟… ②高… ③闫… Ⅲ. ①工会运动史—中国 Ⅳ. ①K261.3

中国版本图书馆CIP数据核字（2020）第039922号

创生1921—1925：从中国劳动组合书记部到中华全国总工会

出 版 人	王娇萍
责任编辑	王学良
责任印制	栾征宇
出版发行	中国工人出版社
地　　址	北京市东城区鼓楼外大街45号　邮编：100120
网　　址	http://www.wp-china.com
电　　话	（010）62005043（总编室）　（010）62005039（印制管理中心） （010）82075935（工会与劳动关系分社）
发行热线	（010）62005996　82029051
经　　销	各地书店
印　　刷	三河市万龙印装有限公司
开　　本	710毫米×1000毫米　1/16
印　　张	23.5
字　　数	305千字
版　　次	2020年5月第1版　2021年7月第2次印刷
定　　价	68.00元

本书如有破损、缺页、装订错误，请与本社印制管理中心联系更换
版权所有　侵权必究